데자르댕
연대경제금고의 역사,
존재의 열정

Histoire de la Caisse d'économie solidaire Desjardins
La passion des êtres
by Pierre-Olivier Maheux

데자르댕 연대경제금고의 역사,

존재의 열정

피에르-올리비에 마우 지음 | 번역협동조합 옮김

COOPERATIVE
착한책가게

책을 펴내며

신용협동조합으로서는 세계에서 자산 규모가 가장 큰 데자르댕 신협연합회는 여러 회원 조합들로 구성되어 있으며, 일반 주민이 가입하는 주민금고들과, 직장 노동조합 차원에서 조직하는 경제금고들로 나뉩니다. 이 책은 많은 경제금고들 중에서도 '연대경제금고'라는 이름을 지닌 한 특별한 신협에 대한 이야기를 들려줍니다. 연대경제금고는 설립과 발전 과정에서 전국노동조합총연맹과 깊고 오랜 관계를 맺어온 경제금고입니다.

많은 회원 조합들 중에 특히 이 조합에 관심을 가지고 그 역사를 다룬 책의 번역을 제안하게 된 출발점은, 〈2016 퀘벡 사회적 금융 개황(Portrait 2016 De La Finance Responsable)〉이라는 보고서였습니다. 집계된 사회적경제 조직들에 대한 투자 항목에서 전체 약 7억8천만 달러 중 약 5억2천만 달러라는 금액을 '연대경제금고'라는 한 조직이 투자하고 있었습니다.

이 조직에 어떤 특별한 사연이 있길래, 데자르댕 연합회 가운데 한 개 회원 조합이 이렇게 많은 투자를 사회적경제 조직에 하고 있는 것일까요?

공동번역자인 이미옥님과 함께 공부하면서 익숙하지 않은 불어로 더듬더듬 읽어간 이 책에서 가장 인상깊었던 것은 노동운동이 맨 먼저 노동자 간에 상호 연대를 강화하기 위해 신용협동조합이라는 협동조합운동의 도구를 가져다 썼다는 것이었습니다. 두 번째는 노동조합과 사회운동 조직들의 직장 신협으로서 제도적인 정착과 금융 안정성을 달성한 이후에도 소속 구성원들의 이익만을 위해서가 아니라 사회 변화를 위해 누적된 자산을 투자하고 있다는 점이었습니다. 오늘날 연대경제금고는 적립되어 있는 금융자산으로 사회 혁신에 기여하면서도 조합원들에게는 안정적인 금융소득을 되돌려주는 두 가지 목표를 달성하고 있습니다. 연대경제금고의 투자는 커뮤니티 하우징의 가장 큰 자금원일 뿐 아니라 노동통합형 사회적기업을 비롯하여 협동조합 및 비영리 단체의 창업과 운영, 나아가 태양의 서커스에서 보듯 문화운동의 중요한 후원자 역할을 하고 있습니다.

더불어 이 책이 더욱 의미 있다고 생각하는 것은, 연대경제금고가 이룩한 오늘날의 화려한 성공에 초점을 맞추는 것이 아니라, 20세기 초 경제금고라는 개념이 처음 만들어지고 나서 오늘날에 이르기까지 숱한 암중모색과 좌충우돌, 고민과 갈등의 역사를 있는 그대로 보여주고 있기 때문입니다.

좋은 성공 모델을 보면 우리 현실에도 가져다 적용해보는 것이 어떨까 하는 생각이 드는 것이 일을 하는 사람들의 심리라, '노동과 협동조합 운동의 결합'이라는 모델을 한국에서도 적용해보면 어떨까 하는 생각을 하는 분들도 있을 것이라고 생각합니다. 매력적인 모델에 흥미를 느껴 이 책을 집으셨다면, 오늘날 겉으로 보이는 성공의 모델보다 긴 세월 고난과 갈등을 겪으며 지역사회 및 여러 조직들과 관계를 일관되게 맺고 유지해온 활동가들의 사회 변화에 대한 열정과 사람을 대하는 태도에 더욱 주목해보실 것을 권합니다.

마지막으로, 이 책은 데자르뎅 연대경제금고, 퀘벡사회적경제연구회, 일하는사람들의협동조합연합회, 번역협동조합, 서울디지털인쇄협동조합, 협동조합 착한책가게 등 여러 기관의 협동으로 독자 여러분에게 선보일 수 있게 되었습니다. 그래서 더욱 뜻깊고 빛나는 결실을 맺지 않았나 싶습니다. 이 자리를 빌어 책이 나오기까지 힘을 모아주신 모든 분께 감사드립니다.

김진환
퀘벡사회적경제연구회 공동대표, 번역협동조합 조합원

연대의 세계화를
위하여

  우리 〈금고〉의 역사를 한국어로 번역하고 싶어 한다는 소식을
처음 접했을 때, 〈금고〉의 조합원이자 이사회 의장으로서 나는 매
우 놀랐습니다. 그리고 한국이 한국사회의 유익함을 위해 다양하
면서도 중요한 협동조합 부문들을 발전시켜왔기에, 한국 협동조
합운동의 지형이 매우 역동적이라는 사실을 떠올리게 되었습니
다. 한국 '사회연대신용협동조합'의 출범은 그 역동성을 보여주는
좋은 예일 것입니다. 나는 한국 협동조합 기업들이 일구어온 많
은 성과들이 더욱 정의롭고 지속가능하며 친환경적인 사회로 발
전해가고자 하는 우리 공동의 노력에 기여하는 좋은 사례가 될 수
있으리라 생각합니다. 따라서 이 기회를 빌어, 새로 설립된 협동

조합의 조합원들과 경영진이 오랫동안 서로 연대하며 함께 일구어가는 여정 속에서 풍성한 결실을 거둘 수 있기를 기원합니다.

셉탕트리옹 출판사(Les ditions du Septentrion)에서 2016년 불어로 출간된《데자르댕 연대경제금고의 역사》가 한국어로 발간되는 것을 보게 되어 무한한 영광으로 생각합니다. 이 작업은 연대의 세계화가 존재한다는 생생한 증거라고 생각하며, 〈금고〉는 이 연대의 세계화에 동참하고 있음을 자랑스럽게 생각합니다.

〈금고〉의 역사는 지난 50년이 넘는 세월 속에서 〈금고〉를 탄생시키고 꽃피운 퀘벡 사회의 특수한 사회적 배경 속에서 이해되어야 할 것입니다. 따라서 나는 1971년 이후 〈금고〉가 이루어온 수많은 성과들이 한국이나 세계 어느 곳에도 '수출할 모델'처럼 해석되어서는 안 된다고 생각합니다. 실제로 퀘벡의 역사적, 경제적, 문화적 그리고 사회적 현실에 끊임없이 적응해온 성공적인 협동의 '경험'으로 〈금고〉를 보는 것이 더욱 타당할 것입니다. 이러한 적응은 지역사회에 깊이 뿌리내려 있으며, 이는 사람들과 공동체의 필요에 대한 지속적인 경청, 앞으로 나아갈 금융 해결방안을 보급하기 위한 지속적인 혁신 모색, 〈금고〉에 맡겨진 예금을 보호하고 조직의 사명을 지속하기 위해 필수적인 금융 자산을 증대시키기 위한 신중한 운영을 기반으로 합니다.

〈금고〉의 표어는 2001년에 "3개의 I"로 요약되었습니다. 피해 갈 수 없는(incontournable), 흠 잡을 데 없는(inattaquable), 거부할 수 없는(irrésistible), 불어로는 i로 시작되는 단어들로 구성된 이 표어를 그 어감의 특징을 살려 한국어로 번역하는 것은 대단히 어려운 일일 것입니다! 중요한 것은 〈금고〉에게 이 단어들은 열망, 지속가능성을 위한 여건, 조합원을 비롯한 모든 활동가들에 대한 약속으로 표현될 수 있습니다. 시대 상황에 따라 이 세 가지 요소는 상호작용하고 함께 결합하면서 영향력을 형성하지만, 가끔 반대의 상황을 만들기도 합니다. 따라서 균형점을 찾는 것이 중요하고, 이 세 요소들을 조정하면서 나아갈 방향을 정하는 것이 이사회를 통한 〈금고〉의 운영방식입니다. 퀘벡과 한국이라는 지역에 상관없이, 협동조합은 사람을 모으고, 집단 지성을 구축하여, 조직의 가치와 실천 방향을 지키면서 변화하는 환경 속에서 균형 잡힌 해결방안에 대해 논의하고 찾아갑니다. 여러 측면에서 데자르댕 연대경제금고의 역사는 이를 잘 보여주고 있습니다.

모쪼록 이 역사서가 한국 독자들께 유익함과 즐거움을 드릴 수 있기를 바랍니다!

게리 라부아 Garry Lavoie
데자르댕 연대경제금고 이사장
2021년 6월 29일

Pour une mondialisation de la solidarit

Je dois avouer que, en tant que membre de la Caisse et président de son conseil d'administration, j'ai d'abord été surpris qu'il y ait de l'intérêt à traduire l'histoire de notre caisse en coréen. J'ai ensuite compris que la Corée du Sud est très dynamique sur le plan du coopératisme, puisqu'elle a développé pour son propre bénéfice un secteur coopératif diversifié et important. L'inauguration de la « Coopérative financière coréenne pour la solidarité sociale » (Korean Credit Union for Social Solidarity) est un bel exemple de ce dynamisme. J'ajouterais que bien des réussites d'entreprises coopératives sud-coréennes pourraient aussi nous servir d'exemples dans notre volonté commune d'évoluer vers une société plus juste, pérenne et respectueuse de son environnement. Je profite donc de l'occasion pour souhaiter aux membres de cette nouvelle coopérative et à son équipe dirigeante de cheminer longuement, solidairement et fructueusement.

C'est un immense honneur de voir paraître en coréen le livre sur l'histoire de la Caisse d'économie solidaire Desjardins qui a été publié originalement en français en 2016 aux éditions du Septentrion. Cette initiative témoigne de l'existence d'une forme de mondialisation de la solidarité à laquelle la Caisse est fière d'être associée.

L'histoire de la Caisse doit être appréhendée dans le contexte particulier de la société québécoise qui l'a vue naître et s'épanouir au fil des cinquante dernières années. J'estime toutefois que les réalisations de la Caisse depuis 1971 ne devraient pas figurer comme un « modèle à exporter » en Corée du Sud ou ailleurs dans le monde. En effet, il conviendrait plutôt de voir la Caisse comme une « expérience » de succès collectif constamment adaptée à la réalité historique, économique, culturelle et sociale du Québec. Cette adaptation repose sur un profond enracinement, donc sur une écoute permanente des besoins exprimés par les personnes et les communautés ; sur une recherche d'innovation continue pour déployer les solutions financières à mettre de l'avant ; et sur une gestion prudente des opérations de crédit pour protéger les épargnes confiées à la Caisse et pour accroître le patrimoine financier indispensable à la pérennité de sa mission.

Le positionnement de la Caisse a été résumé en 2001 par la formule dite des « trois I » : incontournable, inattaquable, irrésistible. Cette formule posera sans doute des difficultés au moment de traduire en coréen ces trois mots français! Quoi qu'il en soit, pour la Caisse, ces mots expriment une **ambition**, une **condition de pérennité** et un **engagement** autant envers ses membres qu'envers ses équipes de travail. Selon la conjoncture, ces trois éléments interagissent et forment un champ de forces souvent en conjonction mais aussi, parfois, en opposition. Le défi consiste alors à trouver un point d'équilibre, et c'est à la gouvernance de la Caisse, par l'entremise de son conseil d'administration, que revient ce rôle d'arbitrage quant à la direction à prendre. Que ce soit au Québec ou en Corée du Sud, une coopérative permet de rassembler des personnes, de se doter d'une intelligence collective, de débattre et de trouver des solutions d'équilibre qui permettront d'évoluer dans un environnement changeant, et ce, tout en gardant le cap sur des valeurs et des orientations. À maints égards, l'histoire de la Caisse d'économie solidaire Desjardins l'illustre bien.

Bonne lecture !

Garry Lavoie, président
Caisse d'économie solidaire Desjardins
Québec, Canada
29 juin 2021

차례

이야기에 앞서

알퐁스-데자르댕 역사연구소^{SHAD}는 "현재와 미래 세대들을 위해, 데자르댕운동과 그 창립자의 역사와 업적을 보전하고 그 가치를 널리 알리기 위한" 목적으로 1979년 설립되었다. 데자르댕운동이 방대하고 복잡하다는 것은 그 역사가 보여준다. 수년간 실현된 다양한 프로젝트들을 통해, 연구소는 조직의 과거를 되살리는 방면에서 매우 특별한 전문성을 개발할 수 있었다. 데자르댕운동은 이 분야에서 퀘벡인들과 캐나다인들의 명실상부한 리더라고 자부할 수 있다.

연구소가 쌓아온 운동의 경험과 전문성, 그리고 데자르댕운동에 대한 이해력은 데자르댕 연대경제금고의 방대한 역사 서술에 특히 적합했다. 〈금고〉는 특별한 사명을 지속적으로 수행해왔으며, 이를 완수하기 위해서는 사람들에게 보다 쉽게 〈금고〉를 이해시킬 필요가 있었다. 따라서 〈금고〉는 데자르댕운동과 함께 사람들에게 혼란을 줄 수 있는 제도적 규범을 정기적으로 수정하고 변화시켰다. 이로 인해 연구소가 자주 직면하게 되는 과제는 필요한 의미를 세밀하게 설명하면서 일반인들이 이해하기 쉽도록 보편화하는 것이다.

수년에 걸쳐 연구소가 습득한 지식은 데자르댕 연대경제금고의 역사를 정리하는 프로젝트에 활용되었고, 이를 통해 새로운 인식의 지평을 넓히는 기회가 되었다. 이 역사서를 정리하기 전까지는 데자르댕운동의 역사가들 사이에서 단체 금고들의 독특한 변화·발전 과정에 대한 연구는 상대적으로 거의 진행되지 않았다. 이 정밀한 연구와 축적된 자료는 향후 단체 금고의 역사를 더 잘 이해하도록 하는 데에 매우 유용하게 쓰일 것이다.

역사서 작업을 위해서 역사가들에게 필요한 첫 번째 재료는 기록들이다. 데자르댕 연대경제금고는 대부분의 연례보고서, 이사회와 총회 의사록들을 보관하고 정리하면서 〈금고〉가 있기까지의 다양한 기억을 보존해왔다. 피에르-올리비에 마우는 그 자료 중 필수적인 부분들을 발췌하여 〈금고〉의 역사를 집필했다. 이 프로젝트는 또한 구술 역사를 통해 제도적 기억을 풍부히 하는 기회가 되었다. 인터뷰는 〈금고〉의 진화, 그들이 금고에서 했거나 아직도 하고 있는 역할에 대한 증언을 얻기 위해 레오폴 볼류, 클레망 기몽과 앙드레 로랭이 함께 진행했다.

데자르댕 연대경제금고의 역사서 프로젝트는 조직의 과거를 보존하고 가치를 향상시키고자 하는 경영진의 강한 열망에서 탄생했다. 또한 〈금고〉와 연구소 간의 신뢰를 바탕으로 한 관계의 결실이다. 제랄드 라로즈 이사장, 레오폴 볼류 부이사장, 마르크 피카르 총괄책임자, 클레몽 기몽 전 총괄책임자, 콜레트 아르베 협동프로젝트 지원팀장, 장 베르쥐뱅 수석 컨설턴트이자 역사서 프로젝트 담당, 그리고 연구소의 역사가이자 현재 퀘벡주 데자르댕 금고연합회에서 근무하는 클로드 제네스트가 참여한 독서위원회가 역사서 작업 프로젝트를 맡게 되면서 순조롭게 진행되었다. 이들은 통찰력 있는 해석으로 피에르-올리비에 마우에게 도움을 주었다. 연구소의 벨랑제와 클로드 제네스트가 역사서 초벌 원고를 읽고 주석을 달았다. 클로드 제네스트는 역사서 작업 기간에 저자와 함께하면서 조언해주었다.

역사를 이야기할 때면 흔히 우리가 어디로 가야 할지 알기 위해서는 우리가 어디에서 왔는지를 먼저 알아야 한다고 말한다. 여기에 하나 덧붙이자면, 지금의 우리가 누구인지 알기 위해서도 우리가 어디에서 왔는지 알 필요가 있다는 것이다. 문화와 정체성은 모든 기업에게 중요하지만, 특히 데자르댕 연대경제금고와 데자르댕운동 같은 협동조합 기업들에게는 더욱 중요하다. 끝으로, 데자르댕운동의 다른 금고들과 구성원들 또한 데자르댕 연대경제금고와 유사한 역사를 정리하는 작업에 착수하기를 바란다.

크리스틴 플랑트
알퐁스-데자르댕 역사연구소 교육과 기업 정체성 담당 이사

함께 더욱 멀리 가기 위해

어떤 면에서 보면 연대경제금고는 줄 타는 곡예사 같다. 45년간, 〈금고〉는 조직이 겪을 수 있는 경제적 위험을 감수하며 혁신적 프로젝트에 대해 지원을 아끼지 않았다. 현재도 〈금고〉는 여러 활동부문 파트너들의 발전을 지원하며 온 마음을 다해 〈금고〉의 사명을 수행하고 있다. 〈금고〉는 사람들에 의해, 사람들을 위해, 사람들과 함께 행동함으로써, 사회적경제에 생명력을 불어넣는 이타심이라는 고귀한 가치를 구현한다. 1980년대까지 이 분야에서 유일한 기관이었던 〈금고〉는 뒤이어 탄생한 사회적 금융기관들과 함께 그 전문성을 발전시키는 데 성공했다.

하지만 선 위에서 한 발 한 발 내디딜 때, 눈을 감은 채로 무턱대고 앞으로 나아가지 않는다. 이미 금융분야 전문 조직인 〈금고〉는 자신의 목적에 도달하기 위해 필요한 모든 기술들을 갖추고 있다. 〈금고〉가 가진 가장 최고의 무기는 무엇일까? 그것은 협동프로젝트를 지원하는 특별한 능력이다. 〈금고〉의 한결같은 지원 덕에 퀘벡주의 국제적인 상징이 된 태양의 서커스가 가장 훌륭한 사례 중 하나이다. 최근의 사례로는 몬트리올시에 들어선 지속가능한 발전을 위한 집^{Maison du développement durable}을 들 수 있다. 막대한 자본은커녕 보증으로 내세울 것조차 없는 단체가 제시한 프로젝트에 〈금고〉가 신뢰를 보내고 지원함으로써 빛을 보게 되었다.

현실 유토피아

〈금고〉는 이처럼 다른 금융기관들 대부분이 감히 실행할 엄두조차 내지 못하는 곳을 향해 훌륭하게 앞으로 나아가는 "심장으로 줄을 타는 곡예사"라고 할 수 있다. 또한 기존의 유형과는 다른 형태의 사회·정치조직들을 끊임없이 상상한다는 점에서 유토피아라고 표현할 수 있다. 하지만 이는 사회변혁의 현실적 유토피아이기도 하다. 수십 년에 걸쳐 시대 요구에 부응하며 여러 조직들을 통합하면서 만들어냈을 뿐 아니라 지역사회의 목소리에 귀를 기울이며 사회책임투자와 윤리적 투자로 발전하면서 금융에 환경문제까지 통합해냈기 때문이다.

이 모든 것들은 지금은 친숙하면서도 동시에 참으로 멀게만 느껴지는 시대인 1970년대 초에 창립을 이끌었던 "존재의 열정"과 꿈들을 포기하지 않은 채 그 뿌리를 간직하고 있다. 레오폴 볼류와 앙드레 로랭, 좀 더 늦게 합류한 클레망 기몽 같은 개척자들은 "노동자들을 위한 금고"를 시작하는 선구적인 이상을 꿈꾸었다. 많은 퀘벡인들이 과도한 부채에 시달리고 "금융회사들"에게 착취당하는 소비사회의 시작으로 일컬어지는 그 시대의 진정한 혁명. 시대가 필요로 했던 그때에 연대경제금고(2004년 이후부터 공식화된 이름)가 등장했던 것이다.

윤리와 금융의 결합

지금 여러분이 손에 들고 있는 이 책이 이야기하고자 하는 것이 바로 이 특별한 모험이다. 수십 킬로그램에 달하는 기록들(활동보고서, 연설문, 언론기사, 성명서 등)과 알퐁스-데자르댕 역사연구소의 역사가 피에르-올리비에 마우가 긴 시간 진행한 인터뷰들의 결실인 이 책은 거의 반세기 동안 〈금고〉가 걸어온 길을 보여준다.

세 번째 밀레니엄이 도래한 초기에 〈금고〉는, 수익성이라는 단 하나의 개념을 중심으로 '표준화'된 채 점점 더 경직되는 금융 세계의 조류에 거슬러 항해하면서, 그 어느 때보다도 더 유토피아로 나아가는 것처럼 보였다. 하지만 〈금고〉의 생존과 성공은 대안 모델이 존재함을 증명하며, 도덕과 윤리, 상상력이 금융과 조화를 이룰 수 있다는 점을 입증한다. 금고라는 이름을 가진 협동조합 금융그룹들을 포함하여 다른 은행들과 〈금고〉가 갖는 차별점은 "아름다운" 위험을 계속해서 감수한다는 것이다. 그리고 최초로 등록된 집단 퇴직연금제도, 〈금고〉가 설계한 집단 연대 실천을 위한 지원기금, 지역사회 발전을 돕는 기금 조성으로 창조해낸 협동적 환원이라는 개념, 그리고 최근에 사회책임투자에 관심 있는 퀘벡 '투자행동가들investʼacteurs'에게 높은 관심을 받고 있는 사회적 수익 투자, 이처럼 널리 사용되는 새로운 금융과 윤리적 도구를 창조하면서 멈추지 않고 혁신해간다는 것이다.

요컨대 〈금고〉는 이 책에 잘 설명되어 있는 바와 같이 대부분의 금융기관들보다 항상 한 발 더 나아가 있었고, 지금도 마찬가지다. 그리고 〈금고〉는 사명에 대한 관점(사람들을 위해 서비스하는 금융을 만드는 것)과 보다 정의롭고 포용적인 경제라는 궁극적인 목표를 절대 잃지 않으면서 선구자의 역할을 지속하기 위해 온 힘을 다해 활동하고 있다. 다르게 표현하자면, 〈금고〉는 시민들 사이에 "관계를 만들고", 실천 수단으로서 돈을 활용하면서 보다 나은 협동적 삶을 만드는 데 기여할 수 있는 모든 것에 관심을 둔다. 물론 이 모든 것은 〈금고〉가 지원하는 프로젝트들이 재정적 균형에 도달하거나 실행 가능하도록 함으로써 가능하다. 그렇지 않고 그저 모험에 불과한 것은 매우 빨리 끝나 버릴 것이기에.

공동체 속에 뿌리내림

〈금고〉의 또 다른 특징은 조직 출범부터 동반자로 함께해온 다양한 집단들 속에 깊이 뿌리를 내리고 있다는 점이다. 현재 비금융 협동조합들의 24% 정도(400개 이상의 협동조합)와 퀘벡주의 노동통합기업들의 45%가 〈금고〉의 조합원이라는 점에서 수십 년 동안 〈금고〉가 지역 협동조합 발전의 주춧돌이자 사회적경제의 주요 주체가 되어 왔음을 뜻한다. 마찬가지로 〈금고〉가 퀘벡의 노동조합과 시민사회운동 조직들의 목적을 잘 이해하고 공감할 줄 알기에, 전국노동조합총연맹과 수많은 비영리조직들이 특권을 부여한 '은행'으로서 금융에서 중요한 위치를 차지한다. 특히 문화 분야에서, 일례로 성공했다고 어느 정도 자부할 만한 루아바이올린 오케스트라의 사례가 있다.

주요 단체 대표자들에 따르면, 〈금고〉가 예산을 긴축했던 가장 어려웠던 시기에도 다양한 창의적 기획들을 포기하지 않고 지원하며 그들의 발전을 위해 함께하지 않았다면, 퀘벡주의 문화·노동조합·공동체 영역들의 지금과 같은 역동적이고 다양한 모습은 볼 수 없었을 것이다. "다른 금융기관들과 같지 않은" 〈금고〉의 활동과 행동양식의 특징을 나타낼 때 가장 자주 등장하는 단어들은 무엇일까? 공명정대, 윤리, 헌신, 역량, 전문성, 경청, 신뢰, 존재감, 인내… 경영진 중 한 사람인 클레망 기몽의 말이 〈금고〉의 개방적이고 호의적인 접근 방식을 잘 요약해준다. "〈금고〉에서는 당신의 대차대조표를 먼저 보자고 하는 대신, 당신의 계획과 꿈이 무엇인지 물을 것입니다!"

협동프로젝트를 위해

다른 은행기관들의 평균 정도로 좋은 성과를 얻으면서도 "다른 방식으로 금융 하기"가 가능하다는 것을 해마다 입증해 보이면서, 〈금고〉는 사명을 실현하기 위한 기술적 전문성, 자료에 대한 이해력, 지역사회 활동가들이 한 목소리로 인정한 서비스의 질, 금융업계의 경쟁기관들과는 반대로 매우 큰 장점인 유연함까지 모든 요건을 다 갖추고 있다. 경제적 측면에서 유연함을 갖출 수 있는 것은 〈금고〉의 사업 실행이 '시장'에 명분을 두지 않고 집단적 사명에 관한 프로젝트에 기반하기 때문이다. '도덕적'인 면에서도 크게 구애받지 않는 것은, 피에르-올리비에 마우가 서술했듯이, 〈금고〉는 창립 이후 매일 조직 고유의 정의와 연대에 대한 담론을 실천하기 때문이다.

조직의 미래를 위해 유리한 또 다른 결정적인 장점은 〈금고〉가 구상하는 사회변화 프로젝트가 점점 더 많은 젊은 세대의 관심을 끌고 있다는 것이다. 또 2000년대 초부터 새로 가입한 조합원의 40%가 35세 미만이라는 점도 있다. 이러한 상황은 그다지 놀랍지 않은데, 〈금고〉의 인간적 접근방식이 사회적으로나 경제적으로 동시에 도움이 된다는 것을 일상으로 보여주고 있고 이것이 "세상을 바꾸기" 바라는 모든 이들의 마음을 움직이기 때문이다.

늘 협동의 가치가 호도되고 불평등이 급증하며 인간성이 상실되는 제어가 불가능한 자본주의 경제 사회에서, 〈금고〉는 실제로 희망의 장소이자, 수익성과 사회적 사명이라는 개념은 양립할 수 없다고 말하는 은행들의 냉소에 맞서는 보루이다. 물론 이러한 냉소는 잘못된 것이다. 반세기 가까운 현재까지 〈금고〉가 걸어온 여정이 바로 수익성과 사회적 사명이 함께할 수 있음을 보여주는 명백한 증거다. 초기에 〈금고〉는 사람들의 단결된 힘이 가장 어려운 시기를 극복하고 위대한 것을 실현할 수 있음을 보여주는 소수 선구자들만이 공유할 수 있는 불씨였다. 하지만 오늘날 〈금고〉는 "혼자 가면 더 빨리 갈 수 있지만, 함께하면 더 멀리 갈 수 있다."는 아프리카 속담을 실천하면서, 그 어느 때보다도 더 우애와 연대가 살아 숨 쉬는 단결하는 퀘벡, 긍지가 넘치는 퀘벡의 역사를 이어가는 데에 기여하고 있다. 그러므로 모험은 아직 끝나지 않았다!

가스통 베다르(퀘벡 협동조합연합회 회장-대표)
아스트리 슈이나르(루아바이올린 오케스트라와 샤펠드퀘벡 합창단 대표)
파트릭 뒤게(퀘벡 사회적경제 상티에 이사장)
쟈크 레투르노(전국노동조합총연맹 위원장)
로르 와리델(생태사회학자, 사회수익투자 대변인, 2008~2015)

약어 목록

CCPEDQ: Confédération des caisses populaires et d'économie Desjardins du Québec 퀘벡주 데자르댕 주민·경제금고총연합회
CECOSOL: Caisse d'économie solidaire Desjardins 데자르댕 연대경제금고
CESN: Caisse d'économie des syndicats nationaux 전국노동조합 경제금고
CETRQ: Caisse d'économie des travailleurs réunis de Québec 퀘벡시 노동자경제금고
CETTQ: Caisse d'économie des travailleuses et travailleurs de Québec
  퀘벡시 여성·남성노동자경제금고
CPSNM: Caisse populaire des syndicats nationaux de Montréal
  몬트리올시 전국노동조합 주민금고
CPSNQ: Caisse populaire des syndicats nationaux de Québec
  퀘벡시 전국노동조합 주민금고
CPTQ: Caisse populaire des travailleurs de Québec 퀘벡시 노동자주민금고
CSN: Confédération des syndicats nationaux 전국노동조합총연맹
CTCC: Confédération des travailleurs catholiques du Canada
  캐나다 가톨릭노동자총연맹
FCDQ: Fédération des caisses Desjardins du Québec 퀘벡주 데자르댕 금고연합회
FCEDQ: Fédération des caisses d'économie Desjardins du Québec
  퀘벡주 데자르댕 경제금고연합회
FCEQ: Fédération des caisses d'économie du Québec 퀘벡주 경제금고연합회
FCNQ: Fédération des coopératives du Nouveau-Québec 누보퀘벡주 협동조합연합회
FCPDQ: Fédération des caisses populaires Desjardins de Québec
  퀘벡시 데자르댕 주민금고연합회
FQURCPD: Fédération de Québec des unions régionales de caisses populaires
  Desjardins 퀘벡시 데자르댕 주민금고 지역연합회
SHAD: Société historique Alphonse-Desjardins 알퐁스-데자르댕 역사연구소

데자르댕 연대경제금고 조직 변화

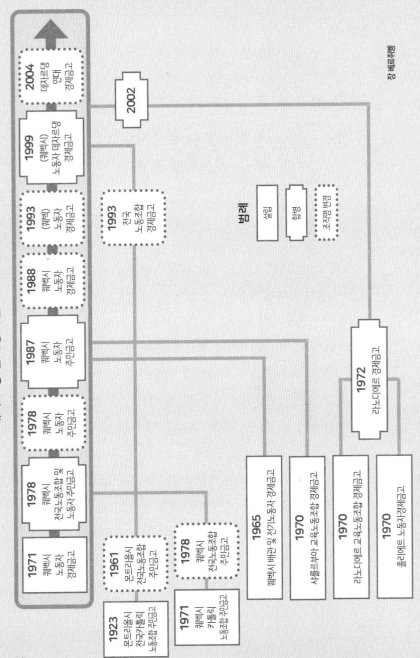

장 베르주뱅

범례

- 설립
- 합병
- 조직명 변경

2004 데자르댕 연대 경제금고

1999 (퀘벡시) 노동자 데자르댕 경제금고

1993 (퀘벡) 노동자 경제금고

1988 퀘벡시 노동자 경제금고

1987 퀘벡시 노동자 주인금고

1978 퀘벡시 노동자 주인금고

1978 퀘벡시 전국노동조합 및 노동자 주인금고

1971 퀘벡시 노동자 경제금고

2002

1993 전국 노동조합 경제금고

1972 라노디에르 경제금고

1961 몬트리올시 전국노동조합 주인금고

1978 퀘벡시 전국노동조합 주인금고

1923 몬트리올시 전국가톨릭 노동조합 주인금고

1971 퀘벡시 가톨릭 노동조합 주인금고

1965 퀘벡시 바랑 및 전기노동자 경제금고

1970 사를르부아 교육노동조합 경제금고

1970 라노디에르 교육노동조합 경제금고

1970 졸리에트 노동자경제금고

신용협동조합 중에서도
다른 신용협동조합

퀘벡시 아브라함 언덕을 따라 걷다가 관광객이 주로 많이 찾는 언덕 윗마을 대신 아래쪽으로 향하면, 눈앞에 펼쳐진 생-로크 정원과 마주치게 된다. 광활한 도심의 녹음은 정원이 끝나는 북쪽 샤레스트 대로boulevard Charest까지 펼쳐져 있다. 샤레스트 대로에 이르러 서쪽 아랫마을로 이어지는 길을 따라 걷다 보면 공장이 하나 보인다. 지금은 라발대학교 비주얼아트대학 l'École d'arts visuels de l'Université Laval 건물이 된, 1911년에 지어진 이 옛 도미니옹 코르세 제조공장은 이 거리가 과거 1900년대에는 생산의 열기로 가득했던 노동자들의 거리였음을 떠올리게 한다. 건물을 지나 조금만 더 가면 "퀘벡지방의 현대 건축물 중 주목할 만한 작품[1]"으로 사람들에게 알려진, 전국노동조합총연맹 건물에 다다른다. 이 건물은 19세기 말과 20세기 초 이 지역에 노동자들이 존재했음을 보여주는 또 다른 역사적 발자취이다. 출입구 근처 건물 아랫부분에 붙은 화려하지 않고 수수한 게시물들이 데자르댕 연대경제금고를 포함해 이 건물을 함께 사용하고 있는 조직들을 알려준다. 대부분의 데자르댕 금고는 목 좋은 곳을 선점하여 상호를 눈에 띄게 배치한다. 하지만 이곳은 건물에 들어서 〈금고〉* 사무실에 다다르기 위해서는 5층까지 올라가야만 한다. 데자르댕을 잘 아는 사람이라면 이러한 〈금고〉의 위치만으로도 놀랄 것이다.[2]

이곳을 방문하는 사람은 엘리베이터 문이 열림과 동시에 특별한 신용협동조합에 들어섰음을 깨닫게 된다. 안내데스크를 향해 두세 걸음을 내딛으면, 데자르댕 연대경제금고의 실천 방향을 가늠하게 하는 태양의 서커스, 바스크 지방의 몬드라곤 협동조합 그룹, 프랑스 알비 유리제조 노동자, 멕시코 자주관리기업 유니온 프로비자**가 조명에 비추인 모습을 볼 수 있다. 오른쪽으로는 다갈색이거나 아니면 녹이 슨 벽 위에 "존재의 열정"이란 글이 새겨져 있다. 왼쪽으로 돌면 복도가 나오는데 전면이 창으로 둘러싸인 사무실로 이어진다. 이사회실 또한 이렇게 투명창으로 되어 있다. 연대경제금고를 이루는 네 가지 네트워크인 노동조합, 협동조합, 비영리단체, 문화를 상징하는 기둥들이 이사회실 각 모퉁이에 자리 잡고 있다.[3]

---

* 데자르댕 연대경제금고는 연대경제금고 또는 금고(Caisse)라고 이 책에서 명시하고 있어서, 일반 금고와의 구분을 위해 데자르댕 연대경제금고를 나타내는 금고는 〈금고〉라고 표기함.-옮긴이

** 원문표기: 태양의 서커스(Cirque du Soleil), 바스크 지방의 몬드라곤 협동조합 그룹(Groupe coopératif Mondragon des Pays basques), 프랑스 알비 유리제조 노동자(Verrerie ouvrière d'Albi en France), 멕시코 자주관리기업 유니온 프로비자(Entreprise mexicaine autogérée Union Provisa).-옮긴이

〈금고〉의 사명과 역사는 1999년에 있었던 전체 보수공사 때 중앙사무실의 시멘트, 유리, 철, 나무에 새겨졌다. 〈금고〉가 위치한 건물은 그 자체로 시사하는 바가 크다. 역사적 관점에서 이 건물은 전국노동조합총연맹의 발의로 탄생했고, 현재적 관점으로는 건물 안에 퀘벡시 협동과 연대경제의 집이 있다는 것이 〈금고〉가 퀘벡주 사회연대경제의 도약과 뗄 수 없는 불가분의 관계라는 사실을 보여준다.

사회적경제란 무엇인가?

사회적경제의 발전은 데자르댕 연대경제금고의 핵심 사명이다. 〈금고〉는 퀘벡주에서 중요한 금융기관으로 인정받고 있다.[4] 상대적으로 그리 폭넓게 알려져 있지 않은 '사회적경제'라는 개념은 전문가들에게만 익숙한 다소 어려운 용어일 수 있어 설명이 필요하겠다.

'사회적경제'라는 표현은 19세기 중반에 등장했으며, 당시 퀘벡주에서 사회적경제는 노동자들이 시작한 공제조합 형태로 구현되었다.

20세기에 사회적경제는 다양한 방식으로 존재하고 발전해 왔지만, 정작 활동가들은 이 주제에 대해 그리 활발하게 논의하지 않았다[5]. 사회적경제는 1990년대를 지나면서 "중요한 경제적 현

실"이자 동시에 "그 진가를 제대로 평가받지 못한 개념"[6]으로 인식
되었고, 그 후로도 몇 해 더 지나서야 비로소 인정받게 된다.

시멘트, 유리, 강철, 나무에 새겨진 역사

〈금고〉는 1999년 퀘벡시 샤레스트 대로 155에 위치한 건물 5층으로 사무실을
이전한 후, 이전 목적을 설명하고 건물을 통해 구현하고자 한 바를 알리기 위해
존재의 열정La passion des êtres이라는 제목으로 소책자를 제작했다. 그 중 일부는
다음과 같다.

"우리를 지탱케 한 꿈과 사상은 우리가 사용한 첫 번째 재료들이다. 그것을
눈에 보이는 형태로 구현하고 싶었다."(p.1)

"우리는 우리의 영혼을 탐구하고, 우리의 사상을 보다 깊이 있게 하며, 다른 이
들과 공유할 수 있는 보편적 언어인 예술적 표현에 집중하고자 했다."(p.32)

"작품의 진실성 / 재료의 견고함 / 건물에 대한 존중 / 아름다움의 단순함 / 뿌
리에 대한 자부심 / 빛과 투명성 / 상상과 혁신의 공간 / 만남의 장소"(p.2)

"존재의 열정… 소리 높여 주장하기 위해서는 먼저 우리가 하는 일들을 확신
해야 한다고 스스로에게 이야기한다. 그리고 천장에서 미끄러져 내려오는
이 빛, 예민한 금속의 노랑, 갈색 또는 빨간 암영을 부드럽게 어루만지며 유
리 밖으로 발산한다. 다른 이들의 경험은 우리 활동의 자양분이다. 어디에서
나 그 경험들은 우리가 지혜로운 선택을 할 수 있도록 길을 비춰준다. 우리는
다른 사람들과 함께 우리의 신념으로 확고히 뿌리내린 그 미래를 보고 싶다.
여기 천장의 등은 하나의 빛으로 네 개의 손을 비춘다. 우정의 잔처럼."(p.5)

1995년 봄에 있었던 빵과 장미의 행진*은 사회적경제 개념에 새로운 바람을 불어넣었다. 가난에 대항한 이 페미니즘 운동의 대변인은 "사회적경제의 기여를 인정하는 평등하고 공정한 분배를 이루는 발전 모델"[7]을 제안했다. 퀘벡주 정부는 경제와 일자리문제 해결을 위한 시민사회단체·노동조합·사업주·정부 대표자회의Sommet sur l'économie et l'emploi에서 이 개념을 채택했다. 이 회의가 열렸던 1996년 10월에는 클로드 벨랑이 데자르댕운동** 회장이었고, 이 회의를 준비하기 위한 다양한 실무그룹들이 있었는데 그 중에는 사회적경제 일자리 준비를 위한 실무그룹도 포함되어 있었다. 이들이 대표자회의에 사회적경제의 개념에 대해 정의할 것을 제안하였고, 회의에 참가한 대표자들은 이들이 제안한 개념 정의를 받아들였다. 정부가 공식적으로 이 개념을 채택한 것은 사회적경제의 "제도적 인정"[8]을 성취한 것으로 사회적경제 역사의 중요한 변곡점이 되었다.

경제와 일자리문제 해결을 위한 시민사회단체·노동조합·사업주·정부 대표자회의의 사회적경제 실무그룹의 활동은 6개월 동안 지속되었다. 열띤 관심에 힘입어 사회적경제 샹티에라는 이름으로 2년간 그 활동이 연장된다. 그 결과 1999년 4월에 이 조직은 "경제분야 전체에서 사회적경제 기업들의 설립이 증가하고

---

* La marche Du pain et des roses. 1995년 5월 26일부터 6월 4일까지 퀘벡주에서 진행된 행진으로, 여성 빈곤에 대한 항의로 시작된 페미니스트 운동. 이 이름은 원래 '빵과 장미'라는 노래에서 가져온 1912년 노동자 파업의 명칭이었음.-옮긴이

** 원문은 Mouvement Desjardins으로 데자르댕연합회를 칭함.-옮긴이

발전·강화될 수 있도록 지원"하는 활동을 통해 "사회적경제 촉진"을 주요 사명으로 하는 상설기관이 되었다.[9]

사회적경제 실무그룹에서 공식화한 사회적경제의 정의는 "협동조합, 공제조합, 재화와 서비스를 생산하는 비영리단체를 포함한 관련 조직들이 이에 속하고, 이들의 민주적 지배구조와 운영을 강조"[10]한다. 이는 퀘벡주에서 구속력을 갖는 정의로서, 사회적경제를 정의하는 방법은 나라마다 다르다. 이러한 차이에도 불구하고 그 특징은 일반적으로 다음과 같이 인식된다. "사회적경제는 경제적 이익을 우선으로 하지 않는 사회적 목적을 실현하기 위해, 창조적이면서 민간 운영방식(자발적이고 경제적 위험을 감수하는)이나 집단적 운영 방식(사람들의 결사체)들을 결합함으로써 자본주의 경제나 공공경제와 구분된다."[11]

사회적경제의 발전은 19세기 중반 이후 퀘벡주와 서구 역사에 점철된 경제적·사회적 위기에 대응하며 파도치듯 일어났다.[12] 데자르댕 연대경제금고의 역사는 이러한 현실을 반영한다. 또한 무엇보다도 사회적경제가 이루어온 사회 프로젝트의 지속적인 전개가 이를 증명한다. 이 모든 변화 과정을 통해 사회적경제가 지속해온 프로젝트들은 언제나 시대와 경제적 위험을 넘어 19세기 산업혁명 이후 경제와 사회 간에 패인 간극을 해소하기 위해 노력해왔다. 이 주제에 대해 데자르댕 연대경제금고 전 총괄책임자인 클레망 기몽은 1998년에 "엄밀히 사회적경제에서 경제는 기본과 본질에서 사회적이어야 한다."[13]고 말했다.

1996년 경제와 일자리 대표자회의의
사회적경제 활동그룹이 제안한 '사회적경제' 정의
— 〈과감히 연대를 실천하자Osons la solidarité!〉 보고서에서 발췌

사회적경제 개념은 종종 서로 대립하는 두 단어를 다음과 같이 결합한다.

'경제'는 기업이 재화나 서비스를 생산하고 이를 통해 집합적 부의 확대에 기여함을 의미한다.

'사회적'은 단순한 경제적 이익을 넘어 기업 활동이 낳은 사회적 수익성을 의미한다. 사회적 수익성에 대한 평가는 민주주의 발전에 기여하는가, 시민 참여를 강화하는가, 그리고 개인과 공동체의 역량과 가치를 촉진하는가를 기준으로 이루어진다. 따라서 사회적 수익성은 보다 많은 서비스를 제공함으로써 삶의 질 개선과 복지 향상에 기여한다. 공공기업이나 일반 민간기업과 마찬가지로, 사회적 수익성 또한 창출된 일자리 수로 평가될 수 있다.

전체적으로 사회적경제 분야는 다음과 같은 원칙과 작동원리로 운영되는 협동기업의 활동과 협동기업 체제로 된 조직을 통칭한다.

- 사회적경제 기업은 단순히 이익 창출과 재정적 수익을 목표로 하기보다 회원이나 공동체에 봉사하는 것을 목적으로 한다.
- 사회적경제 기업은 국가로부터 운영의 독립성을 가진다.
- 사회적경제 기업은 이용자와 노동자를 포함하는 민주적 의사결정 체계를 구성하고 이를 정관에 명시한다.
- 사회적경제 기업은 잉여금과 수익의 분배에서 돈보다 사람과 기업의 사회적 활동을 우선시한다.
- 사회적경제 기업은 조합원이나 고객의 참여를 유도하고 개인 및 집단적 책임을 공유하는 것을 원칙으로 한다.

* 퀘벡대학교 몬트리올 캠퍼스, 〈과감히 연대를 실천하자!〉 사회적경제에 대한 실무그룹 보고서(Osons la solidarité! Rapport du Groupe de travail sur l'économie sociale)>, (온라인), 1996. 10. [www.unites.uqam.ca/econos/rosonsf.htm], (Consulté le 16 septembre 2014)

Montréal, le 23 octobre 1996

Monsieur Lucien Bouchard
Premier ministre du Québec
885, Grande Allée est
Québec (Québec)
G1A 1A2

Monsieur le Premier ministre,

J'ai l'honneur de vous soumettre le Rapport du groupe de travail sur l'économie sociale. Des centaines de gens y ont contribué directement puisque nos travaux ont été conduits dans un climat de mobilisation extraordinaire.

Les hommes et les femmes qui font l'économie sociale aujourd'hui ne manquent pas d'idées et ne ménagent aucun effort pour que celle de demain ressemble aux espoirs les plus généreux qu'ils entretiennent pour l'avenir du Québec. Les recommandations du rapport visent à leur donner le meilleurs moyens. J'ose espérer que le Sommet leur fournira l'occasion de faire valoir toute la richesse de leur contribution et l'immense potentiel qu'elle porte.

Les défis sont grands et la tâche sera ardue. Mais j'ai pleine confiance dans la force et la détermination du Québec solidaire.

Je suis certaine que vous partagez cette confiance et je voudrais vous assurer de ma plus entière collaboration pour faire du Sommet le succès dont tout le Québec a besoin.

Je vous prie, monsieur le Premier ministre, de bien vouloir accepter l'expression de mes sentiments les plus distingués.

Nancy Neamtan
Présidente

낸시 님탄(Nancy Neamtan)이 주재한 사회적경제에 대한 실무그룹 보고서는 1996년 10월 경제와 일자리문제 해결을 위한 대표자회의를 위해, 당시 퀘벡주 총리였던 루시앙 부샤르(Lucien Bouchard)에게 제출되었다. 이 보고서는 20세기 초에 이미 사용되었으나 오랫동안 사용되지 않던 '사회적경제' 개념을 정의한다. 그리고 특히 퀘벡지방 발전을 위해 이 "다른" 경제의 잠재성을 강조한다.
사회적경제 실무그룹, 〈과감히 연대를 실천하자!〉 사회적경제에 대한 실무그룹 보고서, 퀘벡, 경제와 일자리 샹티에, 경제와 일자리문제 해결을 위한 대표자회의, 1996, 64p.

데자르댕 연대경제금고의 발전

노동운동 중에서도 특히 전국노동조합총연맹에 뿌리를 둔 데자르댕 연대경제금고는 데자르댕연합회인 데자르댕운동 소속으로서, 효율성을 추구하면서도 그 이상의 다른 가치를 추구한다. 연대경제금고는 수십 년에 걸쳐 7개의 주민금고와 경제금고가 합병을 통해 이루어낸 결과이다. 2014년 12월 31일 현재, 자산규모는 7억 5천8백만 달러에 이르고, 14,794명의 조합원(사회적경제 협동기업 조합원 2,796개, 사회적 참여 민간기업 244개, 개인 조합원 11,754명)이 있으며, 퀘벡시, 몬트리올시, 졸리에트Joliette시에 서비스센터를 두고 있다.

이 책은 기존의 신용협동조합과는 완연히 구분되는 데자르댕 연대경제금고만의 독특하고 새로운 역사와 발전의 자취를 따라가는 것이 목적이다. 평범한 저축신용협동조합이 어떻게 퀘벡주에서 사회적경제의 중요한 금융기구 중 하나로 성장해 가는지를 볼 수 있을 것이다. 1장은 1923년 몬트리올의 전국가톨릭노동조합 주민금고 설립과 1927년 퀘벡지역* 가톨릭노동조합 주민금고 설립을 소개하기 위해, 데자르댕 금고운동과 노동조합운동의 기원으로 거슬러 올라간다. 1945년에서 1970년까지를 담은 2장은 퀘벡시 노동자경제금고 설립 과정을 설명한다. 3장은 1970년대 동안 〈금고〉가 설립된 이후 수많은 프로젝트를 탄생시킨 이 협동조합만의 특별한 활동에 대해 이야기한다. 4장과 5장, 6장은 데자르댕 연대경제금고를 만들기 위한 몬트리올지역 금고들과 라노디에르Lanaudière지역 금고들의 가입과 분열, 그리고 지속되고 있는 〈금고〉 프로젝트에 대한 30여 년간의 변화와 발전 과정을 서술한다.

---

* 퀘벡주 행정체계는 주(province) 안에 18개 지역(région)이 있고, 지역 안에 도시(ville)와 도시 내 구역(arrondissement)들로 나뉜다. 따라서 퀘벡주-퀘벡지역-퀘벡시, 몬트리올지역-몬트리올시로 각각 명기한다.-옮긴이

1장

협동조합과 노동조합
: 데자르댕 연대경제금고의 두 기원
1900~1945

퀘벡주의 데자르댕 주민금고 운동과 전국가톨릭노동조합 운동은 20세기 초, 산업혁명이 초래한 문제들에 대응하기 위해 시작되었다. 두 조직 모두 가톨릭 사회교리의 영향을 받았고, 일부 활동가들이 두 조직 모두에 소속되어 있으며, 캐나다 가톨릭노동자총연맹의 조합원들을 위한 주민금고가 몬트리올시와 퀘벡시에 설립된 점들을 보아도 알 수 있듯이 두 운동은 밀접한 관계가 있다. 1920년대에 세워진 몬트리올시와 퀘벡시의 두 주민금고는 현재 데자르댕 연대경제금고에 속해 있다. 데자르댕 연대경제금고의 두 기원을 이해하기 위해서는 노동조합운동과 주민금고운동의 탄생으로 거슬러 올라가야 한다.

이 장에서 우리는 먼저 이 시대의 노동조합 운동가들과 협동조합 운동가들에게 중요한 영향을 미친 요소들 중 하나인, 노동자들의 근무환경에 대해 교황 레오13세가 발표한 서한 〈레룸 노바룸〉을 소개할 것이다. 다음으로 알퐁스 데자르댕과 그의 주민금고 설립 프로젝트, 그리고 캐나다 가톨릭노동자총연맹 설립에 대해 서술할 것이다. 마지막으로, 이 두 운동이 1923년 몬트리올시의 전국가톨릭노동조합 주민금고와 1927년 퀘벡시의 가톨릭노동조합 주민금고를 만들기 위해 어떻게 단결했는지를 살펴볼 것이다.

두 조직이 공유한 영감의 원천

서구사회 다른 곳과 마찬가지로 19세기에 퀘벡주는 산업혁명의 시대였다. 그 결과로 대규모 공장이 들어서고 산업이 기계화되면서 수공업은 점차 사라져갔다. 분업화가 시작되고 생산수단의 소유는 노동자들로부터 이른바 "자본가"[14]들의 손으로 넘어갔다. 산업화는 노동자들 대부분의 희생을 바탕으로 이루어졌다. 바닥까지 내려간 임금, 거의 없다시피 한 휴일, 잦은 사고 발생뿐만 아니라 노동안전의 부재나 여성과 아이들에 대한 착취는 말할 것도 없었다. 일상에 필요한 소비를 위해 임금이 적은 사람들은 점점 더 다양한 형태의 신용대출을 이용하게 되었고, 이로 인해 삶은 점점 더 피폐해졌다[15].

이러한 배경에서 교황이 나서주기를 요청하는 사람들이 늘어

캐나다 가톨릭노동자총연맹 휘장
데자르댕 연대경제금고가 추구하는 가치를 보다 잘 이해하기 위해서는 캐나다 가톨릭노동자총연맹의 기원을 이해할 필요가 있다. 단어들과 상징으로 표현되는 이 조직의 휘장은 교회의 사회교리를 반영한다. 연대와 사회정의는 연대경제금고 계획의 핵심으로 여전히 존재한다. 전국노동조합총연맹 자료실.

났다. 1891년 5월 교황은 많은 이들의 기대에 부응하며 노동자들의 조건에 대해 언급하는 회칙을 발표한다. 〈레룸 노바룸〉에서 레오13세는 종교의식이 실종됨에 따라 "소외되고 보호받지 못하는 노동자들이 비인간적인 업주와 과도한 경쟁의 희생자로 전락"하고 있음을 규탄한다. 그는 "탐욕스러운 고리대금"과 "몇 되지 않는 부자들과 호사가들이 나눠 먹는 경제 효과와 일자리 독점"을 비판한다.[16] 사회주의가 제시한 해결방안들과 함께 '계급투쟁'은 교황에게 비판의 대상이었다. 회칙에서 교회와 국가가 내놓을 수 있는 "진정한 구제책"에 대해 명시했다. 어떤 이들에게는 "노동자들의 교황"[17]이라고 불리는 레오13세는 노동자들의 연합을 강조하며 "교회는 노동조합을 배척하기보다는 오히려 지도하기로 결정한다."[18]는 말로 회칙을 마무리한다. 하지만 퀘벡 주교가 교황의 이야기를 받아들이는 데에는 몇 년이 걸렸다. '사회문제'에 대한 예민함은 교황이 있는 곳으로부터 대서양 건너에 있는 먼 퀘벡주에서는 그 느낌의 강도가 약했다.[19] 이 회칙의 영향으로 중요한 조치

1924 - 성냥 제조공들

월(Hull)에 위치한 에디 마치(E.B.Eddy Marches) 회사에서 일하는 성냥 제조 노동자들은 두 달 동안 공장폐쇄 조치를 당했다. 전국노동조합총연맹의 역사상 최초의 여성노동자 투쟁이었다.
전국노동조합총연맹 자료실. 출처: 퐁닥시옹*

1925 - 신발공장 파업

퀘벡시에서 캐나다 가톨릭노동자총연맹에 가입된 신발공장 노동자 3천 명이 파업에 들어갔다. 33% 임금 감축에 반대하며 14개 공장을 마비시켰다. 조셉-알프레드 랑글루아(Joseph-Alfred Langlois) 퀘벡 주교는 이 노동쟁의를 중재했지만, 노동조합 조합원들에 대한 그의 지지가 사업주들에게 영향을 미치지는 않았다. 파업은 이듬해에 재개되었지만 아무 소득 없이 다시 작업에 복귀하게 된다. 전국노동조합총연맹 자료실. 출처: 전국노동조합총연맹 DVD "되살아오는 90년의 역사(90 ans d'histoire(s) à revivre)", [영상 녹화], 2011)과 «퀘벡 신발산업 파업의 시작», [온라인], "20세기 결산", 세르브룩대학교. [http://bilam. usherbrooke.ca/bilan/pages/evenements/20175.html.

---

* Fondation, 전국노동조합총연맹에서 설립한 노동자 기금. 노동자들의 퇴직 적금을 운용하여 협동조합을 비롯한 사회적경제 기업들과 자주적으로 운영되는 기업들에 자금을 투자함.—옮긴이

가 취해진 것은 20세기 초가 되어서였다.

예수회의 발의로 1911년 몬트리올에서 설립된 시민사회학교가 그 첫 번째 예이다. 이 기관의 프로그램은 "다른 무엇보다도 신앙의 토대에 기반한 직업별 결사조직 설립을 장려하고 '건전한 사회법제화 촉진'과 '사회사업을 위한 기금 조성을 위해 모든 힘을 아끼지 않을 것'"[20]을 제안한다. 1900년에 처음 세워졌던 주민금고가 이때 제안된 사업에 명백히 명시되었다. 시민사회학교는 제안부터 실천까지 빠르게 진행되었다. 이 학교가 발간한 첫 두 브로슈어는 노동자 조직에 관심을 기울인다. 25년 후에, 캐나다 가톨릭노동자총연맹 위원장인 알프레드 샤르팡티에 Alfred Charpentier 는 시민사회학교가 낳은 "주요한 사회적 결실"[21]은 가톨릭 노동조합주의라고 썼다. 주민금고는 또한 기꺼이 시민사회학교를 후원한다. 알퐁스 데자르댕은 일곱 번째 브로슈어에서 저축신용협동조합에 대한 내용을 기재했다. 〈레룸 노바룸〉회칙은 이 글의 초반부터 인용되어 열두 번째 브로슈어[22]까지 이어진다. 역사가 피에르 풀랭[23]에 따르면, 1910년대 몬트리올 섬에 설립된 여러 금고를 포함한 12개가 넘는 금고들이 시민사회학교와 사크레-쾨르 Sacré-Cœur 연맹의 직접적인 영향을 받았다고 할 수 있다.

동시대에 세계 여러 나라에서와 마찬가지로, 산업혁명이 가져온 어두움을 견디기 위한 대응 속에서 퀘벡지방에도 협동조합운동과 노동조합운동이 형성되었다. 두 진영의 지도자들은 "교회의 사회교리에서 운동의 이념적 영향을 받았고[…], 서로 정기적으

'주민금고'를 알리는 시민사회학교 홍보물

1912년 알퐁스 데자르댕은 시민사회학교의 월간지에 저축신용금고에 대해 알리는 글을 게재한다. 이 글에서 그는 가톨릭교회의 사회교리를 담은 1891년 교황 레오13세의 <레룸 노바룸>을 언급한다.
알퐁스-데자르댕 역사연구소 자료실.

알프레드 샤르팡티에,
캐나다 가톨릭노동자총연맹 회장

석공으로 출발해 국제 벽돌공노동조합의 운동가로 활동한 알프레드 샤르팡티에(1888~1982)는 1921년 캐나다 가톨릭노동자총연맹 설립에 참여했고, 1935~1946년까지 이 조직의 위원장을 지냈다. 그는 도미니옹 방직공장(Dominion Textile)과 소렐 조선소(chantiers maritimes de Sorel) 파업을 주도하면서 노동법 현대화와 노동문제 연구 기관인 고등노동위원회 창설, 그리고 노동분쟁 해결을 목적으로 하는 법원을 만들기 위해 투쟁한다.
전국노동조합총연맹 자료실. 출처 : DVD 전국노동조합총연맹, "되살아나는 90년의 역사"([영상 녹화], 2011)과 "알프레드 샤르팡티에(1888~1982) 노동조합 운동가", [온라인], "20세기 결산", 셰르브룩대학교. [http ://bilan. usherbrooke.ca/bilan/pages/biographies/177.html].

로 만났으며, 때로는 두 운동에 동시에 영향력을 행사했다."[24] 가톨릭노동조합과 캐나다 가톨릭노동자총연맹에 가입한 사람들은 또한 알퐁스 데자르댕과 함께 주민금고를 설립했다.

알퐁스 데자르댕, 주민금고의 창시자

1897년 4월 6일 캐나다 의회의 프랑스어 속기사였던 알퐁스 데자르댕Alphonse Desjardins은 오타와에 있는 의회 지하 사무실에 있었다. 그날 의회에서 있었던 한 발언이 이 평범한 공무원의 삶에 전환점을 만들었다. 몬트리올-생트-안느 지역 의원인 미셸 퀭Michael Quinn은 온 나라에 창궐하는 고리대금을 없애는 법을 제정하고자 했다. 그는 이 법의 필요성을 호소하기 위해 자신의 관할지역에 사는 한 시민의 사례를 얘기했다. 그 시민이 빌린 돈은 본래 150달러였으나 고리이자가 불어나 5,000달러를 지불하라는 선고를 받았다. 속기사인 데자르댕은 이러한 종류의 고발을 듣는 것에 익숙했으나 그가 나중에 '슬픈 폭로'[25]로 기억하게 될 이 발언에는 무감각할 수 없었다.

이후 몇 개월간 알퐁스 데자르댕은 신용접근성의 문제에 대한 해결책을 찾기 시작했다. 그는 의회 도서관에서 연구조사를 시작했고, 그곳에서 1895년 설립된 국제협동조합연맹 초대 회장인 영국인 헨리 울프가 쓴 《사람들을 위한 은행People's banks》이라는 책을 발견한다. 그때 데자르댕 나이 42살이었다. 당시에 그로서는 후세들의 대중투표[26]로 "퀘벡의 가장 위대한 건설자"라는 호칭을 받게 될 것을 전혀 예견할 수 없었다. 하지만 여러 경험들을 통해 이미 그는 금고 창설자로서의 준비가 되고 있었다.

알퐁스 데자르댕은 가난한 대가족의 아들로 1854년 레비Lévis

에서 태어났다. 그는 레비칼리지에서 2개 언어로 상업을 공부했다. 그리고 짧은 군복무를 마친 후 기자가 되어 1870년대에 캐나다와 퀘벡 의회 복도를 오가게 되었다. 이후 10년간 퀘벡주 입법의회의 토론 편집자로서 정치가들과 기자들과 어울리며 국회도서관을 자주 방문하게 된다.[27] 그리고 1892년에 데자르댕은 오타와에 있는 캐나다 국회에 프랑스어 속기사로 임명되어 25년 후 은퇴할 때까지 이 일을 지속한다.

알퐁스 데자르댕은 고향인 레비에서 가족들과 함께 살았다. 1879년 도리멘느 데자르댕Dorimène Desjardins과 결혼하여 1880년부터 1902년까지 열 명의 아이들을 낳았다. 레비 지역의 다양한 모임에 적극적으로 참여했던 그는 생-뱅상-드-폴 협회부터 건설공제조합 및 프랑스계 캐나다인 연구소, 상공회의소에 이르기까지 수년간에 걸쳐 다양한 조직에 참여했다. 1900년 12월 6일 그는 아내와 지역 관계망의 지원을 받아 100명이 넘는 동의자들과 함께 아메리카 대륙 최초의 저축신용협동조합인 레비주민금고를 설립한다. 연구조사를 시작한 지 3년 후, 의회에서 미셸 켕이 폭로한 문제들을 해결하기 위해 그가 찾은 해결책이 바로 이것이었다.

알퐁스 데자르댕은 주민금고 설립 활동을 시작하고 20년이 넘는 세월을 그 일에 바친다. 도리멘느 데자르댕과 수많은 협력자들과 함께 퀘벡주에 136개 주민금고, 연방공무원이 가입하는 직장금고를 포함하여 온타리오주에 18개, 미국에 9개 설립에 직접 참여한다. 이 시기에 그는 가족과 가까운 협력자의 도움을 받으며

알퐁스 데자르댕과 도리멘느 데자르댕

알퐁스 데자르댕(1854~1920)은 오늘날 그의 이름을 붙인 금고(163개 금고 설립에 참여)의 창립
자로 알려져 있고, 그의 아내인 도리멘느 데자르댕(1858~1932)은 공동창립자로 알려져 있다. 그
녀는 알퐁스 데자르댕이 자리를 비운 동안 레비주민금고가 잘 운영되도록 관리하였고, 남편의 작
고 후에도 창립의 뜻을 이어갔다. 알퐁스-데자르댕 역사연구소 자료실.

연합회로서의 역할, 그의 표현에 따르면 주민금고의 "중앙", "집결
지"[28] 역할을 했다. 그는 금고들을 통합할 기관이 필요함을 빨리
감지했다. 하지만 병은 삶의 마지막 시기를 힘들게 했고, 알퐁스
데자르댕은 주민금고연합회 설립이라는 그의 계획을 실현하기
전인 1920년 10월 31일 세상을 떴다.

창립자로부터 훈련받은 데자르댕의 계승자들은 퀘벡의 다른
지역들에서 활동을 이어갔다. 1920년대에 금고들은 교구 단위로
트루아-리비에르Trois-Rivières(1920), 퀘벡(1921), 몬트리올(1924) 그리
고 가스페Gaspé(1925)에서 각 지역연합을 형성했다. 이들은 차례로
1932년에 퀘벡시 데자르댕 주민금고 지역연합회로 재결합된다.

설립자가 상상했던 것과는 다른 형태이지만 그가 바랐던 중앙조직이 탄생되었다.

　1900년과 1920년 사이에 알퐁스 데자르댕은 여러 난관들, 특히 주민금고가 법적 승인을 받는 문제에 잘 대처하면서 업적을 쌓아갔다. 그가 가진 물질적, 재정적 자원은 매우 적었지만, "촘촘한 사회적 네트워크와 관계망"[29]에 의지하면서 협동조합 설립을 추진해갔다. 수많은 성직자들, 기자들, 가톨릭 사회운동 활동가들, 민족주의자들과 노동조합 운동가들이 그에게 지원을 아끼지 않았다.

캐나다 가톨릭노동자총연맹의 탄생

　20세기를 지나며 퀘벡주와 캐나다 노동조합의 무대는 미국에서 출발한 "국제연합들"에 의해 장악된다. 게다가 알퐁스 데자르댕이 1908년 6월 몬트리올에 세운 첫 주민금고도 구스타브 프랑크Gustave Francq 같은 이 운동 지도자들과 함께했다.[30] 하지만 여러 불어권 노동자들은 그들이 '외국 조직'으로 여기는 국제연합을 인정하지 않았고, "국제적"으로 전파되는 이데올로기를 비난하는 성직자들의 격려 속에서 국내 노동조합을 세운다. 교회는 1911년 1월에 열린 사크레-쾨르 연맹 연합회 총회 때 결정된, 국내 및 종교 노동조합 창립[31]을 제안한다.

1차 세계대전(1914~1918) 후에 노동조합운동은 매우 열악한 경제적 상황을 겪는다. 가톨릭 노동조합들은 고용주와 노동자들 간의 좋고 좋은 협의에 의존하는 접근방식에 환멸을 느껴 진영을 떠나는 조합원들이 생기면서 특히 더 위태로워졌다.

따라서 퀘벡시의 수도원장 막심 포르탱Maxime Fortin과 몬트리올 시의 예수회 신부 조셉-파팽 아르샹보Joseph-Papin Archambault 두 성직자 는 "가톨릭 노동조합주의에 대한 재고"[32]를 하게 된다. 조셉-파팽 아르샹보 신부는 1910년에 알퐁스 데자르댕을 알게 되고, 이 과 정에서 풍부한 교류가 이루어진다.

아르샹보 신부는 1918년 봄과 여름에 대도시 근처 생-마르탱 별장에서 두 회합을 조직하면서 운동 재개를 준비한다. 두 번째 회합은 "캐나다 가톨릭노동자총연맹 역사에서 가장 중요"[33]하다. 이 자리에서 "가톨릭 노동조합주의의 특징"[34]이 정의되었기 때문 이다. 1920년 치쿠티미*에서 열린 가톨릭 노동조합 총회 때, 운동 의 진전을 향한 다음 단계로 나아가게 된다. 대표자들의 다수가 중앙 조직 창립에 대해 언급했다. 포르탱 수도원장이 자리한 위원 회는 창립 계획을 수립한다. 또한 1921년 9월 24~28일까지 월 에서 캐나다 가톨릭노동자총연맹 창립총회가 열렸고, 이 조직은 1960년 전국노동조합총연맹이라는 명칭으로 바뀌게 된다.

노동조합운동과 협동조합운동이 서로 가까운 관계임을 나타

---

* Chicoutimi, 퀘벡주 사그니(Saguenay)시에서 가장 인구가 많은 자치구.- 옮긴이

1921년 월에서 열렸던 총연맹 창립총회

1921년 캐나다 가톨릭노동자총연맹 창립총회에 참석한 80개 노동조합을 대표하는 220명 대의원들. 초대 위원장은 퀘벡시의 신발 제조 노동자인 피에르 볼레(Pierre Beaulé)가 선출되었다.

전국노동조합총연맹 자료.출처 : DVD 전국노동조합총연맹, "되살아나는 90년의 역사", ([영상녹화], 2011) 그리고 "캐나다 가톨릭노동자총연맹 창립", [온라인], "20세기 결산", 셰르브룩대학교. [http://bilan.usherbrooke.ca/bilan/pages/evenements/328.html].

내는 흥미로운 사실 중 하나가 유사한 조직구조이다. 1932년에 데자르댕운동이 각 주민금고들이 존재하고, 이들이 각 지역연합으로 모이며, 이 전체를 하나로 묶는 연합회를 설립한 방법과 마찬가지로, 총연맹 또한 3개의 단위로 감독체계를 두었다.[35]. 지역 노동조합들은 총연맹에 가입하고 또한 두 번째 위계에 속하는 지역교구연맹(오늘날 중앙위원회로 불림)과 활동 부문별 연맹 두 조직에도 가입했다.

1921년 총연맹이 창립하는 커다란 진전에도 불구하고, 가톨릭 노동조합주의는 몇 해간 여러 어려움들을 겪는다. 1920년대 초기의 어려운 경제 상황과 힘든 파업들로 인해 조합원들이 감소

한다. 반면, 같은 시기에 퀘벡시와 몬트리올시에서 노동조합 조합원들을 위한 주민금고 설립을 포함한 여러 발의들 또한 일어난다.

가톨릭 노동조합들을 위한 주민금고

알퐁스 데자르댕은 주민금고를 교구 기관처럼 구상했다. 그는 1917년에 아르샹보 신부에게 "본당이 나의 이상형"[36]이라고 썼다. 그가 구상한 저축신용협동조합 모델이 채택되어 데자르댕은 1908년 캐나다에서 첫 번째로 오타와에 설립된 연방공무원 직장금고 창립에 참석한다. 같은 해에 있었던 그의 5차례에 걸친 여행 중 첫 번째가 미국이었고, 뉴햄프셔주 프랑스계 교구에서 첫 번째 주민금고를 설립한다. 이어서 또 다른 조합 설립을 조직하지만, 데자르댕은 미국에서 "저축신용협동조합 활동 영역을 교구로 제한하는 것은 있을 수 없는 일"[37]임을 깨닫고, 오히려 조합원들 사이에 긴밀한 교류가 필요함을 역설한다.

이러한 주장을 실천하기 위해, 직접 국경 남쪽을 여행하면서 조합원들이 교구단위로 모여 있지 않은 곳에 두 개의 금고인 단체금고와 신용금고를 직접 설립한다. 1910년에 그는 여성교육산업조합Women's Educational and Industrial Union과 함께 보스톤에 신용조합을 세운다. 이듬해 같은 시에서 그는 900명 넘게 일하고 있는 큰 상점인 셰퍼드앤노웰Sheppard and Norwell 직원들을 위한 신용조합을 세운다.

이 설립은 미국의 다른 도시들과 퀘벡지방에도 영향을 미쳤다. 〈라베리테La Vérité〉 신문은 퀘벡지방의 고용주들이 이 사례를 따르도록 권유했다. 한 기자가 '누가 시작할 것인가?'라는 제목으로 "지역사회와 상업 및 산업 현장에 주민금고를 조직함으로써 우리는 노동자들에게 매우 중요한 서비스를 제공할 수 있다. 고용주들 또한 지금보다 더 나아질 것이다."[38]라는 기사를 실었다. 하지만 이 제안은 퀘벡에서 거의 반향을 일으키지 못했다. 알퐁스 데자르댕은 그 후 몇 해 동안 퀘벡에서 같은 형태의 어떠한 금고도 설립하지 못했다.

설립자가 작고한 이후 1920년대에 세워진 몇 백 개의 주민금고 중에 단지 4개의 금고만 교구내에 포함되어 있지 않았다. 그 중 두 금고가 1930년경에 문을 닫았고,[39] 다른 두 개의 금고는 1923년에 설립된 몬트리올시 전국가톨릭노동조합 주민금고와 1927년에 설립된 퀘벡시 가톨릭노동조합 주민금고로, 현재까지 데자르댕 연대경제금고 역사의 한 부분을 차지하고 있다. 알퐁스 데자르댕의 협력자들과 캐나다 가톨릭노동조합총연맹 활동가들이 위 두 조직 설립에 참여했다. 그 조합들이 '주민금고'란 이름을 사용하지만, 단체신용협동조합에 더 가깝다. 왜냐하면 그 조합들은 조합원들을 교구 신자들로 재편성하지 않고 가톨릭 노동자로 구성하였기 때문이다. 이러한 관점에서 데자르댕 연대경제금고는 퀘벡에서 활동 중인 가장 오래된 단체신용협동조합으로 간주될 수 있을 것이다. 애초에 금고 설립자인 데자르댕이 생각했던 교구

신자들이 조합원인 형태는 아닐지라도, 데자르댕은 이 두 금고를 인정할 것이다.

금고를 설립하기 위해 알퐁스 데자르댕이 고안한 방안은 그의 계승자들에 의해 이어졌다. 저축신용협동조합을 만들기를 바라는 사람들은 그들이 예전에 데자르댕을 초대했던 것처럼 지역연합의 선전활동가를 초대했다.[40] 활동가들은 금고의 장점과 운영에 대해 강연을 했고, 강연에 이어 같은 날 바로 설립으로 이어지는 경우가 종종 있었다. 조합원이 되기를 원하는 사람들은 그들의 이름과 직업, 주소, 마지막으로 1구좌당 5달러인 출자금에 대해 총 출자좌 수를 적은 설립 동의서에 서명하였다.

대도시인 몬트리올의 8개 가톨릭전국노동조합 주민금고 창립에는 에드무르 에베르^{Edmour Hébert} 수도원장이 영향을 미쳤다. 교구의 사회사업 총괄자인 그는 몬트리올에서 "가톨릭 노동조합주의 창시자이자 주민금고 지역연합의 창설자"[41]로 동시대 사람들에게 알려져 있다.

1918년 생-마르탱 별장 회합에서 그는 몬트리올시 가톨릭노동조합의 첫 번째 지도신부였다. 1912년부터 한 금고에 속해 있던 수도원장은 6년 후에 "훌륭한 경험들을 통해 이미 금고 운영에 대해 체득한 '헌신성'을 가진 사람으로 그를 생각하는 데자르댕의 승인"[42]에 힘입어 새로운 금고들을 설립하기 시작한다. 1918년 4월과 1919년 11월 사이에 그는 몬트리올 섬에 9개의 새로운 금고들을 설립했다.

**에드무르 에베르 수도원장과
몬트리올 노동조합 금고들 창립**

에드무르 에베르 수도원장은 20세기 초 몬트리올
가톨릭 노동조합의 지도신부였다. 몬트리올 교구
의 사회사업 총괄자로서 그는 그가 명예 위원장이
었던 지방공무원들의 전국가톨릭노동조합(현재
몬트리올 지방정부 공무원노동조합(Syndicat des
fonctionnaires municipaux de Montréal, SCFP)을
포함하여 노동조합 창립을 지원했다. 알퐁스 데자르
댕의 동의 아래 에드무르 에베르 수도원장은 1923
년 몬트리올 전국가톨릭노동조합 주민금고를 포함
한 여러 주민금고 설립에 공헌했다.

　　1923년 8월 26일, 에드무르 에베르 수도원장은 몬트리올 지
역 가톨릭노동조합 주민금고 창립에 참여했다. 총 41명의 설립동
의자들 중 일부는 1924년 노동조합연맹이 창설된 건축업종에 종
사하는 페인트공, 배관공, 목수 등이었다. 또 다른 일부는 프레스
공, 식자공 등 1925년에 노동조합이 연맹으로 재편성되는 인쇄
산업 부문에 종사하는 노동자들이었다. 설립동의서에는 방직노동
자, 전차노동자, 운송노동자 등도 서명했다.

　　창립 후 1년이 안 된 1924년 6월 27일, 몬트리올시 가톨릭노
동조합 주민금고는 몬트리올 지구 데자르댕 주민금고 지역연합
의 설립자 19명 중 하나로 참여하게 된다. 몬트리올시 가톨릭노
동조합 주민금고는 이사회와 설립조합원들 중 1인인 제라르 트랑
블레 Gérard Tremblay 의 참여 덕으로 빠르게 핵심 조합으로 두각을 나타

몬트리올시 전국가톨릭노동조합 주민금고 창립 동의서(1923)

1923년 8월 26일 작성된 몬트리올 전국가톨릭노동조합 주민금고 창립 동의서는 설립자들의 직업을 보여준다. 이 동의서의 첫 페이지에는 에드무르 에베르의 이름과 비서, 이발사, 벽돌공, 세공사, 페인트공, 대장장이, 땜장이, 재단사, 배관공, 운송노동자, 말안장 관련 물품 제작공, 구두수선공, 마차 부품 제작공, 서기, 인쇄공, 언론종사자 들의 직업을 볼 수 있다.

1923년 몬트리올 금고의 뿌리

1923년 9월 3일에 있었던 노동의 날 기념 프로그램은 몬트리올시 전국가톨릭노동조합 주민금고 창립 후 1주일 만에 발표되었다. 같은 시기에, 캐나다 가톨릭노동자총연맹이 몬트리올시 메종뇌브 대로와 보드리 거리 교차 지점에 독자 건물을 갖게 되고, 그곳에서 금고들의 지역내 만남이 펼쳐진다. 프로그램 속에 실린 사진이 그 건물이다.
전국노동조합총연맹 자료실.

낸다. 몬트리올시 가톨릭노동조합 사무총장인 제라르는 창립 후
몇 주 안에 지역연합 실무책임자로 임명되고, 1931년 말까지 총
괄책임이사로 활동한다.[43]

몬트리올 지역연합의 초기 7년간, 몬트리올시 전국가톨릭노
동조합 주민금고는 지역연합의 중앙금고 역할을 한다. 1924년
11월 지역연합 기금도 "생-앙팡-제주St-Enfant-Jésus의 주민금고에서
노동조합 주민금고로 이전한다.[44] 또한 이사회와 총회도 당시 "노
동자 구역의 중심"[45]이었던 보드리 거리와 드몽티니(현재는 메종뇌브
에스트De Maisonneuve Est로 이름이 바뀜) 대로 모퉁이에 위치한 가톨릭노동
조합 건물에서 개최되었다.

에드무르 에베르 수도원장은 1923년 건물 건립의 주요 장본
인 중 하나다. 그가 설립에 공헌했던 여러 조직들이 이 건물 안에
입주하게 되리라는 점은 공사 시작부터 예상되었다. 공사 착수를
알리는 언론 보도에서 사람들은 "대주교구의 사회사업 책임자이
자 총괄사제인 에베르 수도원장을 위해 사무실은 특별히 이곳에
설치될 것"[46]이라는 구절을 볼 수 있다. 따라서 지역연합 창립총회
가 이곳에서 개최되었다는 것은 놀라운 일이 아니다.

1931년 겨울, 제라르 트랑블레는 퀘벡시 노동부차관으로 지
명[47]된 후 주민금고와 노동조합을 떠난다. 그의 부재는 지역연합
에 대한 몬트리올시 전국가톨릭노동조합 주민금고의 영향력도
약화시킨다. 그의 자리는 연합이 이사하게 될 이마퀼레-콩셉시옹

^{Immaculée-Conception} 주민금고의 관리자인 윌그리드 게랭^{Wilgrid Guérin}이 물려받았다.

　수도인 퀘벡시에서는 필리베르 그롱댕과 에밀 튀르멜 수도원장이 퀘벡 지구 가톨릭노동조합 주민금고를 조직한다. 필리베르 그롱댕 수도원장은 알퐁스 데자르댕의 가장 가까운 협력자 중 한 사람으로《주민금고 입문서^{Catéchisme des caisses populaires}》집필과 더불어 금고 설립을 독려하는 많은 글을 신문에 기고했다. 그롱댕

필리베르 그롱댕 수도원장(좌)
필리베르 그롱댕 수도원장(1879~1950)은 1927년 퀘벡시의 가톨릭노동조합 주민금고를 포함한 여러 은행 설립에 참여했다. 금고 설립을 독려하기 위해 그가 쓴 많은 글 중에서 가장 잘 알려진 것은 알퐁스 데자르댕에게 영감을 받은 《주민금고 입문서》이다. 1910년 출간되고 1961년까지 여러 번 다시 출판된 그롱댕 수도원장의 이 저서는 거의 10만 부가 인쇄되었다.
알퐁스-데자르댕 역사연구소 자료실.

에밀 튀르멜 수도원장(우)
에밀 튀르멜 수도원장(1893~1966)은 레비의 보좌신부였다. 그는 열정적인 금고 설립 주창자였고 퀘벡시 주민금고 지역연합의 실무를 담당했다. 그는 1927년 퀘벡시 가톨릭노동조합 주민금고 출범에 활발하게 참여했다. 알퐁스-데자르댕 역사연구소 자료실.

은 이어서 몇 개의 금고를 설립했고 1950년 세상을 뜨기까지 가까이서나 멀리에서나 늘 금고를 위해 일했다. 젊었을 때 퀘벡시 신발 제조 노동자들의 지도신부였던 그는 15년이 넘게 가톨릭농민연합 남퀘벡연합회에서 큰 역할을 다했다. 에밀 튀르멜은 퀘벡시에서 가톨릭노동조합 주민금고가 설립되기 전부터 2년간 퀘벡 주민금고 지역연합에서 일했다. 그는 1932년 연합회 창립때부터 1964년까지 활동을 이어갔다.

몬트리올시 금고가 탄생한 지 4년이 채 되지 않은 1927년 2월 22일에 열린 전국중앙위원회 정기회의에서, 퀘벡 지구 가톨릭노동조합 주민금고가 설립되었다[48]. 설립동의서에 제일 먼저 이름을 올린 사람은 피에르 볼레였다. 퀘벡시 중앙위원회 조직가였던 그는 1921~1933년까지 캐나다 가톨릭노동자총연맹의 초대위원장을 지냈다. 1908년 그는 설립 조합원 다수가 신발업에 종사하는 노동자로 구성된 생-소뵈르 주민금고Caisse populaire de Saint-Sauveur를 알퐁스 데자르댕과 함께 퀘벡시 바스-빌에 설립했다[49]. 퀘벡시 가톨릭노동조합 주민금고의 초대이사들 중에는 감사위원으로 선출된 막심 포르탱 수도원장이 있다. 1차 세계대전 후에 가톨릭 노동조합운동을 재개했던 포르탱 수도원장은 1921~1932년까지 캐나다 가톨릭노동자총연맹의 초대 사제였다. 이 두 사람이 담당했던 역할은 20세기 초 수십 년간 퀘벡시가 "가톨릭 노동조합주의의 거점"[50]이었음을 떠올리게 한다.

퀘벡시 가톨릭노동조합 주민금고는 33명의 설립자로 구성되

1927 - 퀘벡시 금고의 뿌리

퀘벡시 카롱거리(rue Caron) 19번지에 가톨릭노동조합 건물이 세워졌다. 이곳은 퀘벡시 가톨릭노
동조합 주민금고가 있었던 곳이기도 하다. 전국노동조합총연맹 자료실.

었고 이 중 몇 명은 설립동의서에 그들의 직업을 명기하지 않았
다. 확인 가능한 정보들에 따르면, 가톨릭노동조합 주민금고는 페
인트공, 세공사, 배관공 그리고 전기공들이 함께했다. 수도인 퀘벡
시 노동조합운동에서 가장 압도적인 분야를 차지하는 신발 제조
업은 피에르 볼레를 포함하여 다수의 조합원 분포를 차지한다. 이
노동운동가들은 이전 해에 "이 시대에 퀘벡에서 일어난 가장 중요
한 노동투쟁"[51]으로 일컬어지는 파업을 했고, 당시 성직자들에게
정신적, 금전적 지원을 받았다. 하지만 파업 네 달 후인 1926년 9
월 1일, 그들은 "한계"[52]에 도달했고 포기해야만 했다. 이러한 일련
의 사건들은 그들 스스로 경제적 계획을 수립하고 조직해야 한다
는 필요성을 느끼게 했을 것이며, 몇 달 후 퀘벡시 가톨릭노동조
합 주민금고 창립이 이 필요에 대한 진정한 대답이라고 할 수 있
을 것이다.

1937 - 공장 노동자들의 삶

섬유 노동자들은 노동시간 단축을 위해 투쟁했다. 노동자들은 퀘벡지방에서 가장 많은 제조노동
자들이 일하는 도미니옹 방적공장을 멈추게 했다. 노동시간은 한 주에 50시간으로 줄었고, 15달
러의 주급은 5% 인상되었으며, 휴식시간 동안은 기계가 멈췄다. 하지만 투쟁은 길어졌다. 노동자
들의 요구사항 중 하나였던, 노동조합 인정을 사측이 받아들이지 않았다. 이듬해에 도미니옹 방
적공장은 1937년 서명한 단체협약 연장을 거절했다. 퀘벡주 국립문서자료실. 참고: 사진작가 콩라드-푸아
리에(Conrad-Poirier) 소장품. 출처: DVD 전국노동조합총연맹, "되살아오는 90년의 역사", ([영상녹화], 2011) & "도
미니옹 방적공장 파업 돌입", [온라인], "20세기 결산", 셰르브룩대학교 [http://bilan.usherbrooke.ca/bilan/pages/
evenements/574.html].

1920년대에 들어서면서 경제 상황이 이미 좋지 않았으나,
1930년대 대불황의 시작을 알리는 1929년 주식시장 붕괴로 인
해 1920년대 말에는 더욱 악화되었다.

이 위기가 시작된 초기에 협동조합과 노동조합 운동은 모두
어려운 순간에 처해 있었다. 그러나 1930년 중반부터 그들은 급
격한 도약을 체험한다. 사회경제적 개혁을 위한 거대한 운동의 물
결은 위기에서 벗어나기 위한, 그리고 보다 나은 미래를 만들어
가기 위한 방안인 협동조합과 노동조합을 이미 경험하고 있었다.
이는 교황의 새로운 서한 〈40주년 Quadragesimo Anno〉에서 영감을 받았
다. 〈레룸 노바룸〉 후 40년 만에 발표된 이 교황의 회칙은 그 제

목에서 알 수 있듯이, 경제위기 속에서 오래 전의 회칙에 담긴 의미를 되살리기 위함이었다. 전임 레오13세의 서한처럼, 비오11세의 서한 또한 많은 사람들에게 실천할 수 있는 용기를 북돋았고, 700개가 넘는 신용협동조합이 1935년과 1945년 사이에 설립되었다. 캐나다 가톨릭노동자총연맹의 경우 같은 시기에 조합원 수가 33,000명에서 63,000명으로 증가했다. 가톨릭에서 촉발된 이 운동은 이후 일어나는 퀘벡 사회의 중대한 변혁에 큰 영향을 미친다.[53] 이른바 대암흑기* 시대는, 이 시대의 어느 배우의 표현을 빌자면, 이어지는 조용한 혁명**의 "출발점이자 변화의 지렛대"[54]가 되었다. 캐나다 가톨릭노동자총연맹과 데자르댕운동은 1960년대 초 퀘벡에서 새로운 변화의 시대를 여는 첫 번째 계획을 실천한 주체들이다. 그들의 관계 또한 진화한다.

---

* Grande Noirceur, 1944년부터 1959년까지 모리스 뒤플레시 퀘벡주 총리의 두 번째 임기를 경멸적으로 묘사하는 퀘벡의 은유적 표현. 이 보수정권 시기에 반 노동자 입법 등을 통해 노동운동 탄압과 폭력진압 등이 행해짐.-옮긴이

** Révolution tranquille, 1960년대 퀘벡주의 주요 개혁과 현대화가 이루어진 시기를 나타냄. 교육제도 규정화, 무료 의료서비스 제도 체계화, 주요 자원업체의 국영화, 여성의 권리 인정, 노사관계 정립 등 사회 전반에 대한 개혁이 이루어졌으며, 주요 사회경제 영역에서 영어권이 장악하고 있던 권력이 불어권으로 이양되는 과정이 폭력을 수반하지 않으면서도 혁명을 이루었다는 의미에서 조용한 혁명이라고 불림.-옮긴이

1937-해운업의 대규모 파업

캐나다 가톨릭노동자총연맹이 주도한 초기의 대규모 파업 중 하나이다. 소렐 작업현장과 여러 공장 노동자들은 필립 데롤로(Philippe S. Desrauleau) 추기경 덕분에 용기를 얻었다. 노동조합 조합원들은 더 나은 노동환경과 노동조합에 대한 인정을 요구했다. 그들은 뒤플레시(Duplessis) 정부 경찰에게 폭력 진압을 당했다. 전국노동조합총연맹 자료실. 출처: DVD 캐나다 가톨릭노동자총연맹, "되살아오는 90년의 역사" ([영상녹화], 2011) 와 "소렐조선소 파업 돌입", [온라인], "20세기 결산", 셰르브룩대학교. [http://bilan.usherbrooke.ca/bilan/pages/evenements/579.html].

1941-알루미늄 노동자들

사그네(Saguenay)시의 아르비다(Arvida) 구역에 있는 알칸(Alcan) 공장 노동자들은 급여 인상을 위해 파업을 감행했다. 전쟁 산업에서 필수분야로 간주되었던 알루미늄 부문이기에, 노동자들이 작업장에 복귀하도록 강제하려고 군대가 동원되었다. 탄압에도 불구하고 노동자들은 마침내 그들이 요구한 임금인상을 이룰 수 있었다. 전국노동조합총연맹 자료실. 출처: DVD 캐나다 가톨릭노동자총연맹, "되살아오는 90년의 역사", ([영상녹화], 2011)와 "아르비다 노동자 7,000명의 파업 돌입", [온라인], "20세기 결산", 셰르브룩대학교. [http://bilan.usherbrooke.ca/bilan/pages/evenements/20361.html].

1931~1946년 - 캐나다 가톨릭노동자총연맹의 발전. 1946년 퀘벡에서 있었던 25회 총회

2차 세계대전은 노동조합이 폭발적으로 발전하는 시기였다. 캐나다 가톨릭노동자총연맹의 조합원이 1931~1946년까지 4배가 증가하여 62,960이 되었다. 조합에 가입하기를 원하는 여러 분야의 노동자들, 특히 섬유, 목재, 제지, 제철 노동자들이 총연맹을 선호했다. 전국노동조합총연맹 자료실

1949년 석면 파업 : 대주교의 지지

석면 파업 동안 몬트리올 대주교인 조셉 샤르보노(Joseph Charbonneau) 추기경의 지지로, 퀘벡 모든 지역은 자원이 떨어진 광부 가족들의 생계를 돕기 위해 단결했다. 그들이 중재를 거치지 않고 파업에 돌입했기 때문에, 뒤플레시 정부는 파업을 불법으로 규정했다. 경찰의 가혹한 진압 속에서 석면 노동자들은 해로운 작업환경 개선과 임금인상을 요구했고, 노동자들에게 영향을 미치는 결정시 본인들의 의사가 수렴되기를 바랐다.

1949년 석면 파업과 퀘벡인들의 결집

석면 파업은 퀘벡지방 역사의 전환점으로서, 대암흑기에서 조용한 혁명으로 넘어가는 초반 돌파구 중 하나이다. 석면 노동자들은 작업환경에서 석면가루 제거, 임금인상, 운영에 관해 노동자들의 의견을 수렴할 것을 요구했다. 뒤플레시 정부는 그들의 파업을 불법으로 규정하였다. 분쟁과 지방 경찰의 폭력적인 개입이 지속된 4개월은 사람들의 공분을 들끓게 했고 퀘벡 전역에서 이들을 위한 지원이 잇달았다.

2장

새로운 형태의 금고를 창조하기 위한
"두 번째 전선"의 등장

1945~1970

1970년 르네 클로드^{Renée Claude}는 "새로운 시대의 도래^{Le début d'un} ^{temps nouveau}"라는 곡을 노래했다. 이 노래는 제목만으로도 막 지나온 십년 세월을 담고 있는 듯하다. 서구사회 다른 곳과 마찬가지로, 퀘벡지방에서 1960년대는 "사회·정치적 개혁이 일어나고 국가 개입이 확대되었다. 경제적으로는 번영의 시대였고 전쟁 후 베이비붐 세대들이 청소년과 성인으로 성장한"[55] 시대이다. 이 현상은 조용한 혁명으로 인해 특히 사회·경제적 분야의 회복과 현대화에 대해 구상하는 가운데 새로운 민족주의가 나타났던 퀘벡지방에서 보다 특별한 색채를 띤다. 불어권 사람들이 경제에서 힘을 갖고자 하는 의지가 주민금고에 대한 관심을 높였고, 이들의참여 덕분에 1964년 데자르댕운동의 자산은 10억 달러에 이르게 되었다. 이 "재정적 성장"은 사람들로 하여금 "데자르댕운동이 경제 분야에서 퀘벡인들의 영향력 향상에 기여하며, 불어권 주민들이 사회 발전에 더 많은 기여[56]를 하고 있다"고 주장하는 동력이 되었다.

이러한 생각들이 뜨겁게 발산하는 가운데, 전국노동조합총연맹은 앙드레 로랭이 가계관리 서비스를 위해 추진한 협동조합 계획을 지원했다. 앙드레 로랭은 1960년대 내내 가정경제협동조합 협의회를 설립하고 새로운 연합회에 가입된 많은 경제금고들을 설립함으로써 노동조합운동과 협동조합운동이 서로 결합하는 데 기여했다[57]. 그의 실천은 노동조합총연맹의 "두 번째 전선" 활동에 포함된다. 이 장은 1971년 데자르댕 연대경제금고를 탄생시키기 위해 데자르댕운동과 전국노동조합총연맹에서 어떻게 그 준비 활동들을 폭발적으로 이끌었는지에 대해 소개한다.

가계관리 서비스

앙드레 로랭은 팀을 구성하여 가계관리 서비스를 실행함으로써 수백 명의 전국노동조합총연맹 노동자들이 부채에서 벗어날 수 있도록 도왔다. 또 여성들과 남성들 모두에게 경제·사회적으로 자유로워질 수 있는 방법을 마련해주기 위해 노동조합주의와 협동조합주의간의 유대가 형성되도록 지원했다. 교육위원회 컨퍼런스(1965). 왼쪽에서 두 번째가 앙드레 로랭. 3번째가 마르셀 페팽 전국노동조합총연맹 위원장. 전국노동조합총연맹 자료실.

방향 선회에 대한 요구

1956년 5월 캐나다 가톨릭노동자총연맹 사무총장 장 마르샹 Jean Marchand과 몬트리올대학교 경제학과 교수인 앙드레 레이노André Raynauld가 셰르브룩에서 열린 제5회 주민금고 대회에 참석했다. 그들은 이미 몇 해 전부터 데자르댕운동에서 일었던 대출 정책에 관한 논쟁에 불을 붙인다. 두 사람 모두 "방향 선회"[58]와 신용정책에 대해 유연성을 발휘할 것을 주장했다. 노동조합 운동가인 장 마르샹은 "설립자들은 모든 것을 예측하지는 못하기 때문에 모든 면에서 설립자들의 입장으로 되돌아가서 생각하는 것은 언제나 너무도 쉬운" 일이라고 주장했다. "그들이라면 어떻게 했을까에 머무르기보다는, 설립자들처럼 대담하게 발생한 문제들을 검토하고 해결하기 위해 필요한 방안을 찾도록 시도"[59]해야 한다고 그는 생각했다. 금고들은 새로운 경제·사회적 배경에 적응해야 하고, 그렇지 않을 경우 노동자계급은 금고에 무관심해질 것이라고 장 마르샹은 내다봤다.

2차 세계대전(1939~1945)이 끝나갈 무렵, 번영의 시대가 열렸다. 후 세대에 영광의 30년이라고 불리게 될 향후 30년간 소비사회가 대부분의 서구사회에서 발전하고 있었다. 새로운 삶의 경향은 주민금고의 본래 철학과는 달리 부채를 증가시켰다. 창립 이후 주민금고들은 "직업적 용도의 재화를 획득하고 […] 필수 소비재에 대한 현금 지불[…], 집이나 건물 개조 및 부동산을 취득할 수 있도록 하는"[60] 생산적인 신용대출을 우선시했다. 그러나 광고와 생활수준 향상 그리고 풍요의 시대가 지속되리라는 당시 사회에 대한 너그러운 신뢰풍토는 대출 소비를 부추겼다. 주민금고에서 거절당한 일부 조합원들은 "금융회사"로 불리는 대부회사를 찾아 갔다.

1932년 설립 이래, 퀘벡시 데자르댕 주민금고 지역연합회와 대표이사 시릴 베이앙쿠르 Cyrille Vaillancourt는 전통방식을 존중할 것을 권장한다. 하지만 이 표현은 수많은 주민금고들의 해석에 따라 다양한 방식으로 적용되었다.

일부 지점장들, 특히 자금 상태가 넉넉한 금고들의 점장들은

나이아가라 금융회사 광고

2차 세계대전 후, 긴 경제성장과 번영의 시대는 소비사회 탄생을 불러왔다. 이러한 경제 정세는 소비자에게 신용대출을 제공하는 대부회사에게 유리했다. 그들은 노동자들에게 "금융회사"였다.
알퐁스-데자르댕 역사연구소 자료실.

"소비자들에 대한 대출시장으로 뛰어들기에 앞서 진행되는 대출 규정에 대한 토론 결과를 기다리지 않았다."[61] 이와 달리 재정적 상황이 여의치 않은 금고들은 규정을 준수할 수밖에 없었다. 1950년대에는 특히 도시지역의 금고들이 저축율의 하락에도 불구하고 높은 자산 유동성을 유지하기 위해 주택담보 대출을 강조했다. 이 방식은 차용증서로 돈을 빌려줄 가능성을 제한했다.[62]

공식적으로 소비자 신용대출을 더 개방하기 전에, 금고들은 저축 촉진을 강화하기로 결정했다. 1956년 5월 회의 때 상정된 논의들은 여전히 유효하게 남아있었다. 상정된 발의 중 하나로, 퀘벡시 데자르댕 주민금고 지역연합회와 데자르댕 생명보험은 이듬해에 학자들에게 중요한 사회학 연구를 의뢰한다. 1963년 이 연구 결과인 "프랑스계 캐나다인들의 봉급생활자 가정 경제 상황에 대한 트랑블레-포르탱Tremblay-Fortin 보고서"는 관련 주제에 대한 신용협동조합 대회 때 성찰과 토론의 자양분이 되었다. 따라서 대회 참석자들은 대부회사들의 발전을 억제하기 위해 금고들의 신용대출 정책을 완화하기로 결정한다.

그러는 동안 몇몇 금고들과 다양한 사회활동가들이 요구한 변화는 1900년 레비에서 초기 금고들이 창립되는 동안 지켜왔던 데자르댕 철학의 기초를 여러 측면에서 흔들어 놓았다. 이러한 정책을 실행하는 것은 신중함과 시간이 요구되었다. 동시에 주민금고 조합원들은 저축의 미덕이 대부회사를 통한 즉각적 소비보다 훨씬 덜 매력적이라고 느끼기 시작했다.

앙드레 로랭: 노동자 가정의 경제 자유화

신용대출 정책에 대해 재검토하는 맥락에서 1961년 11월 시릴 베이앙쿠르와 이 주제에 대해 얘기 나누기를 바라는 사람이 찾아온다. 방문자인 앙드레 로랭은 "신용협동조합들의 두 번째 창설자"로 불리는 베이앙쿠르에게, 본인이 "매장 관리자"로서 보았던 "상업적 신용 남용이 불러온 피해, 특히 할부판매 형태의 신용 남용, 신용구매를 실행하는 사람들이 겪는 과도한 이자비용의 피해"[63]에 대해 이야기했다. 시릴 베이앙쿠르는 이 이야기에 대해 무관심할 수 없었기에, 앙드레 로랭이 이틀 후에 열리는 퀘벡시 데자르댕 주민금고 지역연합회 이사회에서 이 주제에 대해 발표할 것을 제안했다.[64]

퀘벡시에서 출생한 앙드레 로랭은 1960년대 초에 35세였다. 그는 부친을 따라서 생-뱅상-드-폴 협회에 소속되어 있었다. 자원봉사 활동 초반 몇 해 동안, 그는 만성적 부채 문제로 10년이 넘도록 자선단체에 도움을 청해온 한 가족의 어려움을 해결한다. 이에 대해 장차 가정경제협동조합협의회 설립자가 될 로랭은 두 단계 더 나아갔다. 그는 먼저 임의예금법 loi des dépôts volontaires 을 사용하여 모든 부채에 대한 이자율을 5%로 낮추었다. 당시 대출회사들은 연이율을 24%, 때로는 그 이상을 요구하면서 규제를 빠져나가기 위한 다양한 수단을 사용했다.[65] 다음으로 로랭은 사람들의 행동양식을 개선하기 위해 가계관리 시스템을 준비했다. "나는 텔레비전 광고의 부추김으로 사들이는 과잉 소비가 아닌, 그들이 이미 갖고 있는 것으로 살아가는 방식을 알려줬다."[66]고 이후에 설명한다.

젊은 자원봉사자인 로랭에게는 소비사회의 덫에 빠진 가족들을 어떻게 도울 수 있을까 하는 것이 가장 중요한 문제였다. 로랭은 자신이 고안한 방법에 대해 의심하지 않았고, 그 방법은 데자르댕 금고운동 이사들을 만날 것을 앙드레 로랭에게 제안했던 에드가 귀에Edgar Guay 차관의 관심을 끌었다. 시릴 베이앙쿠르를 방문한 이틀 후, 로랭은 연합회가 운영하게 될 가계 관련 지방서비스 계획을 그들에게 소개한다. 이사회 회의록에 따르면 반응은 호의적이었던 것으로 보인다. 이사들은 보다 나은 실행방법을 찾고 소요비용을 결정하기 위해, 한 도시에서 시범 실행 후에 퀘벡주 전역으로 확장해가는 점진적 도입을 제안했다.

실행의 지속 여부를 결정하기에는 확실히 자원이 부족했다. 늘 에드가 귀에의 조언을 받은 앙드레 로랭은 몇 주 내로 전국노동조합총연맹에 그의 구상을 제출한다. 특별 상담가로 채용된 그는 두 달 동안 42세대의 실태를 조사한다. 1962년 4월에 제출된 그의 보고서는 "금융회사"들과 씨름하는 몇 가구의 사례를 보여준다. 이 자료에 소개된 최악의 "착취" 사례는 할부로 물품들을 구매하는 것과 연관이 있었다. 900달러를 5년 기간으로 빌린 사람이 5년간 960달러를 불입했음에도 불구하고, 이는 이자만 지불한 것일 뿐 본래 구매 시의 시장 가치인 900달러의 빚이 남아 있었다.[67]

이 보고서 제출 후, 적시된 상황의 엄중함 앞에서 전국노동조합총연맹은 가계관리 서비스(1968년에 소비·협동조합 서비스로 변경)를 만들고 앙드레 로랭에게 운영을 맡긴다. 그는 생-뱅상-드-폴 협회에서 개발한 방법을 부채 문제로 어려움을 겪고 있는 조합원들에게 성공적으로 적용했다. 그 후 몇 년간 탁월한 추진력으로 그는 많은 노동자 가족들이 대출회사로부터 자유로워질 수 있도록 돕는다. 법정에 서는 것도 주저하지 않으면서 "그는 재판에 참여했고 거의 모든 재판에서 이긴다."[68] 파업 중인 조합원들에 대한 초기 활동으로 1962년 8월에 샤위니간^{Shawinigan}, 10월에 사그네의 아르비다 구역에서 가정경제에 대한 연속 교육을 시작했다. 다음으로 그는 "노동자들이 소비, 신용, 예산에 대해 상담을 받을 수 있는 원조센터"[69]를 열었다. 노동조합 조합원뿐 아니라 일반 시민도 이용할 수 있도록 센터의 사업 및 운영 팀이 구성되었다.

로랭은 1962년 4월에 데자르댕운동과의 협력이 중요하다는 내용의 보고서를 제출한다. 이 보고서에는 전국노동조합총연맹과 협력하여 퀘벡 전역에 가계관리 서비스를 실행하기 위해 퀘벡시 데자르댕 주민금고 지역연합회와 논의 중이라고 명시되어 있다. 그러나 같은 보고서에 앙드레 로랭은 금고들이 "부르주아화"[70]되고 있다고 적시하는데, 이는 긴장과 갈등을 유발시킬 수 있는 언급이었다. 무엇보다도 "노동조합과 노동자 정신"[71]을 불어넣기 위해 노동조합 조합원들이 주민금고들과 연합회를 통제할 수 있는 힘을 가져야한다고 권고했다. 이러한 제안은 특히 앙드레 로랭이

가정경제협동조합협의회

1960년대에 가정경제협동조합협의회가 몇몇 지역에서 설치되었는데 이를 주도한 사람이 앙드레 로랭이다. 그의 노력으로 탄생된 소비자보호사무소는 2003년 그에게 첫 번째 상을 수여했다.
앙드레 로랭(1973). 전국노동조합총연맹 자료실.

퀘벡주 전역의 수많은 회의에서 노동자들에게 반복해서 발언하면서 연합회에 반발을 불러일으켰다[72].

전국노동조합총연맹과 데자르댕운동 간의 협력은 항상 시사성 있는 주제였다. 부채 문제에 시달리는 봉급생활자 가정들을 위한 공동 교육 정책을 수립하기 위해 두 조직 대표자들이 1963년 1월에 회동한다. 이 자리에서 장 마르샹은 전국노동조합총연맹은 주민금고에 대한 통제권을 갖기를 권장하지 않는다는 입장을 명확히 한다. 만남은 유익했고 퀘벡 연합회는 몇 달 후, 지난 12개월 간 앙드레 로랭이 실행한 활동에서 발생한 비용의 절반에 대해 보조금을 지급했다[73]. 노동조합 활동가의 발언 중 일부는 데자르댕운동의 지도자들을 불쾌하게 만들기도 했지만, 그들이 수행하는 작업의 필요성과 범위는 여전히 인정하고 있었다.

이 재정적 도움은 시기적절했다. 1963년 전국노동조합총연맹은 샤위니간과 아르비다 구역의 파업노동자들을 위해 퀘벡주 전역에 원조센터 설치를 확장하기로 결정했다[74]. 그러나 1960년과 1966년 사이에 실행인원을 두 배로 늘린 노동조합총연맹은 비용이 부족해지기 시작했다. 전국노동조합총연맹의 지침이 "우리가 조직을 만드는 것은 이해당사자들이 운영할 수 있도록 토대를 만들어주기 위한 것이지 연맹 산하에 두기 위한 것이 아니다. 하지만 만들어진 조직이 구성원들의 노력으로 생존 가능성이 있을 때 그들에게 운영권을 준다. 조직이 안정기에 접어들기 전까지는 연맹이 운영했다."[75]고 로랭은 설명했다. 몇 년간의 활동 속에서 실제로 앙드레 로랭은 국가가 관리하는 것이 아닌 "활동의 실행 가능성을 증명하여 국가가 승인한 기본 법률 내에서 관리를 맡은 사용자가 이를 인수하도록 하는"[76] 알퐁스 데자르댕의 방식과 유사한 방법을 항상 권고했다. 이 운동의 추진력을 높이기 위해 앙드레 로랭은 1965년 9월 퀘벡시 인근에서 열린 창립총회에 노동조합, 협동조합, 사회단체들을 초청한다. 이 원조센터는 가정경제협동조합협의회가 된다.

이 총회 때 앙드레 로랭은 가정경제협동조합협의회 프로그램을 명확하게 규정한다. 그의 실천 계획은 그의 철학이 통일되고 확고하다는 것을 증명한다. 몇 해 후 그는 퀘벡시 노동자경제금고와 함께 추구할 몇 가지 목표를 발표한다. 가정경제협동조합협의회는 저축신용협동조합과 소비협동조합의 네트워크를 구축할 것을 목표로 했다. 식량, 중유, 휘발유, 주택의 필요를 충족시키기 위해 협동조합 방식으로 해결해가고자 했다.[77] 이 프로그램의 재정을 위해 퀘벡주 경제금고연합회가 앙드레 로랭을 지원했다.

퀘벡주 경제금고연합회 : 시대 정신의 상징

1964년 9월 24일, 가정경제협동조합협의회 창립총회 1년 전, 데자르댕운동과 전국노동조합총연맹 대표자 그리고 앙드레 로랭이 레비에서 만났다. 경제금고연합회가 가계 상담을 위한 자체교육 서비스를 시작했다는 것을 노동조합총연맹이 알게 되면서, 이 만남은 화해를 위한 마지막 시도가 되었다.[78] 하지만 이 회합에서도 합의점을 찾지 못했다. "그것이 최종 결렬이었기 때문에 우리는 앞으로 나아가기 위해 또 다른 방법을 찾아야 했다. 그래서 세상에 모습을 막 드러낸 퀘벡주 경제금고연합회로 향했다."[79]고 1972년에 로랭은 회고한다.

초기의 신용금고나 경제금고가 1930년대에 퀘벡주에서 시작되었다. 직장내에 설립되어 노동자들만을 위해 서비스하는 이 금고들은 여러 면에서 교구주민금고와 유사하다. 이들은 알퐁스 데자르댕 유산의 일부이다. 레비 주민들이 전문가로 기여했던 법이 1909년 매사추세츠와 1913년 뉴욕에서 채택되면서 신용금고는 미국 곳곳으로 퍼져 나갔다. 이어서 초기 법안들이 미국의 다른 지역에 영향을 미쳤고, 캐나다 지방에서 그 사례들을 받아들였다.[80] "북미 전역에서 저축신용협동조합이 데자르댕의 이름을 붙였다."[81]고 역사가 피에르 풀랭은 기술한다.

미국과 캐나다 영어권에서 신용금고는 지역금고와 단체금고를 의미한다. 사실상 1914년에 출간된《주민금고 입문서》의 미국 버전이자 알퐁스 데자르댕이 출간에 참여한《신용금고입문서 A Credit Union Primer》에, 조합원 제도는 "동네일 수도 있고, 같은 직업 종사자들이나 같은 기관에서 일하는 사람들, 또는 같은 교회의 교우들이거나 같은 클럽의 회원들, 같은 건물에 사는 사람들, 노동조합이나 기타 조직의 조직원들"과 같이 다양한 형태를 취하는 "공통의 이해관계"를 기반으로 구성된다[82]고 명시되어 있다. 무엇보다도 퀘벡주에서 신용금고라는 명칭은 직장내 금고들을 의미한다.[83] 이렇게 제한적으로 용어가 사용된 것은 주민금고들은 지역을 기반으로 설립되고, 초기 퀘벡지방의 신용금고들은 영어권에 속하는 기업들에서 주로 조직되었기 때문이다.

시간이 지남에 따라 직장내 일부 협동조합은 데자르댕운동에 가입되기를 원했지만 거부되었다. 그들이 보기에 퀘벡시 데자르댕 주민금고 지역연합회는 보다 안정적인 지역을 기반으로 금고를 운영하고 있었다. 1956년, 시릴 베이앙쿠르는 "많은 [경제금고들은] 활동의 근거지인 공장이 문을 닫는다면, 내일 당장이라도 금고 또한 사라질 수 있다"[84]는 주제로 글을 썼다. 게다가 대부분 노동조합 지도자들에 의해 운영되고 있어, 그들의 데자르댕운동 가입은 노동조합 가입의 물결을 촉발하게 될 것이라고 걱정하는

이들도 있었다.[85]

1940년 경제금고들은 퀘벡 신용금고연합회라는 이름의 조직으로 통합되었다. 조합원 다수가 불어를 사용하는 사람들이었음에도, 당시 활동가에 따르면, 가입된 금고들에 어떠한 서비스도 제공하지 않는 이 퀘벡 신용금고연합회에서는 영어로 모든 것이 진행되었다.[86] 두 언어 모두를 사용할 것을 요구했으나 받아들여지지 않았고, 1962년 14개 금고가 이 연합회를 떠났다. 같은 해 9월 1일, 이 14개 금고들은 불어로 서비스를 하기 위해 퀘벡주 경제금고연합회[FCEQ]를 설립한다. 그들의 움직임은 조용한 혁명의 특징이라고 할 수 있는 "퀘벡 경제의 주도권을 갖고자 하는 불어권의 의지"[87]와 그 의지를 표출하기를 주저하는 상황을 동시에 설득력 있게 보여준다. 사실, 새로운 조직은 퀘벡 저축신용펀드연합회 Quebec Saving and Credit Funds Federation라는 영어 이름으로 출발했다. 초대 회장인 알베르 레미야르 Albert Rémillard는 몬트리올 소방노동조합 출신이고 대표이사인 로베르 수프라 Robert Soupras는 캐나다 항공노동조합 출신이다. 협동조합운동에서 중요한 경력을 쌓은 젊은 자원봉사 법률고문인 클로드 벨랑 Claude Béland 변호사가 그들을 도왔다.

사업 첫 해 말, 경제금고 네트워크는 32개 조합에 달했다. 1965년 경제금고연합회는 대략 110개의 금고들을 규합했는데 2년 후 그 수는 170개에 이르렀다.[88] 이 놀라운 성장은 무엇보다 여러 노동조합연맹의 지원 덕이라고 할 수 있다. 1960년대 중반부터 전국노동조합총연맹은 경제금고운동 발전에 지대한 공헌을

FÉDÉRATION DES CAISSES D'ÉCONOMIE DU QUÉBEC
5705 est, rue Sherbrooke, Montréal 426, P.Q. Tél.: 259-2567

퀘벡주 경제금고연합회

퀘벡은 불어권이라는 것을 표명하면서, 14개 경제금고들이 퀘벡 신용금고연합회을 떠나기로 결정
하고 1962년 서둘러 퀘벡주 경제금고연합회라는 이름으로 그들만의 연합조직을 창립한다. 이 연
합회는 크게 성장하여 1979년 데자르댕운동에 가입하기 전까지 독립적으로 존재한다.
알퐁스-데자르댕 역사연구소 자료실.

한다. 앙드레 로랭은 1965년 가을 전국노동조합총연맹 경제금고
를 포함해 70개 이상의 경제금고가 설립되고 지평을 넓히는 데에
큰 역할을 하며 1967년에서 1971년 경제금고연합회 이사로도
참여한다.[89] 이 연합회와 노동조합운동과의 특별한 관계를 보여주
는 증거로, 1971년에 가입된 금고의 약 92%가 직원들이 노동조
합에 가입되어 있는 곳에서 운영되었다.[90] 이 협동조합들은 일반
적으로 초반에 사무실과 필요물품들을 고용주에게 무료로 지원
받았다[91].

퀘벡주의 거의 모든 교구에서 이미 주민금고가 자리 잡고 있
음에도 불구하고 직장내 경제금고를 세운 이유는 무엇일까? 알퐁
스 데자르댕은 "서민"[92]과 "부르주아"[93] 모두를 위한 교구주민금고
가 되는 것을 목표로 했으나 일부 노동자들은 교구주민금고에 자
신들의 영향력이 미치지 못한다는 인상을 받은 것 같았다. 실제
로 연구자 폴 브로슈Paul Brochu에 따르면, 교구내에서 노동자들은 잘
통합되지 못했고 이는 퀘벡주 경제금고연합회가 탄생하고 금고

들의 가입이 증가하는 가장 중요한 원인이 되었다. 1960년대부터 교구는 더 이상 "이전에는 가능했던 것처럼 보였던, 집단내 다양한 구성원들의 통합"[94]을 보장할 수 없었다. 종교적 영향력 또한 1960년대에 특히 도시[95]에서 급감하였고, 이는 주민금고가 속해 있는 교구에서도 금고에 대한 종교의 연관성과 힘을 약화시켰다.

이러한 관점에서 로베르 수프라가 1978년에 "경제금고는 자유로우며, 노동자들의 것이고, 운영자도 노동자들이다. 그렇기 때문에 기업, 상인, 소매상, 변호사 하물며 사제들도 경제금고의 방향과 운영에 영향을 줄 수 없다."[96]고 한 발언이 사실로 입증된다. 경제금고연합회 대표이사의 이 발언은 노동자들의 특정한 '계급의식'을 나타내며, 이 시기에 점점 더 강하게 권리를 주장하는 노동조합주의가 등장하고 있음을 보여준다.

경제금고 형태의 협동조합을 탄생시킨 사람들의 결사는 지역을 기반으로 한 금고와 같은 성질이 아니다. 협동조합의 경우, 조합원들의 필요에 부합하는 서비스를 제공한다는 더욱 큰 내부의 동질성이 있다. 군인들을 대상으로 하는 경제금고 책임자였던 피에르-줄리앙 슈발리에 Pierre-Julien Chevalier는 군대에서 함께할 사람들을 찾기 위해 "군인금고가 2년 동안 유럽에 간 사람들을 돌본다는 것을 아는가? 금고는 그 군인들의 저당을 관리하고, 고국에 남겨진 가족들을 돌보며, 가족이 양도받아 계좌를 운영할 수 있도록 금고가 가족들의 재정을 관리한다."[97]고 말했다.

경제금고와 그 연합회 설립은 민족주의와 권리를 주장하는 노동조합주의가 널리 퍼져있던 시대였음을 잘 나타내준다. 이는 노동자들의 상황에 적합하고, 교구보다 더 중요한 공간인 직장 내에서 제공되는 특별한 금융서비스를 이용하기를 바랐던 노동자들의 실천에 의해 탄생된 것이다.

두 번째 전선

전국노동조합총연맹은 1968년 10월 퀘벡시에서 2년마다 열리는 총회 때 경제금고 지원방침을 채택한다. 당시 3년째 총연맹 위원장을 맡고 있던 마르셀 페팽은 두 번째 전선 Le deuxième front이라는 표제로 〈윤리 보고서〉를 내놓는다. 그는 활동가들이 첫 번째 전선이라고 할 수 있는 직장내에서의 요구를 넘어 두 번째 전선인 사회정의에 더욱 큰 관심을 갖기를 제안했다. 앙드레 로랭이 운영하는 가계관리 서비스를 만들게 한 "금융회사"와 투쟁하면서, "이는 직장 외부에서 노동조합주의를 실천한 선도적인 경험이다. 우리가 사회에 대해 앞으로 실천해 가고자 하는 방향을 명확히 알고자 한다면, 이 경험의 본질과 특징을 잘 이해하는 것이 매우 중요하다고 생각한다. 본 실행에 앞서 우리가 일정 부분 발견할 수 있었던 이 독창적인 경험은 교육적이고 모범사례가 될 만한 가치가 있다."[98]고 단언했다.

로랭의 성찰과 실천은 1960년대를 거치며 노동조합운동이

csn

le
deuxieme
front

Rapport moral de Marcel Pepin, président général, au congrès
de la CSN, le 13 octobre 1968.

marcel
pepin

두 번째 전선 1968~1971

연대경제금고의 협동조합 프로젝트 아이디어는 전국노동조합총연맹의 두 번째 전선의 토대에서 등장했다. 1968년 10월 13일 회의에서 마르셀 페팽이 이 아이디어를 제안했다. "작금의 시대에 불의가 만연해 있는 곳이 특히 소비 영역이다. [⋯] 우리는 이 불의와 싸우기 위해 필요한 모든 수단을 가지고 있지 않다. [⋯] 사회정의에는 새로운 요구가 있고 우리는 이에 대응해야 한다. 회사 밖에서 사회정의를 세워야 한다."

전국노동조합총연맹 자료실. 출처 : DVD 전국노동조합총연맹 "되살아나는 90년의 역사", [영상녹화], 2011.

중요한 발견을 하게 했다. 노동자 급여조건 계획으로 얻어진 성과는 그들의 삶의 수준을 의미 있게 향상시키지는 못했다. 그 성과는 소비사회와 "금융회사"의 착취에 의해 소멸되어 갔다. "만약 우리가 쟁취한 성과가 인플레이션과 민간 저축을 빨아들이는 제도에 의해 수포로 돌아간다면, 우리가 그토록 많은 노력을 기울일 가치가 있는가?"[99]라고 로랭은 생각했다.

이 문제제기는 1970년대 초 저축신용협동조합이라는 새로운 방식의 개념을 앙드레 로랭이 착안하게 하는 계기가 되었다. 그의 프로젝트는 전국노동조합총연맹에서 지난 10년간의 활동, 특히 가정경제협동조합협의회의 설립과, 시작하는 데 그가 기여한 두 번째 전선의 연장선 속에서 이어진 것이다. 1971년 2월, 퀘벡시 노동자경제금고가 창립한다. 이것이 현재 데자르댕 연대경제금고로 이어지는 프로젝트의 진정한 출발이다.

❖ 노동조합의 회고 ❖

한결같이 결사의 자유가 보장되는 〈금고〉

우리는 금고에 헌정하기 위해 역사를 정리하는 이 아름다운 프로젝트에 참여할 수 있어 행복하다. 많은 우여곡절의 시대를 헤쳐왔지만, 지도자들은 노동조합에 대하여 항상 열린 자세를 보여주었다. 그들은 또한 예를 들어 직원 채용 인터뷰에 노동조합에서도 참여하도록 한다. 이렇듯 현재까지 여전히 노동조합의 조직 내 참여를 독려한다.

또 다른 중요한 사실은 우리는 노동조합 조직으로서 우리의 존속을 위해 싸울 필요가 없다는 것이다. 실제로, 노동조합 조직과 금고의 역사를 분리하는 것은 불가능할 뿐 아니라 우리 고객인 조합원들 또한 노동조합에서 온다. 그리고 이는 어디에서도 발견할 수 없는 것이다. 금고 외에 어떤 고용주가 파업노동자들과 노동조합원들을 고용할까? 총괄책임자가 관리자 지위를 내려놓고 캐나다 가톨릭노동자총연맹이나 다른 기관의 활동가인 고용주 대표 앞에서 노동조합을 대표하여 단체협상에 나오는 것을 어디에서 볼 수 있을까?

물론 45년간 특히 2000년대 초반 이후 많은 것들이 변했다. 1971년 이 모험이 시작되었을 때만해도 〈금고〉는 클레망 기몽의 표현을 빌자면, 30여 명의 "대가족"과 같았다. 다른 금고들과는 매우 다른 규율과 복장 규정 등 거의 모두가 하나로 동화된 분위기가 지배하는 조직, 또한 서열체계와 상관없이 표현과 호칭의 자유로움과 직원들 간의 친밀함은 퀘벡지방 금융기관에서 타의 추종을 불허한다.

모든 가족이 그렇듯이 직장내에서 우리도 종종 언쟁을 한다. 하지만 언제나 다른 사람과 그들의 의견을 존중한다. 흔히 우리가 표현하는 "돈독하게 잘 맺어진" 이 관계가 조직에서 우리가 자유롭게 활동하고 발전할 수 있게 하는 동력이다. 그래서 때때로 경영진과 다소 의견 차이가 있기도 하지만 〈금고〉에 대한 우리 의견은 결코 변하지 않았다. 그래서 "우리는 고용주들과 싸우지만 〈금고〉에 반대하는 것이 아니다."

라고 말할 수 있다.

오늘날의 〈금고〉는 큰 발전과 확장을 이루었으며, 그 노력과 활동은 다양한 프로젝트를 탄생시키며 퀘벡의 삶의 질과 제도 개선에 공헌했다. 그리하여 태양의 서커스와 아코르드리^{Accorderie}와 같이 세계 속에서 퀘벡의 빛을 발현시킬 수 있었다.

하지만 이러한 성장 속에서 우리가 현재 아마도 다른 때보다 더 "관행적인" 방식(더 높은 수익성의 요구와 규범에 의해 관리되는 금융 세계의 반영)으로 일하고 있다는 사실에도 불구하고, 〈금고〉는 노동조합의 활동을 보장하며 자유의 공간을 유지한다. 특히 총괄책임자의 자리같이 몇몇 요직은 언제나 노동조합 조합원들이 맡으며 이사회에는 여전히 노동조합에 속한 사람들이 있다.

초반 수십 년에 걸쳐 이루어진 '합병'으로 파트너 구성에 변화가 있었고, 이제부터 우리 것이라고 명명되는 세계에서 우리 활동의 창의성을 증명하는 것은 1970년대나 1980년대보다 더 까다로워졌다. 하지만 〈금고〉의 운영철학 관련한 몇몇 관점들은 여전히 현실성이 있다. 또한 금고에서 일하는 노동자들이 노동조합에 가입할 권리가 있기 때문에 우리는 〈금고〉가 계속해서 '개인의 참여에 가치를 부여하고 있다'고 생각한다. 그 뿐 아니라 "참여, 각자의 잠재력 발전, 함께 하는 역량"이 조직내에 가장 중요하게 생각되고 있다.

거의 반세기 이래 세상이 변했고, 〈금고〉의 이상도 진화했다. 따라서 우리가 위대한 자유를 누리고 있고, 퀘벡 외 다른 곳에서는 거의 찾아볼 수 없는 가치를 계속해서 발전시켜가고 있다는 것이 분명하다. 우리가 그 발전에 함께하게 된 것을 자랑스럽게 생각하는 까닭은 "기존 은행과는 다르게 운영하는 방식"이자 바로 "돈보다 인간에 대한 애정과 사회정의를 우선으로 생각하는 영혼을 담는 활동"이기 때문이다.

데자르댕 연대경제금고 노동조합 집행위원회

3장

"더욱 정의로운 사회를 위한 시도"
: 퀘벡시 노동자경제금고
1971~1978

"변혁을 이루는 가장 효과적인 방법은, 우리가 현재보다 더 나은 것이라고 믿는 것을 직접 만들어가는 것이다."[100]라고 1970년 대 초에 앙드레 로랭은 말했다. 이 표현은 10년 넘게 견지해온 그의 운동철학을 그대로 반영한다. 시대를 거치며 축적된 다양한 지식과 경험으로 풍부해진 그의 철학은 "더욱 정의로운 사회를 위한 시도"로 퀘벡시 노동자경제금고라는 완전히 새로운 형태의 경제 금고를 설계하는 바탕이 되었다.

이 장에서는 새로운 금고 설립에 대해 간략히 살펴본 후에, 세 분야로 형성된 로랭의 야심찬 프로그램에 대해 서술한다. 이어서 우리는 퀘벡주 전역에서 일어나는 새로운 형태의 금고에 대해, 특히 졸리에트시에서 실현된 경제금고의 특별한 형태를 살펴볼 것 이다. 그리고 퀘벡시 전국노동조합 주민금고와 합병을 통해 진화하는 퀘벡시 노동자경제금고의 계획에 대해 이야기할 것이다.

혁명적 계획의 탄생

1971년 2월 레오폴 볼류는 1년 이상 그가 구상해온 완전히 새로운 형태의 경제금고를 설립할 준비를 한다. 금고 설립 몇 해 전 그는 SSQ보험사에서 직장생활을 시작했고, 일찍이 노동조합 대표가 되었다. 전국노동조합총연맹 퀘벡시 중앙위원회 활동가였던 그는 협동조합위원회에 참여하면서 앙드레 로랭을 알게 되었다. 그들은 함께 퀘벡시 노동자경제금고를 만들게 되고, 레오폴 볼류가 총괄책임자를 맡는다. 이 금고를 만드는 동안 볼류는 새로운 정부기관인 퀘벡주 의료보험기관을 설립하려고 분주한 SSQ 옛 동료들에게서 이 기관의 직원채용에 응할 것을 권유 받는다. 금고 설립에 몰두하고 있던 그는 옛 동료들의 부탁을 받아들여 채용절차에 응하는데, 새로운 퀘벡주 의료보험기관은 볼류에게 금고에서 버는 것보다 두 배 높은 급여로 관리직을 제안한다. 하지만 아내와 단 몇 분간의 논의 후 그는 노동조합과 협동조합에 대한 자신의 열의로 점철된 여정을 잇는, 새롭게 설립될 금고의 총괄책임자직을 선택한다.[101]

1971년 2월 13일 법에 근거해 구성된 퀘벡시 노동자경제금고는 2월 24일 처음으로 조합원 가입 신청을 받고 그들의 예금을 받는다.[102] 이 새로운 금고 설립에 대해 일부에서는 의구심을 드러 냈다. 앙드레 로랑은 몇 달 후의 일을 이렇게 회고한다. "당시 그 곳에는 금고에 대해 알고 싶어 하는 175명이 모여 있었다. 절반 은 우리 프로젝트를 비웃었고, 또 절반은 금고가 현실화될 리가 없다며 내 마음을 무너져 내리게 했다. 하지만 설명회를 마치고 우리가 떠나려 할 때 웃는 사람은 한 명도 없었고, 금고에 가입하 고 무이자로 5천 달러를 예금하는 사람이 이미 60명에 달했다."[103]

다른 방식의 금융에 대한 약속

우리 〈금고〉 창립의 토대가 된 철학은 경제민주화와 노동관계 개 선이다. 이러한 특성을 가진 기업으로 발전시키기 위해서는 노동조 합 활동과 관련해서 운영되는 금융기관이 되어야 했다. 그 기능은 우 리가 추구하는 가치에 부합하면서 우리와 동행하며 재정을 지원하는 기관이다.

1971년 2월 〈금고〉를 시작할 때, 우리는 퀘벡시 샤레스트 대로 155 에 위치한 전국노동조합총연맹과 같은 건물 3층에 사무실을 두었다. 금속노동조합연합회는 우리가 조합원들을 맞이할 수 있도록 비품들 을 빌려주었다. 퀘벡시 식품업노동조합 운동가인 롤랑 봐뱅Roland Boivin 은 모든 일터들을 돌면서 직원들에게 조합원 가입을 독려했다. 퀘벡 시 디우호텔Hôtel-Dieu 노동조합 전 재무담당이자 출납원인 장-피에 르 뒤보Jean-Pierre Dubeau는 예금과 인출이 가능하도록 은행시스템을 구 축하기 시작했다. 르네 루아René Roy는 재정을 책임졌고, 지네트 투젤 Ginette Touzel은 조합원들의 신용을 담당했으며, 드니즈 르클레르Denise Leclerc는 사무국을 담당했다.

이 세 명은 SSQ노동조합 출신이다. 1972년에 클레망 기몽이 〈금고〉에 합류해서 휴양마을을 시작했고, 2년이 채 되지 않아 미셸 르싸르^{Michel Lessard}가 합류했다.

퀘벡시 가정경제협동조합협의회와 합의한 덕분에 매주 목요일과 금요일 저녁에 예산 상담 서비스를 제공했다. 우리는 또한 난방용 기름과 타이어 구매도 연합협동조합^{Coopérative fédérée}과 계약했다. 이는 조합원들이 구매력을 결집하여 더욱 큰 혜택을 받을 수 있도록 협상하기 위한 방법이었다.

저녁에는 〈금고〉로 계좌를 이전하도록 조합원들을 설득하기 위해 여러 노동조합 총회에 참석하곤 했다. 토요일 오전에는 그렇게 모아진 금액을 정산하고 캐나다은행에 예금했다.

우리는 새로운 형태의 금고를 개발하고, 민주적이면서 참여적인 운영 방식을 만들기 시작했다. 그렇게 기존에 없던 방식을 배워갔다.

1975년과 1976년에 퀘벡시 전국노동조합 주민금고와의 합병을 준비했다. 이는 우리가 시작하고 싶었던 바로 그곳으로 우리를 이끌었다. 그것이 전환점이었다. 〈금고〉는 사회적 소유에 대한 개념보다 협동조합과 비영리단체에 대한 재정지원에 전념했다. 조합원들의 저축 이자율 0% 제도로 단체회원들 또한 이자를 포기하였고, 이 이자에 해당하는 금액을 기금으로 조성할 수 있었다.

현재 나는 데자르댕 연대경제금고의 부이사장을 맡고 있다. 〈금고〉의 조직형태는 변화했지만, 초지일관한 신념으로 그에 부합하는 성과를 과감하게 구현하고 있다는 것에 자부심을 느낀다.

현재 금융 환경 속에서 〈금고〉는 3,000개가 넘는 사회적경제 기업들을 지원하고 있다. 〈금고〉는 노동조합, 협동조합, 문화, 시민사회단체 네 분야의 네트워크와 관련된 기관들과 조직들이 만나는 진정한 광장을 상징한다.

이러한 "다른 방식의 금융을 실행하기" 위한 노력은 확실히 사회적경제의 인식 확산과 발전에 크게 기여했다.

레오폴 볼뤼

〈금고〉 공동 창립자이며 총괄책임자 역임(1971~1976)

1971년 2월, 퀘벡주 공보는 퀘벡시 노동자경제금고 창립 승인에 대해 영어와 불어로 공식 보도했다. 이 공지에서 조합원을 모집할 수 있는 조직들의 범위를 상대적으로 제한하고 있다.
<퀘벡주 공보>, 1971. 2. 13, vol. 103, n°7, p. 1727-1728.

각기 이사장이자 총괄책임자인 앙드레 로랭과 레오폴 볼류에게 여정은 길었다. "퀘벡시 금고에 대한 발상은 1965년 6월 슬로베니아의 류블랴나에 있는 또 다른 노동조합연맹 건물에서 시작되었다"[104]고 협동조합 창립 1주년을 맞았을 때 로랭이 회상한다. 귀국 후 몇 년 동안은 경제금고의 새로운 방식에 대해 사람들을 설득할 시간이 필요했다. 이 발의는 1969년 봄 전국노동조합총연맹의 퀘벡시 중앙위원회에서 묵시적으로 승인되었고 10월 대회에서 공식적으로 인정받았다.[105]

본래 이 계획은 퀘벡시 전국노동조합 주민금고[106]를 공동 프로젝트에 자금을 공급하는 경제금고로 전환하는 것이었다. 레오폴 볼류, 앙드레 로랭, 주민금고 이사들로 구성된 위원회는 이러한 전환을 준비한다. 하지만 전국노동조합 주민금고 이사들은 그리 열성적인 모습을 보이지 않았다. 이 때문에 레오폴 볼류와 앙드레 로랭은 이러한 경로를 포기하고 퀘벡시 노동자경제금고를 세운다.[107]

퀘벡시 협동조합과 연대경제의 집

데자르댕 연대경제금고의 소재지는 퀘벡시 생-로크 지역의 중심부에 있다. 이 지역은 또 다른 곳에
서도 사례로 인용되었다. 노동조합, 협동조합, 문화와 교육 분야의 활동가들 사이의 결합은 이 지
역 도시재생의 원동력이 되었다. 이 리더들은 무엇보다도 역사적으로 중요한 건물들을 투기 시장
으로부터 지켜내는 데에 힘이 되었다.

　　설립 후에 전국노동조합총연맹의 발의로 주민금고 하나와 경

제금고 하나가 설립되었고, 두 금고는 샤레스트 155에 위치한 노

동조합연맹 건물에 함께 입주한다. 주민금고는 전통적 저축신용

협동조합인 반면, 경제금고는 더욱 큰 꿈을 품고 있었다.

세 가지 점에서 사회를 변화시킨 퀘벡시 노동자경제금고

전례가 없었던 혁신적인 모델인 퀘벡시 노동자경제금고는 설립 전에 잘 설계되었고, 무엇보다도 구성원들의 참여 덕으로 발전하였다. 〈금고〉는 "더욱 정의로운 사회를 만들기 위한 시도"로, 사람에 대한 서비스 개발 및 실행, 기업 설립, 자주관리라는 세 가지 분야의 프로그램 설계를 제안했다.[108] 세 분야에 대해 세부적으로 살펴보기에 앞서, 이 시대에 가장 많은 관심을 모았던 저축 이자 0% 정책을 살펴볼 것이다.

Lorsque nous avançons dans l'étude de la société de consommation, bien profond est le gouffre de l'exploitation et de l'horreur humaine. Les lois ne feront pas grand chose contre cet état d'esprit enfant profondément. Seule une éducation populaire basée d'après une pensée sociale qui fera travailler un motif social et qui permettra à une association d'hommes, de prendre en main toutes ses responsabilités et de développer globalement ses besoins en matière de consommation, seule, dis-je, on tel système éliminera par lui-même l'implacable et vicieuse société de consommation qui est là offre. Ce sera l'arme dont-on et afin est prochainement à notre disposition. Quelle sera votre réponse?

En terminant, je tiens à vous rappeler que le Conseil Central de Québec groupe plus de 50,000 membres; et tous répondaient à notre appel, réalise la Force économico-sociale que nous possédions.

퀘벡시 중앙위원회의
5만 조합원: 경제사회적 힘
〈금고〉 내부 자료에서 발췌. 소비자들에 대한 착취에 공동으로 대응하기 위해 퀘벡시 중앙위원회에 가입된 사람들의 수에서 단결된 잠재력을 보여준다. 앙드레 로랭, "퀘벡시 노동자경제금고 : 창립총회에서 채택된 경제금고의 내부 제도와 이념", 1971. 2. 24, 1971, p. 9.

소비사회에 대한 연구가 진행될수록 소비사회의 착취와 인간의 공포로 인한 파멸이 깊어진다. 이러한 정신적 고통에 대항하여 법이 해결해줄 수 있는 것은 없다. 단지 민중교육만이 우리의 무기이다. 민중교육은 사회적 사고를 바탕으로 한다. 사회적 사고는 사회적 자산을 만들고, 연합으로 조직된 사람들이 사회에 대한 책임을 실천하게 하며, 소비에 대한 그들의 필요를 충족시키기 위해 사회 전체를 발전시킬 수 있도록 한다. 지금 우리가 살고 있는 이 냉혹하고 사악한 소비사회는 그 스스로 소멸해갈 것이다. 민중교육은 완벽한 무기가 될 것이며 지금 우리가 할 수 있는 것이다. 이에 대해 여러분은 어떻게 답할 것인가?

마지막으로, 퀘벡시 중앙위원회의 5만 명이 넘는 조합원들이 있음을 명심하자. 모든 조합원들이 우리의 요청에 응답한다면, 우리가 가진 경제사회적 힘을 실현할 수 있을 것이라고, 나는 간절히 호소한다.

새로운 협동조합은 모두에게 열려 있었으나, 잠재적으로 5만여 조합원에 달할 수 있는 퀘벡시 중앙위원회 소속 노동조합이 있는 기업의 급여노동자들을 첫 번째 대상으로 했다. 더욱이 지역금고가 있는 노동조합 조직에 자금을 지원하는 것이 애초에 이 프로젝트의 기본 목표[109]였기에 "퀘벡시 중앙금고"[110]로 명명하기로 했던 것으로 보인다. 퀘벡시 노동자경제금고는 전국노동조합총연맹 조합원들에게 가장 우선으로 서비스를 제공하는 기관으로 인식되었고, 이는 출자금을 납부한 중앙위원회 활동가들에게 타당한 것이었다.[111] 재정적 지원[112]에 더해진 정신적 지원은 이러한 프로젝트를 출발하기 위한 사기진작 차원에서 필수적인 것이었다. 왜냐하면 〈금고〉는 초기 500달러 저축에 대해서는 이자를 부과하지 않는다는 특별히 혁신적인 제안을 바탕으로 설립되었기 때문이다. 당시로서는 큰돈이었던 500달러 이상을 저축할 경우에 〈금고〉는 경쟁력 있는 이자율을 제공했다. 하지만 조합원들은 실행 첫 해 후에 모든 저축에 대한 이자를 없애면서 한 발 더 멀리 내딛기로 결정한다.[113]

이윤과 자본 축적이야말로 자본주의의 토대다. 따라서 저축에 대한 이자를 없앤 것은 그야말로 전복적인 결정이었다. 저축 이자율을 제로화하면서 〈금고〉는 지배적인 경제시스템의 기초마저도 없애버린다. 〈금고〉는 창립 전부터 이미 캐나다 은행업계에 흐르는 일반적 경향에 역행했다.[114] 실제로 1967년 연방의회에서 은행법이 개정되면서 특정 규제가 풀리게 되어 경쟁은 가속화되었다.

이후 몇 해 동안 주민금고들과 경제금고들을 포함한 금융기관들은 예금 촉진을 위해 구미가 당기는 이자율을 경쟁적으로 제안하기 시작했다.[115]

하지만 새로운 형태의 경제금고는 저축 이자가 노동자들의 풍요를 돕지 않는다는 가설을 바탕에 두고 운영된다. 오히려 반대로, "적은 급여에 부여되는 이자, 이는 자본주의 체제가 만들어 낸 가장 큰 희극"[116]으로 노동자들을 가난하게 만들 뿐이라고 앙드레 로랭은 말했다. 로랭은 이를 설명하기 위해 자주 다음의 논거를 제시했다. 1971년에 예금주는 자본에 대해 6%의 이자를 바랄 수

TABLEAU 3

CAISSE ORDINAIRE		CAISSE PROPOSEE		
Dépôt	$500.00	Dépôt	$500.00	
Intérêt à 6%	$ 30.00	Intérêt 0%	0.00	
Moins impôt moy.	$ 10.00			
Revenu	$20.00 ou 4%			

Services:		marché	flotte	
				Récup.
Assurance voiture		134	94	40
Assurance feu		124	73	17
Service d'impôt		5	--	5
Pneus		26-30	19-20	25
Plus				
Huile et chauf.		x	02à05	?
serv. juridique		x	0	?
consul. budg.		--	--	--
flotte voiture		--	--	--
Educ. populaire		--	--	--
dépannage		--	--	--
logement co-op		--	--	--
Récup. minimum				$86.

ou 17% d'intérêt sur votre $500.00

(Ce revenu est non imposable)

저축 이자가 노동자들을 부자로 만들지 않는다

위 표는 앙드레 로랭이 <금고>가 제공하는 다양한 서비스가 '일반' 은행들이 부여하는 이자보다 훨씬 큰 가치가 있음을 증명하기 위해 자주 사용하는, 동일하게 500달러를 예금했을 경우에 대한 비교이다.

앙드레 로랭, "퀘벡시 노동자경제금고 : 창립 총회에서 채택된 경제금고의 내부 규정과 이념 (Caisse d'économie des travailleurs réunis de Québec: régie interne et idéologie de la caisse d'économie telles qu'adoptées par l'assemblée de fondation)", le 24 février 1971, 2. 24, 1971, 표3.

있었다. 500달러에 달하는 저축 시 한 해에 30달러를 벌 수 있다. 이때, 세금으로 약 10달러를 납부해야 한다. 따라서 임금노동자는 이자율 4%에 해당하는 20달러를 갖게 된다. 1970년대 인플레이션 상황에서 낮은 수익률의 공동 출자는 〈금고〉의 조합원들로 구성된 그룹이 커다란 집합적 부를 빠르게 획득할 수 있게는 하지만 노동자의 삶의 조건을 개선하기에는 충분치 않았다.

이 시대에 〈금고〉가 가장 크게 특별히 주목받았던 점은 0% 이자 정책이었다. "저축에 대해 직접적인 수익이 없다는 것은 사실상 우리가 만든 결과"[117]라고 1973년 9월에 레오폴 볼류는 썼다. 이는 상징이자 동시에 수단이기도 하다. 〈금고〉에 따르면 0% 이자는 "맡긴 돈이 어떻게 사용되는지에 대해 조합원들이 일말의 걱정도 할 필요가 없는"[118] 전통적인 금융기관에 대한 도전을 나타낸다. 또한 공통 프로젝트를 지원하기 위해 저축금을 모으는 노동자들 간의 연대를 반영하는 것이기도 하다. 이 상징적 의미에는 매우 구체적인 고려사항이 추가된다. 임금, 임대료, 비품을 포함하여 전통적인 은행과 마찬가지의 경비 부담을 안는 것에 더해, 〈금고〉는 "더욱 정의로운 사회를 위한 시도"와 관련된 책무를 맡는다. 이 점에서 이자 0%는 수단이 된다. 이는 단지 금고 관리뿐만 아니라 특히 "사람에 대한 복무"와 "기업 창출"에 재정을 지원하는 방법이기도 하다.

〈금고〉가 이자를 부과하지 않는다는 사실이, 조합원들이 그들의 저축에 대한 어떤 수익도 받지 않는다는 것을 의미하지는 않는다. 〈금고〉가 "주거, 소비, 일자리, 여가와 같은 기본적 삶의 필요를 충족하기"[119] 위해 협동기업 설립을 목표로 "자금을 조성"한다는 측면에서 이자는 오히려 집단적으로 공유된다. 이 야심찬 계획은 1965년 가정경제협동조합협의회 창립 때 앙드레 로랭이 제안한 프로젝트를 연상시킨다. 이번에는 집합 자본을 바탕으로 하는 계획이기에 훨씬 더 실현가능해 보였다.

〈금고〉가 집단적 협동기업들을 탄생시키는 방법을 간략히 설명하자면, 일종의 "뒤집힌 지주회사"를 만드는 것이라고 말할 수 있다. 이 지주회사의 총회는 〈금고〉의 총회를 형성하는 구성원들로 이루어진다. 퀘벡시 노동자경제금고에 의해 설립된, 조합원이 주인인 협동기업들은 "사회적 소유"가 이루어진다. 이 개념은 금고들의 적립금으로 설명될 수 있다.[120] 이 총액은 수년에 걸쳐 조합원들이 모은 것이지만, 협동조합을 탈퇴하는 조합원들은 적립금에 대한 권리를 요구할 수 없다. 이는 협동조합에 속한 개개인이 아니라 조합원 전체 집단의 것이기 때문이다. 〈금고〉가 설립한 주택협동조합이 있는 경우, 개인도 개인들의 그룹도 주거공간을 팔 수 없다. 이는 "투기 근절, 금전적 가치 상승 차단, 상업화할 수 있는 권리 제거"[121]를 뜻한다.

하지만 "사회적 사명이 담긴 경제적 저장소"[122]를 미리 구성해야 하기 때문에, 〈금고〉 창립 때 이러한 기업들을 설립하기란 불가능하다. 이것이 퀘벡시 전국노동조합 주민금고의 전환이 먼저 이루어진 이유이다.

어떤 계획을 왜, 어떻게 해야 하는가?

앙드레 로랭이 금고 프로젝트에 대해 특히 추구할 목표와 실행 수단을 정리한 자료.

앙드레 로랭, "협동조합 사회주의(Le socialisme coopératif)", 총연맹위원회, 전국노동조합총연맹, c. 1973, p.86.

A. 현재상황에 직면하여 (비판적 분석)

무엇을 할 것인가? • 우리가 오늘 할 수 있는 것을 내일로 미루는 것을 멈춰야 한다.

B. 퀘벡시 노동자경제금고 :

왜? • 역사적 보존을 위해

어떻게 할 것인가? 1. 저축신용협동조합 설립

2. 우리 저축 모으기

3. 민주적 원리를 기본 운영 방침으로 하기

4. 협동을 바탕으로 같이 해결방안을 마련하는 것을 강조하기

C. 변화를 위한 우리의 제안 :

5. 세 가지 영역의 프로그램 진행

• 사람을 중심에 두는, 사람을 위한 서비스

• 새로운 기업 창출

• 사회적 운영

D. 이 프로그램을 실현하기 위해 우리가 취해야 할 방법은?

6. 무이자 대출

7. 저축에 대한 0% 이자

8. 자주관리

E. 또 다른 새로운 것은?

목표	실천방안
• 소비자보다 사람을 중시하는 풍토 조성	• 조합원들의 저축에 대한 직접 수익으로서 이자 폐지
• 돈은 사람들을 위해 서비스하기	• 이익, 투기, 무한대 가치상승의 개념 폐지
• 진정한 생활의 필요에 대한 만족	• 개인의 문제에 대한 집단적 해결방안 연구
• 모든 이들에게 평등한 관리	• 사회적 풍요 창조를 통해 개인의 부 창조
• 조합원들의 협동적 공동 책임	• 민주주의를 기반으로 운영
	• 자주적 관리
	• 협동기업에 사회적금융 지원

F. 목표 실현과 운동의 지속성을 함께 보장하기 위한 방법은?

10 - 사회적 소유와 사회 운동이 통합된 방식으로

I — HUMANISER LA SOCIÉTÉ PAR LA COOPÉRATION

협동조합에 의한 사회의 인간화

보다 넓은 관점에서 <금고>의 활동 영역을 설정하는 <실행지침서>에서 발췌 : 사람들의 기본적인 필요를 충족하기 위해, 협동조합 기업 창출을 통해 사회를 인간화한다. 따라서 <금고>가 운영하는 금융은 인간적 목표를 우선시한다.

퀘벡시 노동자경제금고 <실행지침서(Orientations générales)>, 1972, p. 1-3.

협동으로 사람 중심의 사회를 만들자

우리의 첫 번째 목표는 협동으로 이 사회를 사람 중심의 사회로 만드는 것이다. 이는 우리 삶의 모든 영역을 보다 인간적으로 만드는 것, 이는 사람들의 기본적인 필요가 충족될 수 있도록 잘 작동되는 것을 의미한다. 협동은 결정과정과 이익분배에 모두가 동등하게 참여하여 민주적인 방식으로 생산, 소비, 서비스를 실행해가는 방법이다.

협동, 그것은 다 함께 참여한다는 것이다. 이는 경제적, 사회적 공동의 목적을 위해 함께 기업을 만드는 것을 의미한다. 실제로 우리가 설립한 기업을 통해 우리의 기본적 필요를 충족함으로써 사람 중심의 사회를 이루어갈 것이다. 또한 주택협동조합은 주택에 대한 조합원들의 가장 중요한 요구를 최상으로 만족시키기 위해 저렴한 가격에 입주할 수 있도록 노력할 것이다. 또한 저축신용협동조합은 높은 이자에 의한 신용착취를 없애기 위해 기업들과 서비스에 대해 무이자 융자를 할 수 있게 될 것이다.

우리는 협동으로 인간다운 사회를 만들기를 원한다. 이는 실현가능성 희박한 소원이 아니다. 이것은 우리가 구체적인 계획을 통해 실현할 목표이다. 이러한 목표의 궁극적 지향은 우리 계획의 실현이 항상 인간적이고 노동자의 근본적인 경제 및 사회적 문제를 해결하도록 노력하는 것이다. 그렇지 않다면 우리는 그저 하나의 금융회사로 빠르게 전락할 것이다.

1) 우리의 첫째 목표는 협동으로 사람 중심의 사회를 이루는 것이다.
2) 우리 협동조합 기업들은 주택, 소비, 노동과 여가와 같이 인간의 기본적인 요구를 충족시켜야 한다.
3) 우리 금고는 우리 계획을 실현할 수 있는 경제적 수단이 되어야 한다. 하지만 우리의 인간적 목표가 금융보다 늘 우선시되어야 한다.

〈금고〉 구조

레오폴 볼류가 정리한, 조합원이 주
인인 운영 및 의사결정 구조, 기업
설립, 관리, '기획실' 및 교육실행서
비스 필요성에 대한 자료에서 발췌.
레오폴 볼류, 퀘벡시 노동자경제금고, "우
리의 목표를 추구하기 위한 몇 가지 제안
(La Caisse d'économie des travailleurs
réunis de Québec. Pour la poursuite de
nos objectifs ": quelques réflexions), 퀘
벡, 퀘벡시 노동자경제금고, 1972, p. 4-5.

우리가 경제금고의 모든 구조를 재편한다면, 우리는 다음
의 사항들을 이룰 수 있을 것이다.

1. 〈금고〉의 주인은 조합원들이다.
2. 〈금고〉는 많은 기업들의 주인이다.
3. 노동자들은 결집되고 각 기업의 일상 운영을 실행할 권
   한을 갖는다.
4. 각 총괄책임자나 관리장은 기업 직원들의 50%와 관
   리자 50%로 동수로 구성된 위원회에서 임명한다.(직
   원으로 구성하지 못할 경우 채용할 총괄책임자나 관리
   장이 최고위직일 경우, 이 직원 채용위원회는 임원 중
   50%, 〈금고〉 직원 50%로 구성한다.)
5. 총괄책임자나 관리장을 제외한 직원들은 직원들 스스
   로 채용한다.
6. 이 구조와 동일하게, 금고운동의 다양한 성과를 실천에
   통합하여 최대한 에너지를 집중시키기 위해, 기업과 필요
   시 운동 전체를 위해 서비스를 기획하는 사무소 설립을
   고려할 필요가 있을 것이다. 이 조직은 발전 전망에 대한
   평가를 그 목적으로 하고, 각 기업들이 참여하는 이사회
   로 구성될 것이며, 운동 발전에 필요한 분야 내에 급여를
   받는 전문가를 고용하여 그 서비스를 맡도록 할 것이다.
7. 협동조합 활성화와 교육에 대해 자율적 서비스는 금고
   의 조합원들과 다른 직원들에 완전히 독립적으로 실행
   되어야 한다. 또 이 서비스는 모든 이사들이나 직원들
   에 행해질 수 있다. 이는 직원들이 금고에 대해 너무 많
   이 통제하는 것을 방지하기 위함이다. 또 다른 측면으
   로는, 과제에 대한 무지나 잘못된 인식으로 인해 금고
   가 나아가고자 하는 목적과 조합원들이 내린 결정이 자
   주관리 체계에서 분절되지 않고 유기적 결합을 통해 지
   속적으로 실천해가도록 하기 위함이다.

N.B. 현재 법은 우리가 위에서 언급한 것들을 실현하기에
어려움을 준다. 하지만 우리의 법률 자문들은 이 문제를
해결하기 위해 노력하고 있고 우리는 이 어려움들을 해결
할 수 있으리라는 믿음이 충만하다.

                   레오폴 볼류 | 퀘벡시 노동자경제금고 총괄책임자

따라서 조합원들이 우선적으로 저축과 신용 그리고 서비스 계약 및 컨설팅 같은 서비스를 받을 수 있다. 1972년에 열린 조합원 대회에서 "금융 분야는 항상 인간적 목적을 우선시한다"[123]고 선언했지만, 이 사명을 바로 수행할 수 없기에 〈금고〉는 저축신용협동조합을 유지한다. 저축 제도의 경우 일부 조합원들은 빠르게 "급여에서 공제"되는 혜택을 받는다. 대부분의 경제금고가 제공하는 서비스인 "편리한 저축"은 고용주에 의해 급여에서 바로 조합원 계좌로 납부되는 방식으로 모아졌다. 신용에 대해서는 부채 문제를 완화하기 위해 유리한 이자율로 대출을 받을 수 있었다. 1972년 6월부터 1974년 11월까지의 통계에 따르면 부채 장기화는 대출의 중요한 이유 중 하나인 상황이었다.[124]

여기에 서비스 계약이 추가된다. 자동차 타이어 할인, 자동차보험[125], 소득세 신고 서비스에 추가된 화재보험 덕에 조합원들은 연간 최소 85달러를 절약할 수 있었다. 가격을 측정할 수 없는 재정 및 법률 무료 상담서비스도 여기에 포함된다. 또 〈금고〉는 조합원들에게 경제교육을 제공하고자 했다. 그리고 〈금고〉는 초기 500달러 저축에 대해 비과세 이자 17% 이상의 수익률을 가져왔는데, 이는 기존 금융 기관들이 제공한 비율의 약 3배 이상에 해당하는 금액이었다.

---

* 원문은 épargne indolore(無痛)로 급여지급과 동시에 회사에서 금고의 저축계좌로 입금되기에 노동자들이 별도로 수고할 필요가 없는 저축방식.-옮긴이

협동기업 설립과 생활서비스 지원에 이은 〈금고〉의 세 번째 프로그램은 자주관리이다. 이 프로그램은 일터를 민주화하고자 하는 또 다른 근본적인 생각을 계획에 반영한다. 퀘벡시 노동자경제금고가 채택한 자주관리 방식은 금고들 내부의 노사관계 경향이나, 더 총체적으로 협동조합 내부의 노동관계 경향과는 정반대였다. 사실상 1960년대까지 주민금고 내에 노사관계는 "협동적 합의"에 근거했다. 실제 협동조합 기업들이 지닌 사회적 사명의 존재로 인해, 또 대부분 작은 조직 규모에서는 노동자들이 노동조건에 대해 문제제기 하기가 어려웠다. 그런데 금고들이 성장하고 전문화되면서 정세가 변화되었다. 일하는 방식이 표준화되기 시작했는데, 연구자들에 따르면 이 표준화는 1970년대 초에 '포드주의적 노사타협*'으로 이어졌다. 그때부터 금고들은 특히 노동조합 조직들의 눈에는 "다른 곳들과 다를 바 없는 기업"[126]이 되었다.

역설적이게도 자주관리 방식은 퀘벡시 노동자경제금고를 그 시대 운동의 중심에 놓이게 했다. 따라서 자주관리는 퀘벡의 일부 모임 속에서, 특히 학생들 모임에서 토론되고 요구되었다. 1968년 5월에 파업 중인 파리 학생들이 자주관리에 대해 관심을 가지면서 몬트리올의 많은 이들을 포함하여 세계 곳곳에서 공감을 불러일으켰다.[127] 앙드레 로랑은 1965년 유고슬라비아를 여행할 때,

---

* 노동 생산성과 급여를 연동시켜 효율성과 생산성 향상을 창출하는 대량생산 방법을 준수해야 한다는 묵시적 합의. https://www.encyclopedie.fr/definition/Compromis_fordiste -옮긴이

약 15년 일찍 티토 대통령이 수립한 자주관리 체계가 어떻게 작동하는지 관찰했다.[128] 또 〈금고〉의 모델을 만들기 위해 레오폴 볼류와 앙드레 로랭은 노동자생산협동조합[SCOP]에 대해 더 많이 배우기 위해 프랑스로 연구조사를 떠났다. 체류하는 동안 특히 그들에게 커다란 영감을 준 알비의 유리 제조공장 노동자들을 방문한다.[129] 19세기 말에 중요한 파업이 유리공장 폐업으로 이어졌다. 노동자들은 사회주의 정치가인 장 조레스의 도움으로 공장을 협동조합으로 전환했다. 앙드레 로랭은 이 방문이 유리 제조산업 노동조합실에 자랑스럽게 걸려 있는 그림의 재현이었다고 이야기한다. 이 이미지는 〈금고〉의 첫 창립기념일에 있었던 그의 연설에서 상영되었다. 그에게는 이것이 퀘벡시 노동자경제금고 프로젝트의 목적을 나타내는 것이었다.[130]

〈금고〉의 자주관리 방식에서 주요 방향은 조합원 총회로 정해졌다. 이사회는 정책을 수립하는 기관일 뿐 아니라 관리자이기도 하다.[131] 조합원들이 합의한 계획을 실행하는 것은 직원들의 책임이다. 모든 직원들은 자신들이 참여하는 위원회를 통해 "자주관리" 및 "집단적" 방식으로 공동 책임을 진다. 앙드레 로랭은 그 작동에 대해 구체적으로 이렇게 묘사했다. "매주 화요일 아침, 정규직원들과 〈금고〉 이사장은 9시에 자주관리 회의에 참석한다. 회의에 참석한 모두가 평등하다. 거기엔 이사장도, 감독자도, 실무자도, 계산원도 없다. 낮고 높은 지위 없이 사람들이 있을 뿐이다."[132]

〈금고〉에서는 주민금고와 경제금고에서 지점장이라고 불리는

〈금고〉에서 실행한 자주관리 방식

이사회와 관리자들의 역할을 구분하여 적용된 자주관리 모델 소개. 자주관리는 〈금고〉 프로젝트의 핵심이었다.

앙드레 로랭, "자주관리 방식에서 이사회의 역할(Le rôle du conseil d'administration en système autogestionnaire)", 퀘벡, 퀘벡시 노동자경제금고, 1972, p. 3-4.

이사회와 실무자들이 전문성을 갖추기 위한 기본 방침은 이사회가 휴머니즘 정책, 사회 및 경제 정책 그리고 전망과 계획을 세우는 것에 대해 가장 중요한 책임을 갖는다는 것이다. 또한 공공영역과의 관계, 조합원들과 부속기관들과의 관계, 우리가 실행할 서비스에 대한 계약, 자금 감독, 공동규약에 대한 책임을 갖는다.

실무자들의 역할은 일상사업 실행, 금고와 금고가 창조해 갈 모든 활동의 A부터 Z까지의 모든 집행이다.

각 임무수행에 대한 민주성과 명확한 규정에 있어, 자주관리를 행하는 우리 금고는 다른 운동 조직이나 일반 은행들과 다르다. 〈금고〉는 상근 운영진들이 많은 책임을 맡는다.

총괄책임자도 노동조합 조합원이다. 그는 팀의 방향을 지시하는 게 아니라 팀 간의 조율을 감독한다. 각 직원들은 특정 역할을 수행하지만, 협동조합 활동에 관련한 모든 영역의 지식과 업무요령을 발전시키도록 돕는 자주관리 위원회의 지원, 제안, 평가를 통해 이루어진다. "자주관리 방식"은 "노동자들이 자신의 일을 스스로 관리하고, 스스로 근무환경 개선도 가능할 수 있도록 함으로써, 노동환경에 대한 분쟁을 해소할 수 있는 방안"[133]이다. 하지만 이러한 방식은 매우 까다롭다. 팀과 함께 추진해가는 능력도 갖추어야 할 뿐만 아니라 스스로 일을 조직하고, 계획하고, 평가할 줄도 알아야 한다. 레오폴 볼류의 주도로 직원들은 자주관리에 필요한 지식을 습득하기 위해 교육을 받았다.[134] 그들은 또한 1972년 5월 〈금

고〉를 방문한 스위스의 자주관리 전문가인 알베르 메스터^{Albert Meister}
와 교류했다.¹³⁵

〈금고〉 설립 이후 몇 해는 생활서비스 제공, 자주관리, 협동
기업 설립이라는 3가지 영역의 프로그램을 부침을 겪으며 적용
해 가는 시기였다. 협동기업 설립에 대해서는 가족휴양마을^{Village-Vacances-Familles}이 성공의 상징이 될 것이다.

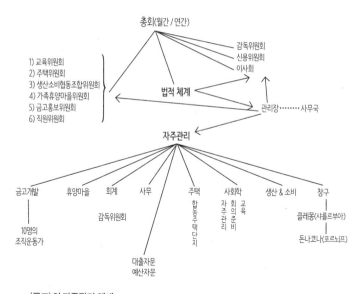

퀘벡시 노동자경제금고 조직체계

〈금고〉의 자주관리 체계

1973년경 〈금고〉의 초기 조직도는 "법적 체계"(조합원 총회, 이사회, 위원회), 운영구조, 자주관리
기능과 서비스의 실행 간 연결고리를 명확히 보여준다.

앙드레 로랭, "퀘벡시 노동자경제금고: 더 정의로운 사회를 위한 시도(La Caisse d'économie des travailleurs réunis de
Québec: essai d'une société plus juste)", 퀘벡, 1973, p. 9.

협동기업의 상징 : 가족휴양마을

퀘벡시 노동자경제금고 활동가들은 협동기업이 주거 영역에서 먼저 만들어지기를 바랐다.[136] 어떤 기업을 우선 설립할 것인가에 대해서 건설노동자협동조합과 관련된 주택협동조합 단지, 에스쿠맹Escoumins의 소비협동조합, 돈나코나Donnacona에 자동차정비협동조합을 포함하여 여러 방면으로 논의되었다.[137] 여가 분야는 우선시되지 않았으나 가장 성공적이었는데, 이는 특히 〈금고〉 역사에서 빼놓을 수 없는 존재인 한 청년 덕분이다.

지역사회 조직 전문가인 클레망 기몽은 라발대학교에서 사회복지학 학사를 취득한 후 그의 직업생활을 시작하기 위해 "창의적인 공간"[138]을 찾고 있었다. 시민과 공동체 활동에 관한 연수 때, 그는 자신의 특성이 "주장하는 사람"보다 "실천가"에 더 가깝다는 것을 자각했다. 퀘벡시 전국노동조합총연맹 건물 가까이 위치한 캐나다 인력센터의 센터장은 몇 달 전에 설립된 특별한 경제금고를 "창조적인 공간"이 될 가능성이 많은 곳으로 그에게 소개한다. 퀘벡시 노동자경제금고에 대한 정보를 얻은 이 청년은 입사 지원을 하고 곧 채용된다. 그의 이력서는 너무나 당연하게 그가 자주관리 체계에서 여가 분야를 담당할 적임자임을 보여주었다. 1972년 여름 특히 성공적이었던 첫 번째 휴양마을사업이 끝났을 때, 직원 전체는 그를 가족휴양마을을 위한 정규직으로 임명했다.[139]

이 시기에 그는 점점 더 "여가의 문명화"[140]에 대해 관심을 가

지게 되었으나, 모든 이들이 휴가를 즐기기에는 그 비용이 너무 컸다. 이런 문제는 퀘벡에만 있는 것이 아니었고 자주관리와 마찬가지로 가족휴양마을은 유고슬라비아와 프랑스 사례에서 아이디

가족휴양마을

클레망 기몽이 1972년에 작성한 자료에서 발췌. <금고>의 전체 프로젝트와 관련된 휴가와 가족생활 그리고 학습의 장소로서 계획된 '가족휴양마을'에 대한 경험이 담겨 있다.

클레망 기몽, "퀘벡시 노동자 가족휴양마을 : 자연 중심적 구조(Le Village-Vacances-Familles des travailleurs réunis de Québec: nature-objectifs-structures)", 퀘벡, 퀘벡시 노동자경제금고, V.V.F.위원회, 1972, p. 4.

I. 가족휴양마을의 특징

- 야외에서 실시. 휴양 온 사람들이 머무는 동안 자연과 함께 직접 교감하고 야외에서 스포츠를 할 수 있는 장소

- 지속적인 휴양이 가능한 곳. 조합원들이 장기 휴가, 특별 휴가, 주말이나 하루 휴가도 보낼 수 있는 곳. 휴가가 언제든 일 년 내내 개방될 수 있는 곳.

- 가족들의 모임 공간. 가족모임을 위해 필요한 모든 특별한 것들을 구상할 수 있는 곳. 가족 모두 또는 각 가족들의 연령에 상관없이 여가활동이 가능하도록 장비 제공.

- 배움의 장소. 휴양자들이 현실과 같은 실제 환경에서 지내며, 참여, 실행, 창조성 부분에서 자신들의 가능성을 발휘할 수 있는 곳.

- 마지막으로, 이는 퀘벡시 노동자경제금고가 진행하는 전체 프로젝트 중 하나인 공동체 실현이다. 금고의 핵심 목표는 다음과 같다 :

  "현재 인간을 착취하고 있는 모든 영역에서 사람들에게 해독제를 제공할 수 있는 새로운 사회의 모델을 건설하는 것"

어를 얻은 것이었다. "지갑의 두께에 상관없이"[141] 여가에 접근할 수 있는 첫 번째 휴가 캠프가 퀘벡시 동부 코트-드-보프레에 있는 생-아쉴레에서 열렸다. 1972년 7월 9일부터 8월 20일에 〈금고〉 조합원 57명의 가족이 퀘벡주 사회복지부로부터 대여 받은 마누아 샤를르-드-푸코 저택으로 갔다.[142]

최대 1주일 체류할 경우에 모두가 즐길 수 있도록 인원에 상관없이 가족당 5달러로 책정되었다. 〈금고〉가 가격표시를 잘못했거나 혹은 휴가캠프의 질이 낮지 않나 하는 의심을 갖게 할 만큼 가격이 저렴했다. 작은 별장이지만 마을에서 대여해준 텐트나 개인 소유의 텐트 등 다양한 숙박형태가 제안되었다. 참가자들은 음식값을 내거나 스스로 식사를 준비했고, 상점협동조합연합회 Fédération des magasins Coop와 계약하여 푸드코트도 현장에 배치했다.[143] 워크숍(놀이방, 수영, 자연체험, 창조교실, 야외활동 전수)과 체육활동, 저녁 및 특별 활동을 제공하는 5명의 진행자를 포함한 직원 8명이 가족휴양마을이 원활히 진행되도록 관리했다. 연방정부의 청년 발굴 프로그램을 통해 직원들의 급여 일부를 지불할 수 있었다.[144]

1972년 여름에 열린 첫 가족휴양마을에는 사회복지부 장관인 클로드 카스통게까지 시설을 방문하여 〈금고〉로서는 가시적 효과도 좋았다. 퀘벡시의 〈르솔레유 Le Soleil〉와 몬트리올시의 〈르드부아르 Le Devoir〉 일간지는 찬사 가득한 기사를 실었다. 기자들이 보도한 참가자들의 소감은 특히 그들의 느낌을 잘 전해주었는데, 기자들은 "휴양자들이 펼친 열정의 향연, 미진함은 찾아볼 수 없는 자연 속에서의 열린 공동체 경험, 단지 만난 지 1주일 밖에 되지 않은 사람들이지만 강한 우정이 싹튼 너무나 좋은 만남"[145]이라고 묘사했다. 많은 사람들이 10년 만에 또는 결혼 15년 만에 처음으로 야외에서 휴가를 즐겼다며 매우 만족해했다.

연구자 클로드 우엘레[Claude Ouellet]에 따르면, 가족휴양마을은 조합원들에게 가장 높은 참가 열의를 불러일으킨 프로젝트였다. 하지만 이 경험의 기간은 짧았고 1974년 여름에 마지막 캠프가 진행되었다. 적당한 장소를 찾기가 불가능하다는 점이 〈금고〉가 여가 분야의 이 혁신적인 활동을 중단하게 된 주요 요인이었다.[146] 동시에, 수년에 걸쳐 얻은 경험은 퀘벡주 전역을 아우르는 노동자경제금고 네트워크를 만드는 아이디어를 포함하여, 〈금고〉의 초기 프로그램에 대한 타당성에 첫 번째 문제제기를 하게 만들었다.

두 동반자: 졸리에트시와 생-제롬시

퀘벡시 노동자경제금고는 "더욱 정의로운 사회 건설을 위한 시도"의 첫 번째 단계이다. 주요 사회 변화를 가져오기 위해 창립자들은 일찍부터 이 모델을 퀘벡주 전역에 확산하기로 계획했다. 당시 전국노동조합총연맹에 속하는 22개의 지역중앙회 모두에 노동자경제금고가 설립되어 있었다. 1971년 10월에 앙드레 로랭은 "5개 다른 중앙위원회에 속해 있는, 몬트리올시, 셰르브룩시,

졸리에트시, 생-제롬시^{Saint-Jérôme}, 워터루시의 노동조합들이 금고를 설립하는 것에 투표했다."[147]고 전국노동조합총연맹 사무실에 보고서를 제출했다. 이 계획은 두 곳에서 구체화된다. 생-제롬시 금고는 몇 가지 독창적인 요소가 포함된 데 비해 졸리에트시에서 만들어진 금고는 퀘벡시 노동자경제금고 모델을 따랐다.

1971년 5월 〈금고〉 설립 후 2개월 만에, 레비에 있는 데자르댕 협동조합회관^{Institut coopératif Desjardins}[148]에서 앙드레 로랭은 새로운 방식의 금고에 대해 교육을 진행했다. 졸리에트시에서 1년 일찍 설립된 두 금고, 졸리에트시 노동자경제금고^{Caisse d'économie des travailleurs de Joliette}와 라노디에르지역 교육자경제금고^{Caisse d'économie des enseignants de Lanaudière}에서 이 교육에 참가했다. 퀘벡시 노동자경제금고 모델에 열광하는 두 협동조합의 지도자들은 조직 통합에 대해 토론을 시작하고, 1972년 봄부터 진행 중이던 합병은 9월에 총회에서 승인된다.[149]

생-제롬시 금고는 퀘벡시 노동자경제금고 형태를 바탕으로 하면서 새로운 발상을 운영방식에 추가로 적용했다. 생-제롬시 금고는 조합원들이 무이자로 매주 1달러씩 출자하는 방식으로 협동조합기금을 마련할 예정이었다. 이 기금을 통해 퀘벡시 금고와 유사한 서비스 및 기업들을 개발할 예정이었다. 이러한 생-제롬 사람들만의 방법에 대해 앙드레 로랭은 금고의 변화를 승인하는 총회에 참석하여 그들을 지원한다.[150] 생-제롬시의 이 계획 추진자들은 특히 활동가들이었다. 그들은 새로운 경제금고의 형태를 다양한 방식으로 홍보했다. 1971년 11월, 그들은 그들이 채택하기를 바랐던 운영을 설명하기 위해 퀘벡주 경제금고연합회 매체에 기사를 게재했다.[151] 1972년 2월 23일 그들은 다음 총회에 제출할 것을 제안하는 결의안을 연합회 이사회에 보낸다. "퀘벡주 경제금고연합회가 새로운 철학을 권장하는 경제금고들을 홍보할 것, 현존하는 모든 경제금고들에게 이 경험을 이해시킬 것, 그들이 협동정신과 퀘벡 경제문화혁명 제도 속에서 사회적 풍요 발전을 촉진할 것"[152]이 제안된 내용이다.

퀘벡시 노동자경제금고는 일찍부터 두 동반자를 지원한다. 세 금고들 간의 교류는 1972년 5월부터 시작되었다. 이들의 상호부조는 퀘벡주 경제금고연합회가 세 금고와 같은 방식에 대해 그다지 열의를 보이지 않았기에 더욱 유용했다.[153]

1960년대는 퀘벡주 경제금고연합회와 노동조합운동 간의 관계가 진정한 이익공동체였던 반면, 1970년대 초반에 그들의 관계가 악화되었다는 점을 알아 둘 필요가 있다. 그런 이유 때문에 1971년 9월 앙드레 로랭은 4년 이상 역임했던 경제금고연합회 이사회를 떠나기로 결심한다.[154] 1973년 6월 전국노동조합총연맹은 퀘벡주 경제금고연합회의 민주주의 부재와 노동자들을 돕기 위한 첫 번째 사명에서 멀어졌다는 사실을 규탄하는 결의안을 채택한다.[155] 이 상황은 아마 전국노동조합총연맹에서 만든 노동자경제금고와 경제금고연합회 간의 편치 않은 관계와도 무관하지 않다.

처음부터 앙드레 로랭의 열의로 퀘벡시 중앙위원회 소속 5만 여 명의 노동조합 조합원들이 퀘벡시 노동자경제금고에 가입하면서 수도 지역 일부 경제금고들의 근심은 높아갔고, 그 결과로 경제금고연합회[156]의 불만도 쌓여갔다. 1973년 여름 경제금고연합회 이사회는 몬트리올시에서 설립될 노동자경제금고의 가입신청 승인을 거부한다. 사실 이사들은 "무이자 제도로 운영되는 경제금고를 더 이상 회원으로 받아들이지 않겠다"[157]고 결정하고, 심지어 특정 시점에서 이러한 형태의 세 금고들의 회원자격 정지를 결정하기 위한 투표까지 감행한다.[158] 수년에 걸쳐 퀘벡시 노동자경제금고 이사들은 경제금고연합회가 "프로젝트를 지원하기 위해서가 아니라 의무로 노동자경제금고를 받아들였다"고 믿었다. 그들은 "연합회 지도자들이 노동자경제금고 활동을 방해한다는 느낌을 받았다"[159]고 주장했다.

전국노동조합총연맹 또한 노동자경제금고를 배가하는 계획에 신중함을 보였다. 1974년 9월, 새로운 금고를 설립하기 전에 이미 존재하는 금고들에 집중할 것을 권고사항으로 채택했다.[160] 또한 〈금고〉 역시 방향을 선회하게 만드는 어려움을 겪고 있었다. 이러한 변화는 특히 이웃인 퀘벡시 전국노동조합 주민금고와의 합병을 통해 달성된다.

합병 : 계획을 이루기 위한 이념적이면서 실용적인 선택

앙드레 로랭과 레오폴 볼류는 그들이 만들려고 했던 새로운 형태의 경제금고가 출발할 때부터 자본력을 갖기를 원했고, 이를 위해서 퀘벡시 전국노동조합 주민금고를 전환하는 것이 그들의 애초 계획이었다는 것을 기억하자. 퀘벡시 노동자경제금고를 설립한 이유 중 하나가 주민금고 이사들이 열의를 잃었기 때문이었다. 그럼에도 그 후 몇 년간 두 협동조합은 재결합의 가능성에 대해 정기적으로 논의했다. 전혀 놀랍지 않은 것이 그 두 조합은 전국노동조합총연맹의 발의로 탄생되었고, 같은 건물에 입주해 있으며, 퀘벡시 중앙위원회의 노동조합원들과 노동조합들을 위해 서비스를 한다. 저축신용협동조합과 노동조합운동에 일어난 변화가 두 금고의 합병에 도움이 되었다. 그 중 하나가 1972년 발생한 분열로, 이는 전국노동조합총연맹 역사상 중요한 사건이다.

1972년 1월에 전국노동조합총연맹, 퀘벡주 노동자연맹, 퀘벡주 교육노동조합연맹, 이 세 개의 커다란 퀘벡주 노동조합연맹들은 공공 및 준공공기관들과의 협상 때 첫 번째 공동 전선을 형성하기로 합의한다. 협상은 파업으로 이어졌고 4월에 정부는 파업에 대한 응답으로 특별법을 채택했다. 세 노동조합 대표들은 정부 결정을 받아들이지 않기로 결정하고 1년 구형을 받게 된다. 1972년 5월 9일, 전국노동조합총연맹의 마르셀 페팽 위원장, 퀘벡주 노동자연맹의 루이 라베르주 위원장, 퀘벡주 교육노동조합연맹의 이봉 샤르보노 위원장이 형을 받기 위해 퀘벡시 법원으로 들어갈 때 수많은 노동자들이 그들을 호위했다. 세 지도자가 투옥되고 전선을 떠난 이 극적인 전개는 수년간 전국노동조합총연맹에 잠재했던 운영의 위기를 촉발했다.[161] 중앙연합에서 분열이 일어나고 이는 특히 민주노동조합연합Centrale des syndicats démocratiques, CSD 창립으로 이어진다. 역사학자 자크 루이야르Jacques Rouillard에 따르면, 다수의 노동조합원들은 1966년부터 "자본주의에 대한 더욱 급진적인 비판과 민주적 사회주의 추구"[162]를 향한 연합의 사상적 변화를 받아들이지 않았다. 이 사건은 또한 노동조합운동 내의 공공부문과 민간부문 사이의 어려운 관계에도 내재되어 있다.[163]

이 분열은 전국노동조합총연맹의 지도력에 중요한 영향을 미치게 되고, 전국노동조합총연맹 건물이 위치한 노동자의 거리 샤레스트 대로 155에 퍼져 나갔다. 이는 특히 퀘벡시 전국노동조합 주민금고 이사회 쇄신으로 이어졌다. 레오폴 볼류에 따르면, 퀘벡시 노동자경제금고가 수립한 프로젝트에 더 긍정적인 사람들이 협동조합 이사회에 결합했다.[164]

몇 해 후, 두 금고의 합병이 시작되었을 때 노동조합 사회에서는 합병에 관한 또 다른 사건이 일어나고 있었다. 1975년 12월, 총연맹 위원회는 몬트리올에서 회의를 연다. 재정상황 보고 때. 전국노동조합총연맹 위원장은 몬트리올시 전국노동조합 주민금고가 "중앙회를 비롯해 연맹들과 노동조합들에 형언할 수 없을 만큼 커다란 서비스를 제공하고 있다"[165]고 표명한다. 그는 1960년대 말부터 미셸 샤르트랑^{Michel Chartrand}이 이사장을 맡고 있는 협동조합과 더 많은 사업을 하도록 위원들에게 권유했다. 이 제안은 "운동을 위해 하나 또는 두 개의 금고에 노동조합의 자금을 위탁하는 방식에 대한 연구위원회"[166]를 구성하는 결의로 이어졌다. 이러한 상황에서 퀘벡시 전국노동조합총연맹 건물에 같이 입주하고 있는 두 금고의 동거는 그다지 적절해 보이지 않았다. 퀘벡시 노동자경제금고의 발전 가능성이 한계를 드러내면서 더욱 그러했다.

"우리는 한 푼의 이자 없이도 4,500명에 달하는 조합원들이 단기 저축을 〈금고〉에 예치하도록 설득하는 데 성공했다"[167]고 1975년 가을 〈금고〉 이사회는 명시한다. 그러나 이는 〈금고〉가 제안했던 모든 프로젝트를 완수한다는 기준에서는 충분해 보이지 않았다. 설립 첫 해에 〈금고〉는 1,441명의 조합원과 21만 달러 이상의 자산이 있었다. 2년 후에 3,788명의 조합원과 85만 달러의 자산에 이르는 놀라운 성장을 이루었다. 1976년 〈금고〉의 자산은 5,000명의 조합원과 120만 달러로 더 성장했다. "그 시대 경제금고들의 평균적 발전 그래프와 비교할 때 대단히 짧은 기간에 이루어낸 놀라운 성과"였지만, "초기의 야심찬 계획 수준까지 이르지는 못했다"[168]고 연구자 조엘 르보세는 평가했다.

이 숫자가 모든 것을 말하지는 않는다. 사실 〈금고〉의 이러한 진전은 노동조합들이 프로젝트에 참여한 덕분이다. 왜냐하면 개인 조합원들의 저축 평균 액수는 크지 않았기 때문이다. 1976년 개인 조합원 저축은 25%만 차지할 뿐 나머지는 노동조합 조직에서 나왔다.[169] 〈금고〉를 어려운 상황에 놓이게 한 이 현상은 그 역사 초기에 나타났다. 1973년 5월, "자주관리자들"은 예치를 더 촉발하기 위해 개인 조합원에게 편지를 보내자는 〈금고〉 회계사 르네 루아[René Roy]의 제안에 동의한다.[170] 이사들은 조합원들 간의 두 가지 구분되는 반응이 있음을 인식했다. 그들 중 일부는 "가능한 한 은행 활동을 〈금고〉로 이동하면서" 이자 0%로 적극적으로 가담했다. 또 다른 이들은 "이자를 원하는 일반인들처럼 경제적 계산"[171]을 했다. 그들은 출자를 약속했지만 급여 공제를 통해 저축이 입금되자마자 형식적으로만 예금을 하거나 돈을 인출해 갔다.[172]

이자 0% 정책에 조합원들이 그다지 열의를 보이지 않았던 것은 이미 정착된 관습을 바꾸는 것이 어렵기도 했지만, 특히 좋지 않은 경제적 상황도 한 몫 했다. 1970년대는 '스태그플레이션'의 시대였다. 경제는 정체되어 있었고, 1977년 퀘벡 실업률이 10%에 이르렀을 뿐 아니라 심한 인플레이션을 겪었다. 문제는 연방정부가 1975년 인플레이션 방지법 채택과 실행을 결정할 만큼 그 정도가 심해졌다. 〈금고〉는 인플레이션임에도 불구하고 저축 이자가 구매능력을 유지시킨다는 일반적 금융논리에 이의를 제기한다. 이 문제제기는 어려운 경제상황에서 조합원들에게는 그리 호응받을 만한 주장으로 보이진 않았다. 실제로 구매력 측면에서 1971년의 1달러가 1980년에는 48센트의 가치가 있었다는 점을 고려할 때, 이자 0%는 더 큰 부담이었다.[173] 이러한 관점에서 〈금고〉의 성장 가능성은 제한적으로 보였다.

1974년 6월 연례 정기총회 때, 〈금고〉 조합원들은 퀘벡시 전국노동조합 주민금고와 합병을 위한 논의를 시작할 것을 요구한다. 그런데 재결합의 실현을 위해서는 〈금고〉의 운영 방법에 대해 일부를, 특히 예금 이자 제도를 수정하는 것이 필요했다.[174] "0% 이자율은 노동자들을 위해 적합한 은행 모델을 찾던 우리에게 그 험난한 여정에서 벗어날 수 있도록 해 준 정책이다. 하지만 지금은 오히려 우리를 소외시킨다."[175]는 대목을 1975년 가을에 이사들이 채택한 문서에서 볼 수 있다. 그들은 동시에 특히 개인 예금 이자를 제안한 문구 채택을 총회에서 권고하기로 결정한다.

또한 합병은 새로운 금고 가입에 대한 질문을 던졌다. 이들이 회원으로 가입할 수 있는 선택으로, 퀘벡주 경제금고연합회나 데자르댕운동에 가입된 퀘벡시 주민금고 지역연합회에 가입하는 방안이 있었다. 그런데 데자르댕운동은 합병된 금고에게 발전 가능성을 제공하는 혁신적인 새로운 기술인 상호금융시스템^{inter-caisse}을 갖추었다. 그 전에는 해당 금고의 조합원들만 금고와 거래할 수 있었다. 예를 들어 퀘벡시 전국노동조합 주민금고 조합원이 몬트리올시 전국노동조합 주민금고에 예치하거나 인출하는 것이 불가능했다. 그런데 1970년부터 회계 전 과정의 모든 운영을 자동화하는 통합은행시스템^{SIC}이 구축됨에 따라 상호금융시스템의 길이 열리게 된 것이다. 1975년 퀘벡지역에서 시작되고 실행된 이 서비스 덕분에 조합원들은 통합은행시스템에 연결된 주민금고라면 어디서든 거래할 수 있게 되었다. 또 퀘벡주 경제금고연합회

보다는 퀘벡시 데자르댕 주민금고 지역연합회에 통합된 〈금고〉에 가입해야 이 시스템을 이용할 수 있었고, "노동자 금고의 진정한 지역화"[176]를 실행할 수 있게 되었다. 따라서 합병으로 탄생한 협동조합은 퀘벡시 지역연합의 데자르댕운동 대열에 합류한다.

이러한 맥락에서 합병위원회는 1975년 봄 첫 회합을 갖지만, 그 진전은 거의 3년간 늘어지게 된다. 합병된 금고의 첫 이사회가 1977년 2월 7일 열렸고, 두 금고 조합원 임시총회가 4월에 열렸다. 이어서 1978년 2월 합병을 공식 발표한다.[177] 처음에는 퀘벡시 전국노동조합과 노동자들의 주민금고la Caisse populaire des syndicats nationaux et des travailleurs réunis de Québec'로 불리었다가 곧 퀘벡시 노동자주민금고la Caisse populaire des travailleurs de Québec로 명칭을 바꾼다.

새로운 법인은 퀘벡시 노동자경제금고에서 입안한 프로젝트의 요소와 퀘벡시 전국노동조합 주민금고의 재정적 힘을 결합한다. "노동자들의 이익에 더 부합하는 사용"을 위해 "퀘벡지역 노동자들의 돈을 모은다"[178]는 첫 목표는 기본적으로 변하지 않았다. 조직은 여전히 자주관리 방식으로 운영되었다. 하지만 집단의 책임은 더 적었다.[179] 〈금고〉는 생활서비스를 계속 제공했다. 실제로 보험, 주유, 타이어에 대한 서비스뿐 아니라 재정 및 법률 상담서비스가 조합원들에게 제공되었다.

이러한 활동을 유지하는 것은 이자 0%를 폐지하기 위한 조건 중 하나였다. 더불어 "집단화의 확장"과 "기존 금융기관의 관행과는 다른 은행을 만들기 위한 변화 주체의 확장"[180]을 위해 "사회적

이자" 제도를 만들었다. 사회적 이자는 처음에 퀘벡 노동자를 위한 연구개발센터에 자금을 지원하는 데 사용되었다. 〈금고〉 조합원들이 총회를 구성하는 비영리조직이 1974년 창립되었다. 부여된 역할은 상황에 따라 변한다. 합병 이후 노동자들에게 유리한 노동 조직 형태에 대한 고찰과 정착을 위해 "기술적·정치적 자원"[181]을 만들기를 제안했다. 사회적 이자에 대한 숙고는 그 후 몇 해에 걸쳐 전개된다. 이 개념은 1980년대 초에 지원기금 설립과 함께 실제로 구체화되었으며, 다음 장에서 살펴볼 것이다.

〈금고〉 초기부터 중요한 역할을 해온 세 명의 활동가는 이 시대를 거치며 또 다른 사람들에게 그 역할을 넘긴다. 〈금고〉의 첫 총괄책임자 레오폴 볼류는 1976년 여름 전국노동조합총연맹의 회계재무담당으로 선출되었다. 그는 그 후 20여 년간 이 역할을 맡는다. 르네 루아가 합병 때까지 대행하고, 피에르 보드리가 이어받는다. 발전의 주역이었던 된 클레망 기몽은 부인과 남아메리카 여행을 위해 1977년 여름 무급 휴가를 갖는다. 귀국 후에는 전국노동조합총연맹 소속의 종이와 숲 연합^{Fédération du papier et de la forêt}에서 노동조합 협상 고문으로 활동한다. 앙드레 로랭은 건강상의 이유로 전국노동조합총연맹을 떠나 퀘벡주 건강 및 노동안전위원회^{Commission de la santé et de la sécurité du travail du Québec}에서 새로운 경력을 쌓아간다. 1978년 3월 13일에 마지막으로 〈금고〉 이사회에 참석한다. 노동조합연맹에서 보낸 20년 남짓 동안 그는 많은 업적을 쌓았고, 퀘벡 전역의 노동자들의 삶의 조건을 개선했다. 그렇게 한 시대가 경제 불황 속에서, 1981년 연례보고서에 실린 이 대목은 <금고>가 가장 중심에 두고 있는 것이 노동조합 투쟁 지원임을 보여준다. 그리고 사람들의 삶의 조건을 개선하기 위해 집단적 해결책을 지원하는 "두 번째 관점"을 추구할 것을 주장하고 있다. 퀘벡시 노동자주민금고, <1981년 연례보고서 (Rapport annuel 1981)>, 1982, p. 5.

총괄적 전망

최근 몇 년 동안, <금고>는 노동조합총연맹의 노동조합운동과 그들의 투쟁을 지원하는 프로젝트를 고안했다. 우리 활동의 핵심은 노동조합 투쟁에 대한 지원이다. 그렇기 때문에 우리는 다른 노동조합 조직들이 우리 프로젝트에 참여하기를 권한다.

그러나 올해 우리가 전념해야 할 주제는 이 두 번째 관점이라고 생각한다. 위기가 모든 일상생활을 강타할 때, 위기와 싸우고 벗어나기 위해 집단적 해결책을 상상하고 마련하는 것이 점점 더 시급해진다. 이러한 의미에서 다른 금고와의 합병, 우리 생활환경에 직접적으로 영향을 미치는 협동프로젝트를 촉진하는 것, 이 영역에서 싸우고 있는 조직들에 대한 구체적 지원은 우리가 계획에 반영하고 더욱 추구해야 한다. 이는 위기의 상황을 벗어나기 위한 것만이 아니라 일상의 모든 부분에서 일어나는 사활을 건 투쟁을 구체적으로 지원할 힘을 만들기 위함이다.

À la Caisse populaire des Travailleurs, on est différent parce qu'en plus de l'aide individuelle, on apporte une aide collective au mouvement syndical et populaire qui lutte pour que les travailleurs s'en sortent ensemble.

몇 년간 재수록되었던 1981년 연례보고서의 표지. 이 삽화는 시대적 감성으로 사람, 노동조합, 협동조합, 놀이방에 대한 지원을 나타내며, 문구는 <금고> 활동이 지닌 집단적 차원의 차별성을 보여준다. 퀘벡시 노동자주민금고, <1981년 연례보고서>, 1982, 표지 1.

노동자주민금고는 개개인을 돕는 것을 넘어, 우리가 처한 현실에서 벗어나기 위해 투쟁하는 노동조합운동과 민중운동에 협동으로 단결된 도움을 준다. 이것이 노동자주민금고가 다른 이유이다.

1979 - 퀘벡주 경제금고연합회와 데자르댕운동과의 만남

1962년부터 경제금고연합회 대표이사를 역임한 로베르 수프라와 데자르댕운동의 회장 알프레드 룰로(Alfred Rouleau)가 합병 절차에 서명한다. 알퐁스-데자르댕 역사연구소 자료실.

지나갔다.

두 금고의 합병을 공식화한 1년 후, 퀘벡주 경제금고연합회는 데자르댕운동에 가입한다. 1968년 정기총회 때, 연합회 조합원들은 퀘벡주 전체 저축신용협동조합 운동의 통합을 위한 결의안에 투표했다. 그 해 여름, 로베르 수프라는 감독기관과 교육 영역에 대한 협력을 논의하고 퀘벡주 경제금고연합회의 "잠재적인 제휴 가능성 타진"[182]을 위해 퀘벡시 데자르댕 주민금고 지역연합회의 부대표이사를 만났다. 합병은 물밑에서 진행되었다. 1975년 11월 두 연합회 최고 경영진은 합병 계획에 대해 논의하기 위해 모인다. 데자르댕운동 회장인 알프레드 룰로는 준비를 위한 시간을 요구하지만, 몇 해간 구체화되는 것은 아무것도 없었다.[183]

1970년대 말 퀘벡주 경제금고연합회의 미래는 어두웠다. "전산화, 수익성, 지속가능성의 문제들이 나타났다"[184]고 대표이사 로베르 수프라는 회상한다. 1979년에 다른 파트너들이 고려되지만, 데자르댕운동의 제안이 1968년 드러난 통합에 대한 바람에 부합하는 것이었기에 가장 관심을 끌었다. 모든 것이 갑자기 빠르게 진전되었다. 세 번의 만남을 통해 1979년 9월 19일 엄중하게 합병 협약서에 서명하기에 충분한 조건이 무르익었다.

데자르댕운동 내에 퀘벡주 경제금고연합회의 115개점, 55개 서비스센터, 21만 조합원, 3억1천만 달러 자산의 결합으로 부분적인 명의 변경이 불가피했다.[185] 10개 지역연합들은 지역연합회 fédération régionale로, '퀘벡시 데자르댕 주민금고 지역연합회'는 '퀘벡주 데자르댕 주민·경제총연합회 Confédération des caisses populaires et d'économie Desjardins du Québec'로 변경되었다. 이 합병에 대해 일간지 〈라프레스 La Presse〉는 "서민금융이 성숙기에 접어들었다"[186]고 보도했다. 하지만 1980년대 초 경제 상황은 이를 축하할 여지를 주지 않았다.

❖ 지도자들의 회고 ❖

조직들을 위한 강력한 금융기구

앙드레 로랑의 비전에 힘입어 노동자들의 금고가 첫 발을 내디뎠던 1970년대부터, 금융이 사회 발전에 공헌할 수 있는 새로운 길을 찾는 이 담대한 실험에 나는 열성적으로 동참했다.

2005년 내 직업 활동이 크게 줄어서 나는 더욱 실질적으로 프로젝트 실현을 위해 헌신할 수 있었고, 내 가치와 일치하는 특별한 활동의 장인 연대경제금고의 이사회에 참여하는 것이 내 활동의 우선순위가 되었다.

그곳에서 나는 수준 높은 실무진 외에도 조직을 위한 강력한 금융 도구이자 새로운 활력을 돋게 하고 서로 참여를 고무하는 교류의 장을 발견했다. 50년이 넘는 기간 연대경제금고는 그 명성이 퀘벡 국경을 뛰어넘는 강력한 금융기관으로 성장했다.

위베르 포르탱Hubert Fortin | 2대 부이사장

인간을 활동의 중심에 두는 〈금고〉

2002년 라노디에르지역 경제금고와의 합병 이래 나는 〈금고〉의 이사로 참여했다. 그 이유는,

- 〈금고〉는 사람들이 스스로 책임질 수 있는 능력을 기반으로 우리의 생활환경을 개선해갈 수 있다고 믿기 때문이다.
- 〈금고〉는 연대의 그물망을 구성하는 집단 실천을 지원하기 때문이다.
- 〈금고〉는 사업을 위한 사업이 아닌, 사업을 통해 사람과 사회를 발전시키고자 하기 때문이다.
- 〈금고〉는 인간을 그 실천의 중심에 놓기 때문이다.
- 〈금고〉는 더욱 정의롭고 더 많이 연대하는 사회 건설에 적극적으로 참여하기 때문이다.

이것이 임원으로서 내가 〈금고〉에서 자원봉사를 하는 이유이다.

테레즈 샤퓌Thérèse Chaput | 이사

4장

〈금고〉의 역할을 재정의하고 조직을 강화하다
: 퀘벡시 노동자주민금고
1978~1988

"협동조합운동은 주기성을 띠는가?" 역사가 가스통 데셴느 Gaston Deschênes 는 1978년 발표한 논문에 이 질문을 던졌다.[187] 다가올 10년에 대한 비관론과 함께 논문의 결론은 1960년에 시작된 발전 단계가 끝나가고 있음을 시사했다. 1980년대가 시작될 무렵의 상황으로는 이러한 우려가 근거 없는 것이 아니었으며, 모든 공동체운동으로 퍼질 수 있는 여지가 충분했다. 1970년대 연대의 물결은 퀘벡시 노동자주민금고에게는 일종의 썰물과 같은 경험이었다. 퀘벡시 노동자경제금고와 퀘벡시 전국노동조합 주민금고의 합병으로 탄생된 〈금고〉는 특히나 어려운 경제 정세 속에서 합병에 필요한 조정을 해야 했다. 〈금고〉 역사의 이번 단계는 힘들게 시작되지만, 시간이 지남에 따라 그 철학적, 재정적 성숙을 위한 토대를 마련해가는 것을 보게 될 것이다. 협동조합운동의 발전이 실제 주기적이라고 가정할 때, 새로운 정점에 다다르기까지는 정체기 또한 필연적으로 따르게 마련이다.

이 장에서는 1980년대 초 사회경제적 상황에 대해 간략히 소개한 후, 〈금고〉가 전국노동조합총연맹과 다른 노동조직들과의 관계를 강화하면서 어떻게 "노동자들을 위한 금융기관"으로 계속 존재하는지 살펴볼 것이다. 몬트리올시 전국노동조합 주민금고와의 합병을 모색하면서 〈금고〉는 점차적으로 금고만의 독창성을 발전시켜간다. 이 시기 동안 〈금고〉는 협동조합 프로젝트와 재정상황 및 금융 전문성을 강화한다. 협동조합 조직개편을 실행하고 퀘벡주 데자르댕 경제금고연합회에 가입하기 위한 내부 조정을 함으로써 두 조직의 통합 마지막 단계를 거치며 그 결실을 맺게 될 것이다.

경제불황, 그리고 보수주의와 개인주의의 등장

1970년대 인플레이션이 고조되면서 일부 연구자들은 불황을 예측한다.[188] 1980년 캐나다에 불황이 닥쳐왔다. 퀘벡주에서도 6.5% 이상 생산력이 감소하고, 구매력은 11.5% 줄었으며, 실업률은 13.8%에 이르는 등 경제 침체가 심각했다. 이듬해에 회복세가 빠르고 강하게 일어났지만 이 위기로 인해 많은 실업자가 발생하고 국가 및 개인 부채도 증가했다.[189] 일부 역사가들에 따르면,

이 불황으로 조용한 혁명의 종식을 알리는 임계점에 다다랐고, 국가와 사회경제적 모델에 대한 문제제기를 불러일으켰다. 국가 개입 축소를 지지하는 이들이 점점 더 늘어났고, 이는 퀘벡주와 캐나다에 영향을 미쳤다.[190] 1984년 브라이언 멀로니가 이끄는 진보적 보수당Parti progressiste-conservateur이 오타와 권력을 장악했다. 보수주의 부흥은 1979년 대처수상이 당선된 영국과 1981년 로널드 레이건이 대통령으로 당선된 미국에서 몇 년 더 일찍 시작되었다.

퀘벡주 협동조합연합회*의 역사에서 크리스티앙 라마르는 이 시기를 "인상적인 연대의 흐름을 탄생시킨 1930년대 위기와는 달리, 1980년대의 위기는 개인의 생존본능과 '자기 자신만을 위한' 시대로 점철"[191]된다고 썼다. 이러한 현상은 협동조합의 성장에 유리하지 않았다. 실제 이 10년 동안, 협동조합상점연합회Fédération des magasins Coop, 퀘벡주 어업연합Pêcheurs unis du Québec과 공제조합연합회Fédération des caisses d'entraide économique, 이 3개의 협동조합연합이 문을 닫았다.

데자르댕 금고운동도 불황을 피할 수 없었다. 1981년 1월에 경제 관련 잡지인 〈레자페르Les Affaires〉는 1,367개 금고 중 248개점이 적자가 났다는 조사결과를 실었다. 그 중 일부 금고들은 풍랑을 헤쳐 나가기 위해 새로운 안전기금의 도움을 요청해야 했다.[192]

---

* Conseil québécois de la coopération et de la mutualité, 퀘벡주 사회적경제를 이루는 세 가지 형태인 협동조합, 금융협동조합, 경제사업을 하는 비영리단체 중 3,000여 협동조합과 금융협동조합의 연합회. 1940년에 설립됨. https://www.cqcm.coop/ −옮긴이

담보대출 이자율이 크게 상승함에 따라 금고들은 조합원들의 재산압류 증가를 최대한 방지하기 위해 다양한 방법을 채택했다.[193]

　사회운동 전반이 같은 어려움을 겪었다. 불황 속에서 전국노동조합총연맹을 포함한 일부는 1980년 5월에 있을, 퀘벡주가 캐나다로부터 주권을 독립할 것에 대한 국민투표에서 "찬성"할 것을 알렸으나 투표결과는 그들의 기대에 부응하지 못했다.[194] 2년 후 피에르-엘리오 트뤼도의 연방정부가 퀘벡주와 합의 없이 캐나다 헌법을 송환*하기로 한 결정은 민족주의자들의 실망감을 더욱 부추겼다. 1982~1983년에 걸쳐 진행된 공공부문 관련 협상은 노동조합의 앞길을 더욱 어둡게 했다. 30만 공공부문 노동자들의 노동조건은 퀘벡당Parti québécois 정부의 특별법으로 결정되었다.[195] "경제위기와 국가 및 기업가들의 공격으로 노동조합운동은 심각한 좌절을 겪었다"[196]는 것을 전국노동조합총연맹과 퀘벡주 교육노동조합연맹이 그 시대에 제작한 책을 통해 알 수 있다.

　이 불황은 10년 동안 노동조합운동이 여러 가지 새로운 프로젝트를 시도하는 데 큰 영향을 미쳤다. 1982년 4월 정부가 소집한 퀘벡주 경제대표자회의**에서 퀘벡 경제를 지원하고 일자리 창

---

* 캐나다 헌법 송환(Le rapatriement de la Constitution canadienne)은 캐나다가 영국의 동의 없이 스스로 헌법을 수정할 수 있게 된 과정을 말함. 송환은 1982년 엘리자베스 2세 여왕의 캐나다 법안에 대한 왕실의 동의로 이루어짐. 퀘벡주는 프랑스-캐나디언들이라는 지역특성상 주권독립을 요구하고 있었고, 캐나다 독자적 헌법을 제정할 것을 주장하며 영국 헌법 송환을 반대함. 캐나다 연방정부와 주정부들의 회의가 진행되던 시기에, 회의를 마친 밤에 퀘벡주만 빠진 상태에서 연방정부와 주정부들이 헌법 송환을 승인함.-옮긴이

** 1977년과 1979년에 이어 당시 집권당이었던 퀘벡당이 조직한 세번째 회의로, 정부, 노동조합, 사업주 대표자들이 참석함. https://lignedutemps.org/#evenement/45/1982_sommet_economique_de_quebec - 옮긴이

1981 - 공공서비스 지키기

양질의 공공서비스를 수호하는 것은 항상 전국노동조합총연맹 실천 활동의 핵심이었다. 1981년 6월 몬트리올 시내에서 있었던 시위에 수천 명이 참여했다. 전국노동조합총연맹의 재무담당인 레오폴 볼류, 몬트리올 중앙위원회 위원장인 제랄드 라로즈, 전국노동조합총연맹 위원장인 노르베르 로드리그 그리고 전국노동조합총연맹 사무총장인 실비오 가뇽이 행진의 선두에 섰다.
전국노동조합총연맹 자료실. 출처 : 퐁닥시옹

출과 유지를 목적으로 하는 퀘벡주 노동자연합 연대기금 조성이 처음으로 공식적으로 제기되어 1983년 빛을 보게 되었다.[197]

전국노동조합총연맹에서 "전국노동조합총연맹의 집합적 기구"라는 이름의 조직이 재무담당 레오폴 볼류의 주도하에 등장하여 십 년을 이어간다. 1985년 3월 퀘벡에서 열린 사전대회에서, 제랄드 라로즈 위원장은 노동자 저축 문제에 대해 논의한 집행위원회 보고서를 제출했다. "우리는 자주 경제운영을 신비화하는 경향이 있다. 마치 우리가 그에 필요한 지식을 습득할 수 없다는 듯이, 마치 우리가 경제운영을 더 잘할 수 없거나 기존과 다른 방식

1982-금융위기

1980년대 초 세계적 금융위기가 들이닥쳤다. 캐나다에서는 이자율이 21%에 육박했고 퀘벡의 실업률은 11.3%까지 상승했다. 11월 21일, 전국노동조합총연맹, 퀘벡주 노동자연합 연대기금(FTQ), 퀘벡주 교육노동조합연맹(CEQ)이 함께하는 노동조합 공동전선 시위에 오타와에서만 10만 명의 사람들이 모였다. 전국노동조합총연맹 자료실. 출처 : DVD 전국노동조합총연맹, "되살아나는 90년의 역사", [영상녹화], 2011.

으로 하는 것이 절대 불가능한 일인 것처럼, 우리가 예금을 모아서 민중의 공동이익을 위해 서비스하고자 하는 아이디어가 마치 실현 가능성이 없는 희망에 불과하다는 듯이"라며 한탄했다. "하지만 전국노동조합총연맹을 통해 우리는 이러한 생각과는 정반대의 경험들을 이미 쌓았다. 특히 몬트리올시와 퀘벡시의 두 주민금고를 생각해보자. 퀘벡시 노동자금고를 발전시킨 참여 방식은 주목할 만하다."[198]며 지향하는 바를 꾸준히 실천해가는 전국노동조합총연맹의 라로즈 위원장은 협동조합 활동과 그 특별한 접근 방식에 대해 설명했다.

이 몇 줄의 언급은 1980년대 〈금고〉의 발전과 역할에 대해 많은 것을 말해준다. 수년 동안 퀘벡시 노동자주민금고는 노동조합연맹의 경제영역과 당시 "민중운동" 분야에서 주목받는 조직이었다.

퀘벡시 노동자주민금고: "노동자들을 위한 금융기관"

퀘벡시 노동자주민금고를 탄생시킨 합병 이후 경영진은 1978년 2월과 1979년 3월에 있었던 회합에서 새로운 조직의 방향을 정한다. 이 과정에서 노동자들의 저축이 노동조합운동 지원을 위해 모일 수 있도록 전국노동조합총연맹과 함께한 것이 적절했음이 더욱 분명해졌다. 이것이 퀘벡 샤레스트 155에 위치한 두 금고의 합병을 성사시킨 요인 중 하나이다. 또한 몬트리올시 전국노동조합 주민금고와 좀 더 일반적으로는 전국노동조합총연맹 자체에서 채택했던 실행 방향이었다.

이전에 퀘벡시 전국노동조합 주민금고와 퀘벡시 노동자경제금고가 그랬듯이 이 저축신용협동조합은 전국노동조합총연맹과 협력하기로 결정했다. 사회를 변화시키고자 하는 열망은 유지하면서 접근방식은 진화시켰다. 경영진은 "노동자금고는 필요한 변화를 조직 스스로 이룰 수 있을 것이라고 주장하지 않는다"며 다음과 같이 덧붙였다. "노동자금고는 노동자가 연대할 수 있는 공간이자 착취 상태에 있는 지역을 조직할 수 있는 특화된 플랫폼을 구성할 수 있다."[199]

　연대저축과 연대대출은 실행방향을 적용한 최고의 사례를 여실히 보여준다. 연대저축 예치는 이자를 포기하는 것이다. 그들이 포기한 이자는 오히려 연대대출에 부여된 이자와 비용을 충당하는 데 사용된다. 본래 이 협동조합 서비스는 쟁의중인 노동자들만을 위해 만들어진 것이지만, 이는 빠르게 "노동자와 민중 운동에 관련된 프로젝트"[200]에 더욱 널리 제공되었다. 기금 작동방식은 계속해서 진화하고 다양화되었다. 처음에 연대기금Fonds de solidarité 으로 불렸던 기금은 1980년대 초에 "퀘벡 기업들의 노동자 지원기금"[201]이라는 명칭의 비영리단체 형태로 통합된다. 소박하게 출발한 2년 후, 이 기금은 1984년 11월 30일에 초기 목표를 뛰어넘어 40만 달러에 이르게 된다. 20년 후에는 연대공동행동 지원기금

연대를 실천한 기금
사용 내역을 알리는 소식지
연대저축에 가입한 조합원들은 무이자로 빌려준 금액 사용에 대한 연말결산서를 받는다. 2014년에 기금 창립 32주년을 맞았다.

이상적 민주주의를 추구하며

퀘벡주 교육노동조합연맹의 앙드레 테리앙과 전국노동조합총연맹의 레오폴 볼류는 〈금고〉 행정에 헌신했다. 그들은 지역사회와 함께 실천하면서 불의에 맞서 싸웠다.

알퐁스-데자르댕 역사연구소 자료실, 사진촬영 클레망 알라르(Clément Allard), 1996.

Fonds de soutien à l'action collective solidaire으로 바뀐다. 지금까지도 이 기금은 여전히 존재하며 150만 달러 이상으로 성장했다. 〈금고〉의 역사 속에서 퀘벡시 노동자경제금고의 0% 이자율은 지속적으로 구현된다. 이 서비스는 경제상황이 좋지 않거나 노동쟁의가 많은 때일수록 더욱 두각을 나타냈다.

〈금고〉는 도움을 주려고 노력했지만 경제 상황은 어려움을 겪고 있었다. 1977년부터 1982년까지 6년 중 5년간 적자를 기록했다. 노동조합연맹과의 보다 긴밀한 연대는 〈금고〉의 재정상황을 강화시켰다. 1982년 연례보고서에서 자크 푸아트라 이사장은 계속해서 노동조합 기금을 통합하고 전국노동조합총연맹의 참여를 확대했다고 발표했다. 연맹의 재무담당이자 〈금고〉의 전 총괄책임자 레오폴 볼류는 모든 노동조합들에게 〈금고〉 또는 몬트리올 금고에 기금을 예치할 것을 제안했다.[202] 1980년과 1985년 사이에 자산은 9백만 달러에서 2천7백 달러로 세 배 증가한다. 1980년대 말, 이렇게 획득한 보다 견고한 기반을 바탕으로 〈금고〉는 행동 범위를 넓히며 더욱 야심찬 계획을 세울 수 있었다.

그러는 동안 〈금고〉는 전국노동조합총연맹과의 협력을 넘어 노동조합운동과의 제휴를 넓혀갔다. 1980년대 초 〈금고〉는 퀘벡주 교육노동조합연맹 la Centrale de l'enseignement du Québec, CEQ과 제휴한다. (퀘벡주 교육노동조합연맹은 2000년에 전국노동조합총연맹과 친화성 있는 퀘벡주 노동조합연맹 Centrale des syndicats du Québec, CSQ으로 바뀐다.) 두 조직은 가톨릭 노동조합주의와 맥을 같이하며 이들은 1970년 중후반에 통합을 시도한 바 있다.[203] 교육노동조합연맹이 1985년 여름에 〈금고〉에 첫 예금을 한 후 〈금고〉는 교육노동조합연맹과 많은 시간을 함께한다. 이후 이들의 관계는 25년 이상 지속된다.[204]

전국노동조합총연맹과의 긴밀한 관계는 협동조합 성장에 도움을 주었다. 그들은 또한 10년 동안 다양한 프로젝트에 참여했다. 그 중 가장 중요한 것은 몬트리올시 전국노동조합 주민금고와의 합병을 통해 노동운동을 위한 전국금고를 설립한 것이었다.

집단적 금융기구로서 전국금고: 노동조합운동과의 협력

　1975년 노동조합운동을 위해 노동조합 자금을 하나의 금고로 통합할 것을 장려하는 결의안이 채택되었다. 이 방향으로 진행하기 위한 조치가 이미 취해졌으나 해야 할 가장 중요한 것이 남아있었다. 1982년 11월 10일, 몬트리올시 전국노동조합 주민금고 이사회는 〈금고〉로부터 합병의 가능성에 대해 논의하자는 공식 제안을 받았다. 퀘벡시에서 1983년 2월 28일에 열린 연례총회 때, 〈금고〉 조합원들은 이 조치의 장점에 대한 규명과 실현가능성에 대해 조사할 것을 이사들에게 위임한다.

　몇 해 전에 있었던 퀘벡시 전국노동조합 주민금고와 퀘벡시 노동자경제금고의 합병을 언급하면서, 〈금고〉 이사장 자크 푸아트라는 "오늘의 경제 정세와 우리의 프로젝트를 추구해가고자 하는 열망은 우리에게 또 다른 시도를 결행하게 한다. 이 새로운 출발, 그것은 바로 라노디에르지역 경제금고를 포함하는 몬트리올시 전국노동조합 주민금고와의 합병이다."[205]라고 조합원들에게 발언한다. 라노디에르지역 협동조합과 〈금고〉, 그리고 1970년대 초 그들 협력의 공통된 근원을 상기하자. 그러나 이 합병 계획은 몬트리올시와 퀘벡시에 있는 금고들에 집중한다. 그 금고들은 노동조합연맹과 근 60년 넘게 교류해왔다. 이미 몇 해 전부터 그 금고들에게는 노동자 저축을 모으는 것이 토론의 중심 주제였다.

　두 협동조합은 유사점들과 함께 차이점도 있었다. 1984년 초,

몬트리올시 금고가 2,600명의 조합원과 3천만 달러의 자산을 기록할 때, 퀘벡시의 금고는 4,700명의 조합원과 1천5백 달러의 자산을 기록했다. 퀘벡시 금고는 몬트리올시 금고보다 두 배 많은 조합원이 있었지만, 몬트리올시 금고는 퀘벡시 금고보다 두 배 높은 자산을 보유하고 있었다. 역설적으로, 항상 '주민금고'였던 몬트리올시 협동조합은 예전에 경제금고로 구성된 퀘벡시 협동조합보다 더 '단체금고'처럼 보였다.[206] 퀘벡시 노동자주민금고는 사실상 개인조합원들이 더 많았다. 퀘벡시 노동자경제금고가 지속하고 있는 프로그램 중 몇 가지 요소는 퀘벡시 금고와 동지적 관계인 대도시 몬트리올의 금고와 차별성을 보인다.

"노동조합과 민중 운동을 위한 전국금고"[207]의 탄생, 이것이 합병 프로젝트의 핵심 구상이었다. 합병에는 네 가지 목적이 있었다. 첫째, 노동자들의 돈으로 이루어진 "기금의 저장소를 보다 효과적으로 사용"[208]하기 위함이었다. 합병은 또한 새로운 금융기관이 퀘벡 전역으로 확대·발전해갈 수 있는 가능성을 보장할 것이다. 그 결과로 합병은 퀘벡 노동조합 및 민중 운동에 최선의 지원을 할 수 있을 것이다. 마지막으로, 전국금고는 연금이나 보험 운영과 같은 "새로운 활동 영역"[209]을 발굴해갈 것이다.[210] 이 네 가지 목표는 전국노동조합총연맹의 활동방향과도 연결되어 있지만 합병으로 탄생될 금고의 자율성은 확실히 보장되었다.[211]

퀘벡주 전체를 아우르는 통합된 하나의 금고를 설립하는 아이디어는 합병 추진자들에게 1970년대 초 앙드레 로랭의 계획을

Pour une concentration de nos forces

De 1977, convaincus que nous visions les mêmes objectifs et qu'il étant de l'intérêt du projet qui nous animait nous avons procédé à la fusion de notre caisse d'économie et de notre caisse populaire. Aujourd'hui, tant la conjoncture que la poursuite de notre projet nous invitent à franchir un nouveau cas. Ce nouveau pas, c'est la fusion avec la Caisse populaire des Syndicats nationaux de Montréal, laquelle fusion pourrait également inclure la Caisse d'économie de Lanaudière. Nous précisons immédiatement que quant à nous, nous n'éliminerons pas la possibilité que d'autres caisses d'économie auxquelles nous faisions allusion un peu plus haut, s'associent à notre démarche. Mais pour l'instant, nous croyons que compte tenu de l'histoire de chacune de ces trois [3] caisses, il leur revient de lancer le projet. Évidemment, il ne s'agit encore que d'un projet, dans le sens où aucune décision n'a été prise jusqu'à présent. Mais les premiers échanges que nous avons eus à ce sujet, tant avec les caisses concernées qu'avec la CSN, nous permettent de croire que les conditions sont propices à sa réalisation.

Notre intention n'est pas à ce moment-ci, de préciser tous les contours du projet. Nous devrons le faire à l'initiateur d'une démarche conjointe des trois [3] caisses. Mais dès à présent, nous pouvons indiquer que c'est la conviction que la fusion nous permettra d'être un meilleur outil au service des travailleurs et travailleuses du Québec, qui nous motive à aller de l'avant. Car si la fusion nous permet dans un premier temps d'unir les forces de nos trois [3] caisses, elle rend possible dans un second temps, surtout avec l'association éventuelle d'autres caisses, un élargissement de notre action à l'échelle du Québec. Et dans ce cadre, il nous deviendra possible de réaliser davantage notre objectif premier soit, de REGROUPER L'ARGENT DES TRAVAILLEURS ET DES TRAVAILLEURS DU QUÉBEC POUR LE METTRE À LEUR SERVICE, AU SERVICE DE LEURS INTÉRÊTS.

노동조합운동과 민중운동을 위한 전국금고

<금고>가 퀘벡시와 몬트리올시 및 라노디에르지역 금고들과의 합병을 통한 전국기금에 대한 계획을 발표한 1981년 연례보고서에서 발췌한 내용. 실제로 실현되는 데에는 20년이 걸렸다. 퀘벡시 노동자주민금고, <1981년 연례보고서(Rapport annuel 1981)>, 1982, p. 5-6.

우리의 힘을 집중하기 위해

1977년 우리의 목표가 같다는 것과 우리를 고무시킨 계획이 우리를 위해 유익한 것임을 확신하면서, 경제금고와 주민금고의 합병을 실천했다. 지금의 경제상황과 프로젝트의 추구는 우리를 새로운 단계로 이끌고 있다. 이 새로운 단계는 라노디에르지역 경제금고를 포함할 수 있는 몬트리올시 전국노동조합 주민금고와의 합병이다.

우리는 우리가 위에서 언급한 다른 경제금고들이 우리 과정에 참여할 가능성을 열어둘 것이다. 그러나 현재로서는 세 금고들 각각의 역사를 고려할 때, 합병은 그들에게 달려있다고 믿는다. 물론 아직 현재까지 어떠한 것도 결정된 바가 없다는 점에서 그저 계획일 뿐이다. 하지만 관련된 금고들과 노동조합총연맹과 같이 초반 논의한 상황으로는 합병 계획이 실현가능할 것이라고 믿는다.

우리 목적은 지금 당장 합병에 관련한 윤곽을 명확히 하자는 것이 아니다. 우리는 세 금고들이 공동으로 시작할 수 있는 방식으로 작업을 진행해야만 한다. 그러나 지금부터 우리는 합병을 통해 우리가 앞으로 나아갈 수 있도록 동기를 부여하는 것이 퀘벡주 전역의 노동자들을 위해 더 나은 서비스 도구가 될 것이라고 확신한다. 그 이유는, 합병을 통해 세 금고가 갖고 있는 강점들을 통합할 수 있다면, 특히 다른 금고들과의 연합으로 이어질 수 있을 것이고, 그 다음 단계로 퀘벡주 전체 금고 연합으로 확장해갈 수 있을 것이기 때문이다. 그리고 이러한 맥락에서 우리는 노동자들의 이익과 그들에게 필요한 서비스를 위해 퀘벡 전역의 노동자들의 돈을 모으고자 하는, 우리의 주요 목표를 달성할 수 있을 것이다.

떠올리게 했다. 앙드레 로랭은 퀘벡주 전체 네트워크 형성을 위해 각 중앙위원회에 노동자경제금고를 세우고 싶어 했다. "오늘날 바뀐 방식이 바로 이 합병이다."[212]라고 말할 수 있다. 목표는 변함없지만 금고들의 네트워크는 전국금고로 대체되었다.

1984년 초기에 합병에 관한 합의서가 작성되었다. 5월에 이 계획은 몬트리올에서 열린 52회 전국노동조합총연맹 대회 때 "많은 관심 속에서"[213] 환영받았다. 희망을 이루기 위해 갈 길이 아직 멀기에 이 출발의 성공을 축하하기보다는 시작된 작업이 지속될 수 있도록 격려해야 했다. 퀘벡 노동자주민금고의 정기총회에서 조합원들은 탄생될 기관의 비전에 대해 어떠한 차이가 있음을 인지한다. "몬트리올에서는 금고의 특수성이 서비스를 받는 고객으로 제한되어야 하며, 적용은 기존에 확립된 방식으로 유지되어야 한다고 생각한다."[214]는 대목을 연례보고서에서 읽을 수 있다. 금고들의 합병은 수많은 질문에 대해 답해야 하는데 이는 복합성을 증가시키는 몇 가지 특수성을 포함한다. 일례로 퀘벡주 노동자지원기금을 보자. 몬트리올 교섭자들은 그것을 미래의 전국기금과 완전히 분리시키기를 원했다. 그들은 그 책임과 촉진 및 행정을 외부 조직에 맡기고 싶어 했다.[215]

이 토론은 이후 몇 해에 걸쳐 계속된다. 전국노동조합총연맹의 재무담당인 레오폴 볼류는 합병을 촉진하고자 했다. 그는 특히 1985년 5월과 6월에 두 금고의 공동 이사회를 소집한다. 몇 가지 차이점은 있었으나 주요사안에 대한 합의가 이루어진다. 1987년 봄, 퀘벡시 금고 조합원들은 두 협동조합 지도자들이 "합병에 대한 공통 권고를 받아들였다."[216]는 것을 알게 된다. 이 협약에 대해 알리는 임시총회가 6월에 개최된다. 하지만 이 계획이 구체화되는 것은 더 늦어진다. 퀘벡시 노동자주민금고는 경제금고연합회로 다시 돌아가게 될 소속 변경을 포함하여 일부 쇄신을 겪는다. 이에 대해서는 다시 언급될 것이다. 1989년 중후반, 두 금고 경영진은 기존 합병 계획을 현실화할 필요성에 동의하지만, 이 제안에 대한 어떠한 후속조치도 이어지지 않은 것으로 보인다.[217]

그 동안 퀘벡시 노동자주민금고에서는 또 다른 두 번의 합병이 구체화되고 있었다. 1973년 〈금고〉는 샤를르부아 교육자경제금고와의 토론을 시작했다. 중단된 채로 있던 이 논의는 10년 후에 다시 재개된다.[218] 그 결과 합병은 1987년 3월에 공식화되었다. 그 해 말, 퀘벡 배관공과 전기공 경제금고가 퀘벡시 노동자주민금고 대열에 합류한다. 이 또한 오랜 기간에 걸쳐 진행된 계획이었다. 1977년 합병이 구상되었다[219]. 이 두 경우 모두 〈금고〉의 발전 주체인 클레망 기뇽이 중요한 역할을 했다. 5년여 간의 무급휴가 후 복귀한 그는 여러 중요한 서류작업에 참여한다. 그는 특히 몬트리올시 전국노동조합 주민금고와의 합병위원회에 참여한다. 1980년대 중반에 그는 총괄 관리자로서 〈금고〉의 총괄책임자를 맡는다.

전국금고 프로젝트가 구체화되기까지는 시간이 걸렸지만, 퀘벡시 금고와 몬트리올시 금고는 전국노동조합총연맹이 구상하는 경제기구들을 발전시키기 위해 같이 활동했다. 이 기구는 또한 퇴직기금 조성을 포함해서 합병이 추구하는 목표와 무관하지 않았다. 예를 들어 집단 퇴직연금제도를 창설하면서 퇴직기금을 통해 노동자의 돈을 모을 가능성은 이미 전국노동조합총연맹에서 논

새로운 프로그램 : 집단 퇴직연금제도

<1983년 연례보고서>에서 집단 퇴직연금제도에 대해 소개함. 이 새로운 프로그램은 은퇴를 준비하기 위한 저축이 가능하도록 전국노동조합총연맹과 협력하여 개발되었다. <금고>는 이 분야의 선구자였다. 퇴직연금제도는 1986년부터 데자르댕금고에서도 시행되는데, <금고>는 그 시범 프로젝트를 이미 1983년에 실행했다.

퀘벡시 노동자주민금고, <1983년 연례보고서>, 1984, p. 5.

작년 조합원 총회 때 우리는 지난 몇 년 동안 우리가 수행한 다양한 발전 경험들을 면밀히 살펴보고 필요한 경우 프로젝트 전반에 걸쳐 소스에 대해 추론을 재배치해야 한다고 언급한 바 있다. 이 검토의 일환으로 올해 금고에 새로운 서비스인 퇴직연금제도를 개발했다. 퇴직연금제도의 세부 작동방식에 대해서는 다루지 않을 것이다. 노동조합총연맹과 협력으로 실행한 첫 번째 평가에 의하면, 협동연금제도는 유효한 은퇴제도 중 매우 유리한 방법이다. 참여하는 사람들에게 이익이 된다면, 퇴직연금제도는 또한 <금고> 직원들을 위한 것이기도 하다. 퇴직연금을 시작할 수 있는 저축액이 얼마나 되는지 파악하기 위해 노동자들이 매년 연금에 투자할 수 있는 금액의 규모만 생각하면 된다. 분명한 것은, 이 연금시장이 하룻밤 사이에 정복될 수 있다고 생각하지 말아야 한다는 것이다. 우리는 현재 노동조합총연맹과 현실적인 개발 전략을 수립하기 위해 협력하고 있다. 우리는 반드시 다시 이 주제를 놓고 이야기할 것이다. 샤위니간의 카르브루 공장 노동자들을 위한 퇴직연금제도가 그 첫 포문을 열어, 200명의 노동자들이 속한 노동조합의 요청에 따라 올해 시행할 것이라는 것을 밝히며 마친다.

의된 바 있었다. 1984년 대회에서 이 구상은 그 전 해 퀘벡시 노동자주민금고에 의해 실현된 일종의 시범 프로젝트를 기반으로 했다. 샤위니간의 카르뷔르^{Carbure} 노동조합 조합원들의 요구로 〈금고〉는 퇴직연금제도를 실험했다. 하지만 첫 해 말에 〈금고〉는 전국노동조합총연맹의 도움으로 노동범위에 따라 이 제도의 발전 전략을 수립해야함을 확인한다.[220]

이 경험은 특히나 혁신적이다. 집단 퇴직연금제도가 1986년부터 금고네트워크에서 제공될 것이기 때문에, 데자르댕운동 내에서는 이 실행에 대해 〈금고〉를 최일선에 배치했다.[221] 〈금고〉와 샤위니간 노동조합원들의 프로젝트에 힘입어 전국노동조합총연맹 퇴직기금에 대한 연구는 1987년 가을 바티랑트[*]를 탄생시킨다. 현금자산이 몬트리올시 금고와 퀘벡시 금고에 예치된 이 집단 퇴직연금제도[222]는 연맹에 가입된 노동조합 조합원들을 우선 대상으로 했다.

두 금고는 같은 해에 탄생한 또 다른 전국노동조합총연맹 집단 기구를 만드는 데에 협력한다. 이 새로운 기구인 퀘벡주 일자리 창출과 유지를 위한 단체는 현재 MCE컨설팅[**]이다. 1988년 전

---

[*] Bâtirente, 캐나다 가톨릭노동자총연맹의 주도로 1987년 설립된 집단 은퇴기금제도. 300개의 노동조합으로 구성된 23,000명의 노동자가 이 제도에 따라 필요한 연금혜택을 누릴 수 있다. https://www.batirente.com/profil - 옮긴이

[**] MCE Conseil, 조직의 전반적인 성과향상을 돕는 종합 서비스 지원 기관. 1987년에 설립되어 경제, 금융, 회계, 마케팅, 조직개발, 관리, 훈련 분야의 전문 컨설턴트 구성되어 있음. 협동조합과 사회적경제 기업 지원에 집중함. - 옮긴이

2009−루아 바이올린 오케스트라*는 노동자들에게 더 나은 은퇴 후 삶을 보장한다

루아 바이올린 오케스트라 노동자들의 요구로 경영진은 집단 퇴직연금 프로그램을 제공하기 위해 연대경제금고와 함께 콘서트를 연다. 이 새로운 제도는 그들 중 일부가 은퇴에 대한 아무런 준비가 없었기 때문에 매우 인기가 높았다. 게다가 고용주들이 제도 운영을 지원하기로 결정했기 때문에 노동자들은 집단 퇴직연금제도에 더 고마워했다. 사진 촬영 : 데이비드 캐논(David Cannon). 루아 바이올린 오케스트라 자료실.

국노동조합총연맹 대회에서의 발표에 따르면, 이 새로운 조직의 역할은 다음과 같다. "우리는 일자리가 위협받을 때와 직장 폐쇄 발표가 있을 때, 기업의 경제적 상황을 분석하거나 일자리 창출을 위한 새로운 활동의 제안을 위해 이 조직의 도움을 받을 수 있다."[223] 이 조직은 노동자협동조합 설립을 지원하는 활동을 할 수 있다. 퀘벡시 노동자주민금고 연례보고서는 MCE컨설팅 설립이 퀘벡시 노동자경제금고 시대의 "오래된 꿈"을 실현하는 것이라고

---

* Les Violons du Roy 1984년 창립한 오케스트라. 15명으로 구성된 이 악단의 이름은 프랑스 왕궁의 유명한 현악 오케스트라에서 영감을 받아 지음. 퀘벡을 근거지로 두고 있으며 세계적으로 유명한 악단. http:// www.violonsduroy.com/fr/a-propos/les-violons-du-roy - 옮긴이

선언한다. 실제로 일자리 유지와 창출을 위한 단체의 목표는 퀘벡 노동자를 위한 연구와 개발, 특히 노동현장의 민주화를 위한 센터를 통해 이루려 했던 노동자금고의 계획과 일치한다.[224]

전국노동조합총연맹의 집단기구 설립에 늘 함께했던 〈금고〉는 퀘벡주 민중발전기금 조성 계획에 참여한다. 1985년 8월 20일 〈금고〉 이사회에서 클레망 기몽이 이 문서를 소개했다. 그는 퀘벡주 노동자연대기금과 유사한 새로운 노동자기금으로 "전국노동조합총연맹을 기반으로 하는 노동자협동조합이나 다른 협동조합들의 프로젝트에 자금을 지원할 수 있을 것"[225]이라고 설명했

Un mot sur notre implication dans le **Groupe de consultation pour le maintien et la création d'emploi au Québec**. En 1975, avec l'objectif de mettre à la disposition des groupes et organisations que nous desservions, des services administratifs et conseils, nous avons formé le Centre de recherche et de développement des Travailleurs réunis du Québec. Faute de moyens, le projet n'a jamais vraiment pu prendre son envol. Plus récemment, le même scénario se reproduisit lorsque nous avons tenté, en lien avec des militantes et militants de la région, de reprendre le projet dans le cadre du Centre de soutien à l'action et au développement populaires du Québec.

Aujourd'hui, notre association au groupe de consultation lancé par la C.S.N. au cours de la dernière année, vient d'une certaine façon concrétiser ces années d'efforts. Nous sommes convaincus que ce groupe constituera un outil des plus précieux pour appuyer les efforts d'auto-organisation de la part des travailleuses et des travailleurs et ce, en plus de nous permettre de concrétiser un vieux rêve.

오래된 꿈의 실현 : MCE컨설팅

회원 조직들에게 자문서비스를 제공하고자 1975년부터 세웠던 〈금고〉의 목표와 시도에 대한 소개. 이 프로젝트는 1984년 전국노동조합총연맹의 주도로 MCE컨설팅을 설립함으로써 마침내 실현되었다.
퀘벡시 노동자주민금고, 〈1984년 연례보고서〉, 1985, p. 6.

"퀘벡주 고용 유지와 창출을 위한 컨설팅 그룹"에 참여하며
1975년 우리가 지원하는 그룹과 조직에 행정과 자문 서비스를 제공하기 위해, 퀘벡주 노동자 연구 및 발전센터를 설립했다. 자금 부족으로 인해 계획은 제대로 착수되지 않았다. 더 최근에, 우리가 지역운동가들과 같이 퀘벡주 민중행동발전지원센터에 대한 계획을 재개하려고 시도했을 때 같은 시나리오가 재생산되었다.
오늘, 지난 1년 동안 노동조합총연맹이 시작한 자문그룹에 우리가 참여하면서 그동안의 노력의 결과로 더 구체적인 방법을 만들어냈다. 우리는 이 그룹이 오랜 꿈을 실현할 뿐만 아니라 노동자들의 자기 조직화를 뒷받침하는 가장 소중한 도구가 될 것임을 확신한다.

다. 〈금고〉는 1986년에 퀘벡 정부에 이 계획을 제출[226]하지만, 〈금고〉 자체적으로 이 계획을 수행할 수 없다는 것을 깨닫는다. 퀘벡시 금고와 몬트리올시 금고의 합병 사례와 마찬가지로 이 아이디어는 여러 해를 거치며 진전을 보이면서 퐁닥시옹의 탄생과 함께 몇 해 뒤에 구체화된다. 〈금고〉는 줄곧 이 프로젝트에 참여한다. 그것은 특히 퀘벡주 데자르댕 경제금고연합회의 지원 요청이 있었기에 실행되었다.[227]

노동조합운동과의 협력은 전국노동조합총연맹의 집단기구 설립 외에도 다양하게 이루어진다. 〈금고〉를 포함한 경제금고들은 1980년대 말에 노동조합연맹이 공공부문의 협상 틀에 법 160이 적용된 이후에 노동조합연맹에게 도움을 준다. 이는 무엇보다 "의무적 공제", 이를테면 고용주가 노동조합 회비를 공제하여 노동조합으로 보내는 것을 말한다.[228] 〈금고〉는 특히 여러 경제금고에 의해 제공되고 관리되는 플러스공제 프로그램을 통해 조합원들 회비 징수를 유지하기 위해 노동조합 조직들이 제시하는 조치에 적극적으로 참여한다.[229] 〈금고〉는 이를 실행할 금고가 없는 노동현장에도 이를 제공한다.

1978년과 1979년 자성의 시기에 경영진이 바랐던 것처럼, 전국노동조합총연맹과 퀘벡시 노동자주민금고의 협력은 1980년대 내내 강화된다. 그렇지만 협동조합은 조합원들이 주인인 자주적이고 독립적 기관으로 유지되었다. 전국금고 계획이 이 시기 동안 구체화되지는 않았지만, 〈금고〉는 그 방향을 잡아나갔다. 그리고

1986년에 채택된 건강과 사회서비스 부문의 필수서비스 유지 보장법(Loi assurant le maintien des
services essentiels dans le secteur de la santé et des services sociaux, 법160)에 의거한 노동조합비 공
제에 관한 <금고>의 역할에 대한 증언. 2015년에도 여전히 시행 중인 이 법은 파업 중일 때와, 이
어서 파업 하루당 12주로 계산하여 그 기간의 노동조합비 공제를 금지한다. 퀘벡시 노동자경제금고,
<1991년 연례보고서>, 1992, P. 4.

점차 자신만의 독특한 사업 방식에 대해 주요 윤곽을 그리며 이를
알려 나갔다.

촉진자에서 지원자의 역할로, 네 분야의 네트워크와 협력한 <금고>

　　일정한 한계를 보이면서 <금고>의 원래 프로그램의 세 가지
요소 중 하나인 협동기업의 창설은 퀘벡시 전국노동조합 주민금
고와 합병한 이후 더 이상 의제에 포함되지 않았다. 주거, 소비 또
는 여가 부분에서 퀘벡시 노동자주민금고는 퀘벡시 노동자경제

금고가 시도했던 것처럼 촉진자가 되기를 바라지 않았다. 1980년대를 지나면서 퀘벡시 노동자주민금고는 점차적으로 지원자로서 스스로를 재정의하기 시작했다.

이 새로운 역할은 주택협동조합을 지원할 때 처음으로 구체화된다. "2년 좀 안 되는 기간에 우리는 총 173개 주택을 마련하고, 7백만 이상의 재정적 영향을 미칠 수 있는 16개 협동조합 설립에 참여했다."고 1984년 연례보고서에 보고되었다. 퀘벡시 노동자경제금고가 추구한 목표는 노동자들을 위한 저렴한 주택의 필요성을 충족시키기 위해 여전히 실행되고 있다. 경제금고 프로젝트의 목적은 그대로지만 수단만 변경되었다. 이러한 연속성을 인식한 자크 푸아트라 이사장은 총회에서 "주택협동조합 프로젝트 실현에 뛰어들고자 하는 열망은 늘 금고에 존재했다."[230]는 것을 상기시켰다.

1980년대 후반에 주택협동조합이 〈금고〉에서 대출받은 총액은 다른 범주 단체회원들의 대출금을 매년 초과했다. 일례로 1986년 〈금고〉가 단체들에 대출한 내역은 40개 주택협동조합에 약 850만 달러, 7개 노동조합운동 조직에 총 120만 달러, 70개 민중운동 조직에 약 130만 달러, 마지막으로 24개 자주관리기업들에 약 200만여 달러였다.[231] 그해에 주택은 다른 세 부문을 합친 것의 두 배에 가까운 금액을 받으면서 특히 많은 지원을 받았다.

협동주택에 대한 상당한 지원 외에도 〈금고〉가 대출 분배에 대해 갖는 특별함은 1980년대 동안 확고해진 네 분야의 네트워크에 대한 지원에서도 나타난다. 이는 주택협동조합, 노동조합운동, 민중운동 조직이나 집단들 그리고 자주관리기업들이다. 4개의 범주들이 1985년 연례보고서에서 처음으로 명확하게 규정되기 몇 해 전부터 〈금고〉에는 이 4개의 범주에 속하는 회원들이 있었다. 하지만 이 분류를 수정하고 보다 명확히 할 필요가 있었다.

〈1984년 연례보고서〉에서 발췌. 협동조합의 본질을 살려서 지역사회 공동 프로젝트에 〈금고〉의 참여가 필요하다는 것을 언급한다. 주민금고와 일반은행 간의 차이를 구분하기 어렵다는 비판이 담겨 있다.
퀘벡시 노동자주민금고, 〈1984년 연례보고서〉, 1985, p. 5.

협동프로젝트에 적극적 참여

우리는 금고들이 협동적 목표를 달성하려면 그들이 운영하는 프로젝트에 참여해야 한다고 수차례 말한 바 있다.

지난 몇 해 동안 우리는 주민금고에 대한 비판을 들을 수 있었다. 일상에서 더 이상 주민금고가 길모퉁이에 있는 은행과 진정한 차이가 무엇인지 찾아볼 수 없다는 말을 많이 들었다. 우리가 서로 잘 알고 있고, 상호부조가 유일한 특징이었던 소규모 수공업협동조합 시대는 지났기 때문이다. 그리고 이러한 맥락에서 조합원들이 그들 금고의 진정한 주인이라는 느낌을 가질 수 있었다면, 우리는 오늘 금고의 규모와 함께, 조합원들의 도시 속에 통합, 새로운 행정적 요구들, 그리고 환경이 바뀌었다는 것을 분명히 알고 있다.

매년 연말에 배당금을 지급하는 것으로는 조합원들에게 금고와 일반 은행들과의 차이를 알리기에 충분치 않다. 노동자금고의 특성은 협동적이고 민중적이므로 조합원들이 금고에서 실행하는 다양한 협동프로젝트에 참여하도록 이끌어야 했다. 우리는 주민금고 서비스를 받기를 원했다! 무엇보다도 우리의 지원, 우리의 연합, 그들의 생활조건을 개선하기 위해 노력하는 프로젝트, 조직들에 지원과 연합을 통해 그렇게 할 것이다

10여 년 후에 〈금고〉가 "허브"로 구성한 4개의 네트워크가 연례보고서에 소개되었다. 활동가들은 보고서에 그들이 사회에 공헌한 것을 서술하였다. 이 내용은 네 분야를 정의하는 것 외에도 네트워크를 구성하기 위해 노력한 〈금고〉의 헌신을 보여준다. 이 4개의 네트워크는 현재 협동조합, 노동조합, 문화, 지역공동체로 정의된다. 협동조합과 노동조합 네트워크는 〈금고〉를 탄생시키고 정

<1984년 연례보고서> 중 일부. 퀘벡시 바생로랑의 가스페지(Gaspésie) 지역 주택협동조합에 대한 초반 자금 지원에 대해 언급하고 있다. 수년간 〈금고〉는 주택협동조합에 가장 많은 재정을 지원했다.
퀘벡시 노동자주민금고, <1984년 연례보고서>, 1985, p. 6.

주택협동조합에 대하여

지난해 정기총회 때, 주택협동조합 프로젝트 실현에 뛰어들 의지가 늘 있었으나 자금부족으로 진행될 수 없었던 것을 기억할 것이다. 우리가 말했던 것처럼, 작년에 우리가 얼음을 깼다면 올해 우리는 이미 물속에 뛰어들어 있었을 것이다.

2년 좀 안 되는 기간에 우리는 퀘벡시 인접 지역에 13개, 바생로랑 가스페지에 3개, 총 16개 협동조합을 만들기 위해 힘을 합쳤다. 총 173채의 주택이 만들어지고 700만 달러 이상의 재정적 의미가 있다. 이 대출금액에 〈금고〉가 협동조합 발전을 지원하기 위해 기부한 3,584달러를 추가해야 한다. 우리는 주택협동조합이 시민들에게 저렴하고 자주적 관리가 가능한 양질의 주택을 제공하는 가장 유익한 방법 중 하나라고 믿기에, 이 결과를 자랑스럽게 생각한다. 동시에 주택협동조합은 민주주의 학습의 장일 뿐 아니라 삶의 질을 높이기 위해 꼭 필요한 연대를 고양한다. 그리고 정치적인 관점에서 보면, 주택협동조합은 주택이 투기시장에서 제외되도록 하고 장기적으로 임대시장 전체에 영향을 미치게 될 것이다.

공동체주택의 파트너들

연대경제금고는 수년에 걸쳐 대부분의 공동체주택 조직들과 협력관계를 맺었다. 2015년 <금고>는 배당금의 일부를 퀘벡주와 캐나다의 임대주택 발전을 분석하기 위한 새로운 플랫폼 건설에 투자했다. 사진 : 3개 주택 연합조직(퀘벡시 주택협동조합연합(FECHAQ) / 사그니·락·생·장지역 주택협동조합연합회(FECHASS) / 퀘벡주 주택협동조합총연합회(CQCH)들의 교육심포지엄에서 이반 비네(Yvan Binet) 촬영.

체성을 형성시켰다. 이들의 관계는 말할 필요도 없다. 지역공동체에 대해서는, 퀘벡시 바스빌에 위치한 〈금고〉는 그 지리적 여건으로 인해 퀘벡주 수도인 퀘벡시에서 이 네트워크의 중심에 위치한다.[232]

문화 영역은 특히 특정 회원의 영향으로 수년에 걸쳐 확립되었다. 1984년 〈금고〉는 배생폴^{Baie-Saint-Paul} 거리의 예술가들에게 재정을 지원한다. 그때는 이 지원이 그 예술가들의 발전과 명성에 놀라운 결과를 가져올 것이라는 점을 전혀 예상하지 못했다. 이 거리의 예술가들은 '태양의 서커스'를 탄생시킨다. 클레망 기뇽은 1998년에 "세계 젊은이들의 해였다."고 〈르드부아르 ^{Le Devoir}〉 신문에 인터뷰한다. "우리는 시간을 내어 청년들의 이야기에 귀를 기울이기로 결정했다. 그리고 우리는 그들의 계획과 꿈에 매료되었다. 우리는 지금보다 더 카우보이처럼 행동했지만, 다른 여러 프로젝트들에서처럼 이성적이고 합리적으로 행동했다."[233] 그 이후 문화네트워크에 속한 회원들의 현저한 발전은 〈금고〉의 혁신을 이끌었다. 예를 들어, 국제무대에서 그들을 지원하기 위해 〈금고〉는 데자르댕 중앙금고와 협력하며 작업했다. 협동조합과 서커스단 사이의 협력관계는 현재까지도 유지되고 있다. 당시에 서커스단원들이 성공하리라 예측할 수 없었지만, 다른 금융기관들이 자금지원을 거부했던 그들의 프로젝트에 〈금고〉는 관심을 갖고 지원했다. 총괄책임자가 설명했듯이 〈금고〉는 "경청할 시간"을 갖고 그들의 꿈에 "열광했다." 우리가 다시 보게 되겠지만, 이는 〈금고〉가 투자와 지원을 결정할 때 보이는 독특한 접근방식이다. 〈금고〉는 이 위대한 모험에 기꺼이 뛰어드는 위험을 감수했다.

〈금고〉는 "종종 금융기관들이 개발한 관행에 반대로 실행하는 경우가 많다"[234]고 1985년 특별대회의 대표자들에게 캐나다 가톨릭노동자총연맹 위원장이 말했다. 흐름을 거스르는 이러한 접근방식은 태양의 서커스 사례에서 보았던 것처럼 네 분야의 네트워크 지원에도 적용되었다. 실제로 1980년대 초중반에 〈금고〉는 때때로 중대한 위험을 감수하고 대담하게 행동했다.[235] 〈금고〉는 촉진자로서의 역할을 접었지만 지원자로서, 미래가 보장되지 않는 프로젝트에 과감히 투자하는 경우가 많았다. 이 시대에 〈금고〉가

연대경제금고가 태양의 서커스에 처음 재정을 지원했던 때가 1984년 퀘벡시에서였다. 다른 금융 기관들이 등을 돌릴 때 <금고>는 청년들의 꿈을 믿었다. <Revue DG>에 발표되었던 삽화, vol. 27, n° 3, 2007. 6. 데자르댕금고 대표자협의회.

청년들 이야기에 귀 기울일 시간을 갖다
: 〈금고〉와 태양의 서커스

서커스단 창설 때부터 수년간 퀘벡시 노동자경제금고는 항상 우리의 관계에서 빈틈없는 전문성을 보여왔다. 하지만 그들의 프로의식을 넘어 우리는 〈금고〉가 문화 분야 젊은 기업가들에게 다가가는 독특한 접근방식, 특별한 관심과 존중에 더 많이 감사한다. 이렇게 탁월한 개방성과 헌신이 바로 〈금고〉의 명예다. 우리는 이를 강조할 수 있는 기회를 갖게 되어 너무나 기쁘다.

다니엘 고티에 | 태양의 서커스사 대표

태양의 서커스 <1991년 연례보고서>에 실린 다니엘 고티에의 소회. 이 해는 <금고>가 서커스 기업을 지원한 지 8년째 되는 해였다. 퀘벡시 노동자경제금고, <1991년 연례보고서>, 1992, p. 5.

자금운용 관리를 함께 하고 위험을 나눌 수 있는 그 어떤 협력기관도 없거나 있다고 하더라도 거의 드물었다.

〈금고〉의 접근방식은 가끔 영역의 한계를 넘어서는 경우까지 있어서 퀘벡시 데자르댕 주민금고연합회에 상당한 걱정을 불러왔다. 그 결과, 1980년대 후반에 중요한 변화가 〈금고〉의 미래를 보장하기 위해, 그리고 〈금고〉가 스스로 설정한 특별한 사명을 보다 더 잘 완수하기 위해 주요 조직 변경이 진행되었다.

사명 완수를 위한 중요한 변화

1986년 7월, 〈금고〉의 총괄책임자 아롤드 베르메트르는 1981년부터 맡아왔던 역할을 떠난다. 그가 〈금고〉에서 일을 시작할 무렵에 경제 상황은 특히나 어려웠고 〈금고〉는 불안정한 상황에 처해 있었다. 〈금고〉는 이어서 단기간에 괄목할 만한 성장을 경험했다. 총괄책임자로서 클레망 기옹이 임명된 순간은 상황을 정확히 파악하기 위해 잠시 멈춤의 시간을 갖기에 좋은 시기로 보였다. 발전을 위한 발판은 이어졌지만 그 기반은 취약했다. 첫 번째 성찰의 노력 끝에 1986년 가을에 두 개의 활동 노선이 정해졌다. 〈금고〉는 내부 운영과 관리전략을 개선해야만 했다.

내부 운영 개선에 대해서는 저마다 우선순위가 달랐지만, 모두 '엄격함'이라는 단어로 요약될 수 있다. 규범, 관리정책, 재정

또는 단체협약 적용을 아우르는 일반적인 목표는 더욱 엄격한 관리를 확실히 하는 것이다. 실무팀 조직과 구조가 재검토되었다. 일하는 방식에 대한 재검토는 보다 나은 기능과 더 큰 효율성을 위해 당시 전국노동조합총연맹 건물 2층에 위치해 있던 건물의 정비에도 반영되었다. 퀘벡시 데자르댕 주민금고연합회와의 관계 개선도 이 프로그램에 들어있었다.[236] 〈금고〉는 또한 조직개편을 수행하기 위해 연합에게 상당한 기술 지원을 받았다. 1987년 봄에 개선된 내부 운영과 관련된 집단이 만들어졌다.[237]

이 새로운 내부 조직은 1987년 2월부터 운영전략에 보다 직접적으로 대응하기 위한 수단으로서 등장했다. 연합회 재무관리 부서 직원들과 협력하여 집행위원회가 작성한 1986년 회계연도에 대한 재무분석과 1987년 목표(안)가 이사회에 제출되었다. 이 자료에 따르면, 〈금고〉의 강점이 예금과 대출의 성장에 있다. 사실 〈금고〉는 "명확히 평균 이상의" 발전을 보여주었으나 "상황은 여전히 불안정했다."[238] 협동조합은 더 나은 수익성을 달성해야만 했다. 지출되는 비용은 많은데 수입은 적었고 이에 따라 적립금도 낮았다. 〈금고〉의 잉여금은 예금채무 100달러 당 0.30달러로 나타났다. 비교 가능한 금고들의 평균은 100달러당 0.93달러였다. 적립금은 조직의 안전을 위해 총 부채의 최소 3.5%를 적립할 것을 법으로 규정하고 있지만, 〈금고〉는 0.8%를 나타냈다.[239]

나는 더없이 황홀한 여행을 했다

지혜, 그것은 우리가 추구하는 것을 놓치지 않기 위해
대단히 커다란 꿈을 꾸는 것이다 - 오스카 와일드

45년! 함께 더 잘 살기 위해 내가 바친 세월, 〈금고〉의 여정은 찬사받을 만하고 오늘날 이를 자랑스러워할 이유는 충분합니다. 나는 내 직업 인생의 30여 년을 다른 기관과는 완전히 다른 〈금고〉라는 조직을 건설하고 이 기관이 추구하는 목적을 실현하는 데에 참여하는 특권과 행복을 누렸습니다.

온 마음과 온 몸으로 가능성의 한계를 뛰어넘어온 기관. 신념과 헌신 그리고 전문성으로 개인과 단체들의 역사에 세심한 동반자가 될 수 있었던 기관. "돈에 마음을 담기" 위해 놀라운 혁신의 실험장에서 망설임 없이 "꿈의 포획자"로 변신하여 자문가이자 개발자로서의 다양한 역할을 주저 없이 실행하며 은행가라는 직업을 새롭게 해석하고 실행할 줄 아는 기관.

때때로 맞닥뜨렸던 대담한 도전과 시련에도, 언제나 책임감과 일관된 자세로 방향을 잃지 않고 풍요로운 역사를 영광스럽게 지켜온 기관.

그 여정 속에서 나 개인은 더없이 황홀한 여행을 했습니다.

먼저 아이디어와 신념의 기록에 대해. 나눔과 연대와 다른 이들에 대한 배려의 가치를 통합하는 프로젝트를 위해 일할 특권이 있을 때, 새로운 발견의 즐거움으로 생동감 있는 과정 속에서 함께 잘 사는 공동선을 추구하고 민주주의를 이루며 함께 만들어가는 프로젝트에 참여할 수 있을 때, 여러분들은 스스로 헌신하고 그 일의 의미와 기쁨을 찾을 수 있을 것입니다. 이러한 여정은 창의적인 지혜를 키우고 자신을 최고가 되게 만들며, 더 나은 시민으로 성장할 수 있는 모든 것을 담고 있습니다.

네! 나는 〈금고〉를 구성하는 사회적이고 금융적인 혁신의 공간에서 참으로 황홀한 여행을 했습니다. 〈금고〉의 지원이 필요한 사람들과 조직들에게 더욱 혁신적으로 부응하기 위해 노력하는 것. 새로운 풍요의 공간을 창출하고 피폐화된 영역은 줄여가는 것. 여러분의 가치관과 직업상의 책무를 잇는 불가능을 과감하게 시도하는 것.

이 가슴 벅찬 여정에는 지난 30년이 넘는 세월 동안, 우리에게 소중한 집단적 연대의 퀘벡을 이루는 데 기여한 수많은 프로젝트들이 들어 있습니다. 이 프로젝트와 함께 일하면서 나는 배우고, 경이로움을 경험하고, 내가 실행한 일 속에서 의미를 발견할 수 있었습니다. 그 과정에서 나는 퀘벡의 집단적 상상력과 창의성에 대해 증언할 수 있는 특별한 행운을 가졌습니다. 서로 연결된 네트워크 조직들에게 〈금고〉는 소중하고 모두가 좋아하는 동맹이 되었습니다. 또한 이러한 역동성으로 우리가 있는 퀘벡과 이곳을 넘어선 많은 곳에서 사회연대경제의 특별한 동반자가 되었습니다.

사람들이 갖고 있는 자질이 얼마나 훌륭한지를 알게 해준 이 웅대한 여정, 우리가 우리 삶에서 무엇이 되고 싶은가를 결정하는 것은 바로 우리 자신입니다. 하지만 그 여정에서 만나는 동반자들은 우리가 무엇이 되는가에 반드시 기여합니다. 〈금고〉의 네트워크는 나에게 영향력 큰 인간미, 관대한 헌신, 의심할 여지없는 전문성을 가진 사람들을 만나서 함께 일할 수 있는 기회를 주었습니다. 리카르도 페트렐라(Riccardo Petrella)가 말했던 것처럼, 더 나은 삶을 만들기 위한 그리고 "우리가 있는 세계의 또 다른 서사"를 엮어갈 수 있는 우리의 능력에 대한 흔들림 없는 믿음으로 살아가는 사람들을 말입니다.

그 여정에서의 만남들, 함께한 역사들, 맞서 해결해낸 도전들, 다져진 우정들, 나는 오늘 여전히 내 삶을 살면서 희망과 미래의 건설자 곁에 머물고 싶게 하는 마음과 감정, 확신을 갖게 합니다.

꿈이 계속되기를!

클레망 기몽 / 총괄책임자(1986~2007)

상황은 행정 측면보다 재정 측면에서 더디게 변화하기 마련이다. 노력의 결실은 더욱 중요하다. 1990년 연례보고서는 모범이 된 〈금고〉를 보여준다. 〈금고〉는 잉여금에 대해 자산 100달러당 1달러로 설정한 목표를 초과하고 연합회 금고들의 자산 100달러당 평균 0.89달러도 상회한다. 이러한 추세는 적립금과 관련하여서도 완전히 반전을 이뤘다. 법안은 1990년대 초에 강화되었으나 〈금고〉는 도전에 직면하는 데에 문제가 없었다. 1990년 11월 30일에 〈금고〉는 자본화율 6.9%를 나타낸다. 이는 법률 요건을 2% 정도 넘어선다.[240]

행정과 재정 개편의 일환으로 〈금고〉는 또 다른 커다란 변화를 겪고 있었다. 〈금고〉가 할 수 있는 사업영역에 대한 문제는 퀘벡시 데자르댕 주민금고연합회와 긴장을 일으키는 주요 요소 중 하나

1986년 연례보고서 중에서. 지난 몇 년간 기록된 강력한 성장(6년 만에 자산이 3배 이상 증가)에 이어서 조직을 강화하기 위해 〈금고〉가 수행한 노력을 알림. 여기에는 퀘벡시 데자르댕 주민금고연합회와의 관계 개선 및 운영체계 점검이 포함되어 있다.
퀘벡시 노동자주민금고, 〈1986년 연례보고서〉, 1987, P. 5.

였다. 샤를르부아 금고와의 합병이 이 문제로 지연되었다. 〈금고〉가 요청한 영역 확장은 거부되었고 이 문제는 퀘벡주 데자르댕 주민·경제금고 총연합회에 인계되었다. 1985년부터 〈금고〉는 퀘벡주 데자르댕 경제금고연합회 가입을 고려하고 있었다. 〈금고〉 대표들은 몬트리올시 전국노동조합 주민금고 대표자들에게 이를 알렸다.[241] 합병 논의의 일환이었다.

소속 문제 역시 전국금고 설립 프로젝트 속에서 의견이 일치되지 못하는 주제였다. 퀘벡시 금고는 영역의 한계를 벗어나기 위해 함께한 경험이 있는 퀘벡주 경제금고연합회를 선호했다. 반면 몬트리올시 금고는 몬트리올시 데자르댕 주민금고연합회의 퀘벡주 서부연합회에 가입하는 것을 권장했다. 이 연합회의 창립자로서 몬트리올시 금고는 이 연합회에 더욱 특별한 애착을 가졌던 것으로 보인다.[242] 논의가 예상했던 것보다 까다로웠기에 1986년 1월에 퀘벡시 금고 경영진은 "퀘벡주 전국노동자금고 설립 계획 연구를 위해 이사회 내에 실무위원회를 구성하여 아직 시작되지 않은 몬트리올시 금고와 퀘벡시 금고의 합병을 통해 또는 합병 없이도 전국금고 설립이 가능한지에 대해 검토할 것"을 결정한다.[243] 이 위원회 활동에 대한 기록은 없지만, 경제금고연합회에 가입하는 것을 〈금고〉가 더 선호하고 있었기에 위원회가 그 방향으로 활동했다고 생각하는 것이 합리적이다.

동시에, 퀘벡시 연합회와의 돈독한 관계 덕분에 〈금고〉의 활동지역에 대한 문제를 더욱 명확하게 논의할 수 있었다. 클레망 기몽은 이 주제로 연합회 회장인 자크 베르트랑을 만났을 때 그가 했던 "우리는 당신들에게 필요한 법률적 자격을 맞춰줄 수 없다. 우리가 당신들에게 제공할 것은 당신들의 사명에 비해 너무 협소하다."[244]는 발언을 떠올린다. 그때부터 경제금고 네트워크로의 전환은 필연이었다. 이 출발은 1988년 겨울과 봄 동안 빠르게 실행되었다. 총회에서 동의되었고 "여러 해 동안의 그리고 〈금고〉 가입에 대한 재검토 과정에서 보여준 귀중한 협력에 대해 퀘벡시 연합회에 감사하면서" 의결했다.[245] 이 변화는 가을에 공식화되었다. 1988년 9월 24일, 퀘벡시 노동자주민금고는 퀘벡시 노동자경제금고가 되었다.[246]

몬트리올시 금고는 1989년 가을에 같은 길을 가기로 결정한다.[247] 하지만 몬트리올연합회와 맺은 일부 계약이 완료되어야 했기 때문에 과정은 조금 더 길어졌다. 소속의 변경은 1993년에 공식화되었다. 퀘벡 협동조합이 전환하고 5년 후 11월에 몬트리올시 전국노동조합 주민금고는 전국노동조합 경제금고가 되었다.[248]

1980년대 말에 퀘벡시 노동자경제금고가 자유롭게 사명을 완수하기 위한 모든 것이 갖추어졌다. 퀘벡시 노동자경제금고는 더욱 엄격한 행정체계와 건전한 재정상태로 1990년대를 시작했다. 이제부터 이 금고는 그들이 허브를 구성한 4개 네트워크를 퀘벡 전역에서 꽃피울 수 있도록 지원할 수 있게 되었다. 성숙기가 될 10년이 이들을 기다리고 있었다.

❖ 일반 조합원들이 이야기하는 〈금고〉 ❖

연대경제금고는 하나의 모범이다.
〈금고〉는 희망을 탄생시켰다

모든 종류의 기관들은 그들이 존재하는 사회의 프로젝트 일부가 되어야 한다. 여기에는 물론 금융서비스 기관도 포함된다. 따라서 자본을 발전의 핵심요소로 만드는 자본주의는 자본가에게 권력을 부여하는 제도들을 만들고, 소비자는 경제를 위해 봉사한다. 이와 반대로 인간을 발전의 핵심요소로 여기는 사회민주주의 체제에서 경제와 금융은 사람들에게 봉사한다.

그러나 개인주의와 탐욕의 현대적 승리, 불평등 증가와 민주주의 위기에도 불구하고 연대경제금고는 사회민주주의 체제를 이끄는 안내자이자 사람에게 봉사하는 사회기관으로서의 역할에 헌신하고 있다. 또한 협동조합 운동가로서 이 기관의 발자취는 처음부터 집단행동, 민주주의와 연대를 촉진하는 구체적인 관심과 함께 이어져왔다.

연대경제금고는 하나의 모범이다. 이 기관은 희망을 불러일으킨다. 더 나은 세상을 만들어갈 가능성 있는 기관들을 설립하는 것이 아직 가능한 일이라는 것을 증명해준다.

클로드 벨랑

변호사이자 휴머니스트, 데자르댕운동 회장 역임(1987~2000), 2010년 개인 조합원 가입

나다운 선택

〈금고〉는 내 부모의 금융기관은 아니었지만, 내가 나다운 선택을 해야 할 나이가 되었을 때, 나는 책임투자 분야에서 일하고 있었기에 〈금고〉를 선택하는 것은 너무 당연해 보였다. 그리고 그 선택을 후회한 적이 없다. 〈금고〉는 언제나 나를 지원했고, 특히 내가 2005년에 기업을 공동 설립했을 때와 2014년에 소비자들이 친환경적인 선택을 할 수 있도록 돕기 위한 Ethiquette.ca 사회적기업을 다시 시작했을 때 나를 지원해주었다.

내가 조합원이 된 후 보았던 모든 것들은 유쾌한 놀라움의 연속이었다. 매번 정기총회를 마치고 나면, '와! 연대금고의 조합원이 된 것이 자랑스럽다.'고 생각하게 된다. 매번 활력이 되고 늘 성찰의 수준이 진화하는 것을 발견한다. 은행과의 관계에서는 드문 일이라고 생각한다!

나는 자신의 직업과 그 환경을 잘 알고 있는, 지속가능한 발전의 진정한 의미를 이해하고 행동하는, 강한 윤리의식을 가진 사람들과 관계를 맺고 있다. 또 그들이 매우 인간적인 방식으로 행동한다는 것을 자주 발견했다.

브렌다 플랑BRENDA PLANT
사회책임투자 컨설턴트, 2000년 조합원 가입

재정적 그리고 정신적 지원

내가 1995년과 2003년 사이 퀘벡시 생로크 교구의 신부로 있을 때 〈금고〉와 몇몇 자료 작업을 함께 했는데, 〈금고〉는 언제나 정신적, 재정적 지원을 아끼지 않았다.

모든 직원들이 늘 구체적인 일에 함께 참여했다. 예를 들어, 우리는 지역의 종교 유산 중 잉여공간들을 재평가하는 목표를 갖고 생로크 재단을 함께 창립했다. 또한 〈금고〉의 도움 덕분에 우리는 공동체 그룹들과 빈곤추방 운동단체들이 공간을 사용할 수 있도록 하기 위해 두 교회를 개조할 수 있었다.

〈금고〉의 재정적 지원으로 우리는 1990년대 말에 너무나 필요했던 생로쉬 구역을 좀 더 아름답게 만들기 위해 퀘벡시에서 종교 음악 페스티벌을 열 수 있었다. 그리고 우리는 현재 유럽과 멕시코에까지 조직이 뻗어 있는 상호공제 네트워크인 아코르드리를 설립했다.

〈금고〉는 우리의 프로젝트가 지역 주민들을 위하는 일이기에 우리를 지원했고, 나는 항상 〈금고〉 직원들이 우리에게 보여준 믿음과 그들의 열린 자세에 감사한다.

마리오 두푸르MARIO DUFOUR
유산 관련 컨설턴트, 1995년 조합원 가입

어디에서도 볼 수 없는 특별한 금융기관

데자르댕 연대경제금고는 사회책임투자 분야에서 매우 특별한 금융기관이다. 그 비전은 제공하는 서비스를 훨씬 뛰어넘어 공동체 발전을 위한 기금에 조합원들이 배당금을 재투자하고 조합원들과 함께 만들어가는 사회 프로젝트이다. 〈금고〉는 퀘벡 전역의 사회적경제 발전에 기여하는 조직화 프로젝트 지원에서 중요한 재정을 조성한다. 〈금고〉의 참여는 이 분야에서 중요하지만, 또한 사람들 사이의 연대를 위한 수많은 발의를 통해 국제무대에서도 참여의 필요성을 잘 드러내고 있다. 이것이 내가 개인적으로나 직업적으로, 더욱 정의롭고 연대하는 사회를 만들기 위한 구체적인 실천을 제안하는 이 데자르댕운동에 참여하고 있는 것이 자랑스러운 이유이다.

연대경제금고의 모든 일꾼들에게 축하와 감사를 전한다!

마르크-앙드레 브륄레 MARC-ANDRÉ BRÛLÉ
라노디에르 사회적경제 지역테이블 디렉터, 1994년 조합원 가입

나는 곧바로 자신감을 느꼈다

〈금고〉에 있으면서 내가 번 돈으로 더 잘 살 수 있도록 가계를 잘 관리할 수 있었다. 이 지식 덕분에 나는 내가 일했던 코트노르 Côte-Nord, 가스페지, 바생로랑의 사람들을 돕기 위해서 이 주제로 교육을 할 수 있었다.

또 대출이 필요할 때 특정 은행이나 금융회사에 가는 것을 피하는 게 낫겠다고 알려준 것도 역시 〈금고〉였다. 당시 이자율에서 심한 폭리가 이뤄지고 있었기 때문이다. 반대로, 나는 연대경제금고를 이내 신뢰할 수 있었고 이를 내 주변 사람들에게 알렸다.

조셉 카롱 JOSEPH CARON
전국노동조합총연맹 퇴직상담가, 1971년 조합원 가입

환영과 경청의 자질에 대해 브라보!

2012년 나는 연대협동조합과 주거소유자조합(콘도미니엄협회) 중심으로 조직화된 커뮤니티에 합류할 목적으로 코아비타 퀘벡 Cohabitat Québec에 참여했다. 커다란 혁신적 감각을 겸비한 이 분야의 개척자들은 일부 난관을 극복해야만 했다. 자금조성부터가 가장 큰 과제였다. 그런데 연대경제금고는 개방성을 보여주었고 그 실현이 가능할 수 있도록 대출을 승인했다.

그때 나는 연대경제금고의 대표자들을 만나 그들의 사명과 그들이 지금까지도 지원하고 있는 프로젝트에 대해 알게 되었다. 그리고 그들의 가치가 내가 지녀온 가치와 어떤 부분에서 부합하는지를 깨달았을 때, 나는 내가 저축해온 다양한 자산을 점차적으로 〈금고〉로 옮기기로 결심했고 그들의 서비스를 내 일상업무에 이용하기로 결정했다.

마지막으로, 나는 직원들과 나누었던 풍부한 인간적 교류와 더불어, 다른 금융기관에서는 볼 수 없는 이 〈금고〉만이 갖고 있는 조합원에 대한 환대와 경청의 높은 자질을 강조하고 싶다.

피에르 카리에PIERRE CARRIER
2012년 조합원 가입

우리는 이 프로젝트를 믿었고
나는 그것이 자랑스럽다!

1971년에 나는 전국노동조합총연맹과 퀘벡주 교육노동조합 전국연맹에 가입된 리무알루대학 교직원노동조합 대표로서 퀘벡시 중앙위원회 활동에 참여했다. 앙드레 로랭과 다른 사람들이 연대경제금고가 된, 퀘벡시 노동자경제금고 프로젝트를 시작했기 때문에 우리가 거기에 가입하는 것은 당연했다. 그래서 나는 아마도 활동이 시작되기도 전인 초기부터 조합원 가입서에 서명했다. 내 첫 조합원 번호가 6,008이었다는 것도 기억한다!

우리는 상당히 빨리 우리의 가입에 대해 노동조합 총회에서 투표했다. 캐나다 가톨릭노동자총연맹에 가입한 직원노동조합도 마찬가지였다. 그리고 이후 우리 학교 경영진들은 직원 전체 급여를 〈금고〉에 예치하기로 결정했다.

처음에 이상적으로만 보일 수 있었던 이 프로젝트를 우리는 믿었다. 그것을 우리는 자랑스러워해야 한다!

이봉 푸아리에YVON POIRIER | 퇴직활동가, 1971년 조합원 가입

데자르댕을 빛나게 하는 〈금고〉

오늘 45년 창립일을 맞는 〈금고〉에 49년째 조합원으로 있다니 참으로 묘한 기분이다!

1966년 전국노동조합총연맹에 소속되면서 나는 의례히 전국노동조합 주민금고에 가입했다. 실용적이었고 노동조합들 대부분이 금고 조합원이었다. 〈금고〉는 노동조합과 노동자들에게 대출을 해주었고 파업이나 폐업 시기에 대출금을 갚으라고 재촉하지 않았다. 당시 은행과 일부 금고들은 "빚은 기한 내에 지불해야만 한다."는 규정을 고수했음에도 그랬다.

내가 1981년 전국노동조합총연맹의 직원을 그만두고 나서 주민금고는 경제금고로 전환했다. 노동조합, 협동조합과 민중 조직들을 지원한다는 철학은 힘든 투쟁 끝에 데자르댕운동에서 받아들여졌다.

나의 동료이자 친구인 클레망 기몽이 총괄책임자로 있는, 금융의 새로운 규정과 국제협력과 환경을 생각함으로써 진보적 사회운동의 표상이 된 〈금고〉에 머물렀다.

오늘 나는 데자르댕 연대경제금고만큼 알퐁스와 도리멘느 데자르댕의 사고에 충실한 다른 데자르댕금고는 없다고 믿는다. 또한 데자르댕의 차별성을 높여주는 것이 바로 〈금고〉라고 믿는다.

오래 그 역사를 이어가기를!

클로드 캉탱CLAUDE CANTIN | 퀘벡시장대행(1989~2001), 1971년 조합원 가입

직업과 애인은 바꿀 수 있지만 금고는 바꿀 수 없다!

우리 가족에게 저축이란 곧 주민금고를 의미한다. 또한 다른 은행에 돈을 넣는 것은, 뒤피형제들 Dupuis & Frères 백화점에서가 아니라 이튼에서 스타킹 한 켤레를 사는 것만큼이나 생각할 수 없는 일이다. 나의 아버지는 1941년에 라본느쿠프 La Bonne Coupe 의류소비자협동조합에서 일하면서 협동조합 바이러스에 감염되었다는 사실과 또 1947년 말에 남몬트리올금고 창립총회에 참석했었다는 것을 꼭 말하고 싶다.

1972년에 나는 몬트리올 중앙위원회에 채용되었고 전국노동조합금고에 내 계좌를 열었다. 그때 내 번호는 714번이었다! 중앙위원회 활동가이자 노동자인 내 친구가 하루는 내게 이렇게 말했다. "인생에서 직장도 집도 남자친구도 바꿀 수 있어. 하지만 절대 바꿔서는 안되는 게 있어. 그게 〈금고〉야. 언제 너를 이해할 누군가가 필요하게 될지, 네가 누구를 믿을 수 있을지 모르기 때문이지."

43년이 지난 지금도 나는 이 〈금고〉의 조합원이고, 나는 내 친구가 옳다는 것을 확실히 깨달았다.

고마워 줄리앙!

수잔 샤르트랑 SUZANNE-G. CHARTRAND | 1972년 조합원 가입

〈금고〉가 오늘의 나를 있게 했다

1980년대 중반, 우리는 기다리던 정부보조금이 확정될 때까지 겨울을 나기 위해 대출을 해줄 금융기관을 찾고 있었다. 우리는 '태양의 서커스'에 생명력을 불어넣기 위해 고군분투하는 20대 청년들이었다. 노동조합가 미셸 샤르트랑이 이끌던 퀘벡시 노동자경제금고, 나는 그 시절에 함께 이 금고에 드나들 수 있는 행운을 만났고, 우리는 이들에게 우리 프로젝트를 소개했다. 매우 빨리, 〈금고〉는 우리의 믿음과 열정 이외에 다른 어떠한 보증도 요구하지 않고 5만 달러를 빌려주었다.

당시 나는 나의 연대를 보여주고 싶었기에 〈금고〉에 내 계좌를 개설했고 여전히 사용중이다. 그리고 나는 오늘날에 〈연대경제금고〉로 불리는 이 조직의 진화, 고객들에 대한 그들의 헌신, 연대에서 협동에 이르기까지, 사회적경제부터 책임투자까지 그들의 DNA에 새겨진 가치에 경이로움을 느끼지 않을 수 없다.

〈금고〉는 공동체를 변화시키는 일종의 기관일 뿐 아니라 오늘의 나를 있게 하였다.

엘렌 뒤프렌HÉLÈNE DUFRESNE
뒤프렌과 고티에 재단 대표, 태양의 서커스(1984~1997), 1985년에 조합원 가입

〈금고〉 덕분에 책임성 있는 저축을 선택할 수 있다

자신의 행동에 의미를 부여하고 금융에서의 선택이 자신의 가치와 일치하는지 확인하는 것은 중요하다. 우리는 사회적 존재다. 혼자서가 아니라 다른 사람들과 연락하고 만나고 교류하면서 스스로를 만들어간다. 나는 나의 행복이 다른 사람들의 행복에 바탕을 두고 있다는 깊은 믿음이 있다.

불행히도, 우리의 사회적 관계는 불평등의 지속적인 증가로 인해 더 어려워졌다. 이를 해결하기 위해, 더 정의로운 사회를 만들기 위해, 우리의 부를 나누고 연대를 강화하는 것 외에 다른 방법은 없다.

나는 연대경제금고와 30년 가까이 거래해왔다. 금융기관으로서는 보기 드문 나눔과 연대에 전념하는 이 기관과 함께해온 것은 내게 행운이다.

〈금고〉는 내게 책임성 있는 저축을 선택할 기회를 주었고 또 이를 통해 수익의 일부를 다양한 창의적인 계획들을 지원하는 데 사용할 수 있었다.

바로 이러한 활동이 평등한 세상을 추구하는 사람들의 삶을 변화시키는 것이다.

마르크 드 코냉크MARC DE KONINCK | 1987년 조합원 가입

5장

기존 신협과 다른 신협
: 퀘벡시 노동자경제금고
1988~2003

1996년, 퀘벡시 노동자경제금고는 데자르댕운동이 '파트너 금고' 부문에서 수여하는 훈장인 '행동하는 이들을 위한 공로장 Merite des gens en mouvement'을 받았다. "우리는 기존 은행이나 신협과 다른 신용협동조합을 설립하는 길을 택했다. 이를 위해 우리는 험난한 길을 택했다. [...] 이 공로장은 우리의 실천이 지닌 힘과 새로운 은행을 설립하는 방식의 타당성을 인정하는 것이다."[249] 〈금고〉의 1996년 연례보고서에 수록된 소감문이다. 이 공로장이 〈금고〉가 처음 받은 상은 아니었다. 〈금고〉는 이후에도 다른 금융 협동조합과 차별되는 접근법의 타당성을 인정받아 여러 상을 수상했다. 실제로, '새로운 신용협동조합을 설립하는 방식'[250]과 〈금고〉만의 독창성은 퀘벡뿐 아니라 전 세계의 관심을 끌었다. 1995년 7월, 〈금고〉는 이탈리아 로마에 대표단을 파견해 "금융기관과 새로운 기업가들"이라는 주제로 개최된 OECD 국제 컨퍼런스에 참석했다. 이듬해에는 전체 경제금고 중 홀로, 퀘벡대학교 몬트리올 캠퍼스가 주최한 학회에 참여해 '데자르댕:사회운동을 하는 기업?'이라는 주제로 펼쳐진 논의에 참여했다.[251] 재정 측면에서 올린 성과도 〈금고〉의 활발한 활동을 증명했다. 1988년에 4천5백만 달러였던 〈금고〉 자산은 10년 뒤 약 1억3천만 달러까지 늘어났다.

이는 1990년대 〈금고〉의 발전과 성장 과정을 증명하는 대표적인 사례들이다. 1980년대에 참고삼을 기준점을 찾아 헤매던 〈금고〉는 그로부터 10년 뒤 재정적으로 탄탄할 뿐 아니라 자기만의 독특한 접근법을 인정받는 기관으로 자리 잡았다. 〈금고〉의 고유한 특징은 이 장에서 상세히 설명할 것이다. 〈금고〉 임원진은 연례보고서의 첫 줄에 기관의 여러 도전 과제, 특히 경제금고의 특수성에 대해 표현하는 것을 망설이지 않았다. 〈금고〉는 오래전부터 논의 사안이었던 두 건의 합병을 수행하며 발전을 거듭해나갔다.

새롭게 닥친 위기를 딛고 다시 한 번 도약하다

1987년 1월 20일, 클로드 벨랑이 데자르댕운동 회장으로 선출되었다. 1960년대 초반 자원 법률고문으로 활동하며 퀘벡주 경제금고연합회 창설에 기여한 청년이었던 클로드 벨랑은 시간이 흐르며 협동조합 분야의 중심인물이 되었다. 벨랑 회장의 임기

3년차, 데자르댕운동은 경제적 측면에서 후퇴를 겪었다. 퀘벡주 데자르댕 주민·경제금고총연합회 당해 연례보고서에서는 "1991년 퀘벡주 국내총생산은 1.6%, 캐나다 전체 국내총생산은 1.2% 감소했다. 1.9%였던 실업률은 1년 만에 12%까지 상승했다."[252]라는 내용을 찾아볼 수 있다. 이전 10년에 비해 경기 침체 정도는 덜 심각했지만, 지속 기간은 더 길었다. 1982년 경제공황 이후 6년이 지난 1988년, "국내총생산은 23.9% 상승했다. 1990~91년에서 6년 뒤인 1997년 국내총생산 상승률은 13.4%를 기록했다."[253]

1994년, 실업률은 여전히 12% 선이었다. 이 해에 전국노동조합총연맹은 몬트리올에서 '노동을 다시 말하다:연대의 선택'이라는 주제로 57회 전국대회를 개최했다. 이 해의 집행위원회 보고서는 무엇보다도 경제 위기 상황과 점점 심화하는 세계화의 맥락에 따라 고용의 원천이 다양해지는 모습을 다뤘다. 1989년 1월 1일 발효된 북미자유협정은 1994년 재협정 시 멕시코도 포함하게 되었다. 변화를 마주하게 된 노동 분야에는 혁신이 필요했다. 제랄드 라로즈 총연맹 위원장은 "사회·문화·환경·인프라·관광·민간 및 공공서비스에 투자해 일자리를 최대한으로 늘려야 한다. 또 양질의 서비스를 제공하고 공정한 노동조건을 마련하기 위해 새로운 집단 자금 조달 방식을 고안해야 한다."[254]고 주장했다.

1980년대 초 불황이 닥치자 전국노동조합총연맹은 최초로 집단 자금 조달 도구를 선보여 노동자들의 저축을 유도했다. 이

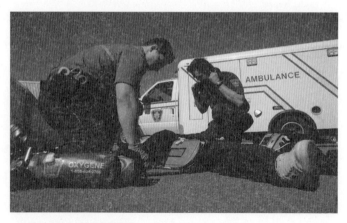

생명을 살리는 대규모 협동조합

퀘벡주 응급구조사협동조합(CTAQ)은 퀘벡시 카피탈나시오날 지역에서 중요한 기관으로, 퀘벡의 500대 대기업 중 한 곳이기도 하다(352위). 350명의 노동자 조합원이 활동하며 영향력을 펼치고 있다. 이 조합의 존재가 필수적인 이유는 바로 조합원들이 수많은 생명을 살리기 때문이다. 1988년 12월 15일부터 CTAQ와 함께했던 연대경제금고는 CTAQ가 신속히 활동을 개시하던 모습과, 시민의 요구에 부응하는 멋진 CTAQ의 활동을 지원하는 여러 요건을 마련하느라 분주히 일하던 경험을 기억한다. © CTAQ.

러한 방향으로 노력이 계속 이어졌고, 고용의 원천을 다양화하고 자 하는 새로운 차원의 방식도 차츰 모습을 드러내기 시작했다. 1990~91년 경제 위기 때는 총연맹이 새로운 경제 개념을 선보였다. 1995년 '빵과 장미의 행진'이 시작됨에 따라 이 새로운 개념은 세간에 점차 이름을 알리기 시작했다. 새로운 경제 개념의 이름은 바로 '사회적경제'였다.

1995년 가을, 전국노동조합총연맹 연구소는 〈연대경제 발전을 위한 추진 방향 Développer l'économie solidaire : éléments d'orientation〉라는 이름의 보고서를 출간했다. "연대 경제라는 새로운 경제활동 분야의 발전

1995년 – 빵과 장미의 행진

수천 명의 퀘벡 여성이 10일 동안 200km를 행진하며 노동자들의 빈곤한 상황을 알리는 '빵과 장미의 행진' 운동을 벌였다. 1만5천 명의 군중이 의회에 한데 모여 축제 분위기 속에서 행진은 마무리되었다. 프랑수아즈 다비드(Françoise David) 회장이 이끄는 퀘벡여성연맹(Fédération des femmes du Québec)은 이 행진을 주최해 시간당 6달러인 최저임금을 6.45달러로 인상하도록 이끌어냈고 임금 평등을 위한 정부 지원도 얻어냈다. 그뿐만 아니라 행진 이후 양육비 징수 촉진법 및 학비 동결을 촉진하는 법 또한 통과되었다. © 마리크 부드로(Marik Boudreau).

에 관한 최초의 토론"을 제안한 보고서였다. 보고서를 작성한 프랑수아 오브리François Aubry와 장 샤레스트Jean Charest는 이러한 견해가 전국노동조합총연맹의 '일자리 창출을 위한 포괄적 전략'의 일부라 강조했다. 한편 보고서가 출간된 다음 달에 일자리 창출과 유지를 위한 투자기관인 퐁닥시옹이 출범했다. 그러나 총연맹 소속의 여러 노조는 사회적경제 발전을 두고 의견 차이를 보였다. 어떤 조직은 사회적경제가 "국가의 회유와 조작 대상이 될 위험이 있으며 소외된 저임금 노동자, 특히 여성들이 주로 도맡는 저임금 일자리 부분의 게토화를 초래할 위험이 있다"[255]는 우려를 나타냈다. 이후 수차례 토론을 통해 이러한 위험을 예방하고 우려를 잠재우기 위한 방법이 제안되었다.

보고서 집필진은 맨 첫 줄부터 보고서 안에서 새로운 경제 개념에 대해 여러 표현을 사용하고 있음을 확인하고 있다. '연대경제'와 '사회적경제'를 구별 없이 사용하고 있기 때문이었다. 노동운동에 참여하는 일부 사람들은 '연대경제'라는 용어를 선호하는 반면, 학계에서는 '사회적경제'라는 용어를 선호했다.[256] 보고서가 쓰인 당시 퀘벡 내에서는 이 주제와 관련하여 어느 정도 혼돈이 있었음을 밝히고자 한다. 루이 파브로Louis Favreau 연구원에 따르면 용어의 다른 사용은 현실을 반영하는 것이다.

[…] 노조계는 […] 주로 '연대경제'라는 개념을 사용하고 […] 협동조합운동 진영에서는 무엇보다 협동조합 정체성에 의거하여 스스로를 정의하는 경향을 보인다. 협동, 사회, 연대라는 세 가지 표현은 조직의 역사와 문화뿐 아니라 경제와 사회 발전에 대한 다양한 비전 또한 드러낸다.[257]

'사회적'과 '연대', 두 용어 사이에서 동요하는 모습은 이 개념의 사용에 있어 선각자적 집단이었던 〈금고〉 내에서도 나타났다. 사회적경제라는 개념은 이 기관의 1991년 연례보고서에서부터 공식적으로 등장했다. "지역사회를 책임지는 데 필수적인 사회적경제를 발전시키는 일에 직접 참여했다는 사실이 자랑스럽다"[258]

금고와 사회적경제, 필수 불가결한 기여

빈곤이 증가하고 실업자가 끊임없이 발생하는 상황을 개선하는 데 우리 금고가 조금이나마 이바지할 수 있어 기쁘다. 우리는 특히 노동자들이 자율적으로 통제하는 기업 내에서 일자리를 재조직하는 일을 돕고, 우리 지역의 생존과 발전을 돕고 지역사회 내 연대를 공고히 하는 일에 기여했다는 사실이 자랑스럽다.

우리는 지역사회를 책임지는 데 필수적인 사회적경제 발전에 직접 참여하고, 퀘벡을 더욱 단합하고 연대하는 도시로 만들기 위해 노력하는 여러 조직과 단체들을 지원했다는 사실 또한 자랑스럽다.

<금고>의 <1991년 연례보고서> 중 '사회적경제' 지원을 설명하는 부분에서 발췌한 내용이다. 당시 드물게 사용된 '사회적경제'라는 용어를 사용했다는 점에서 <금고>는 이 용어 사용에 있어 선구자라 할 수 있다. 20세기 초에는 특정한 부문에서만 사용되던 '사회적경제'는 경제 및 일자리 대표자회의가 개최된 1996년부터 퀘벡지역에서 다시 사용되기 시작했다.
퀘벡시 노동자경제금고, <1991년 연례보고서>. 1992, p.6.

고 논한 부분이 이에 해당한다. 1994년부터는 '연대경제'라는 표현이 주로 사용되었다. 이 해 연례보고서의 중심 메시지였던 "연대경제: 우리의 선택"[259]이 이를 명확히 증명한다. 2000년대 초부터 〈금고〉는 "사회연대경제"라는 표현을 채택했다.

용어 사용을 넘어 사회적경제 내에 소속되어 사회적경제를 실천하는 것은 전국노동조합총연맹에도 〈금고〉에도 새로운 현실은 아니었다. 고유한 접근 방식을 활용하며 〈금고〉는 1990년대 사회적경제 발전의 특별한 동반자로 자리매김했다.

2015 – 바니에 재활용

설립 30주년을 맞이한 바니에 재활용(Recyclage Vanier)은 퀘벡주에서 가장 오랜 역사를 자랑하는 노동통합기업 중 하나로, 협동기업을 위해 6만 달러의 기금을 조성했다. 퀘벡대출기금이 운용하고 데자르댕 연대경제금고가 보증하는 바니에 재활용 기금은 협동기업들의 창업 또는 발전에 필요한 자본을 조달한다. 또한 노동통합기업연합 소속 구성원 중 절반이 연대경제금고의 거래처이기도 하다.

사진: 자비에 다셰(Xavier Dachez). © 바니에 재활용.

존재의 열정 : 은행가라는 직업의 재창조

집합적 운동에 관한 학술 연구 대부분은 중앙 기관에 관심을 집중하며 개괄적인 시각을 확보했다. 데자르댕운동의 〈금고〉들이 갖는 다양성으로 인해 연구결과를 일반화하기 어렵기 때문에 학계의 관심을 다소 적게 받았다. 그러나 노동자경제금고의 독창성과 고유함은 연구자들의 관심을 불러일으켰다.

1982년, HEC 몬트리올 경영대학원École des hautes études commerciales, HEC의 클로드 우엘레Claude Ouellet 연구원은 〈금고〉를 경영학 석사 논문 주제로 채택했다.[260] 〈금고〉는 1990년 중반부터 발전하기 시작하며 점점 더 많은 이들의 관심을 끄는 것처럼 보였다. 조엘 르보세는 〈금고〉의 역사와 기능을 연구하며 〈금고〉가 이룩한 '희귀한 성공'을 '연대 은행' 분야의 모델로 자리 잡게 했다.[261] 2000년에 퀘벡 셰르브룩 대학교의 두 학생은 오랜 시간에 걸쳐 〈금고〉 내

조직 변화를 관찰했다.[262] 2년 뒤, HEC의 조교수로 근무하던 박사 과정 학생 마르틴 베지나Martine Vézina와 셀린 르그랑Céline Legrand은 외부 환경을 관리함으로써 조직전 역량을 발전시킬 수 있다는 사실을 〈금고〉를 통해 입증했다.[263] 비록 두 학생이 특정한 시각에서 〈금고〉를 연구하기는 했지만, 이들의 연구는 〈금고〉가 개발한 독특한 운영 방법을 더 잘 이해하는 데 도움이 되었다. 이들은 협동조합이 운영되는 방식과 그 방식에서 비롯되는 역학을 관찰하며 연구의 결론을 도출했다. 이 연구의 자취는 특히 〈1995년 연례보고서〉에 나타난다. 조엘 르보세의 연구 내용을 반영한 구절인 '은행가라는 직업의 재창조réinventer le métier de banquier'는 데자르댕 운동에 대한 진정한 선언문이라 할 수 있다.

1990년 말, 〈금고〉는 연구자들의 관심을 불러일으킨 자신의 접근 방식을 '존재의 열정la passion des êtres'이라는 단 4개의 프랑스어 단어로 요약했다.

〈금고〉의 활동을 이해하기 위해서는 〈금고〉가 자신을 금융기관으로서 최우선으로 정의하지 않는다는 사실을 알아야 한다. 〈금고〉는 〈1995년 연례보고서〉에서 "우리는 처음부터 우리 금고를 개발 도구로 여겼다. 이러한 관점에서 보면 금고는 목적이 아니라 수단이 된다."고 설명했다. 개발 도구의 임무를 수행하고자 〈금고〉는 협동조합, 노동조합, 지역공동체, 문화단체라는 4개 분야 조직들을 지원하는 "투자기관"[264]이 되었다.

〈금고〉는 일반적인 은행들이 취해온 관행과는 달리 여러 사오래전부터 <금고>의 인간적·사회적 동기를 논할 때마다 쓰인 '존재의 열정'이라는 문구는 1995년 연례보고서에 최초로 공식 언급되었다. 위 사진에 소개된 양식은 이후 그래픽 서명이 되어 캐나다 특허청에 등록되었다. 퀘벡서 노동자경제금고. <1995년 연례보고서>. 1996, 표지 II

존재의 열정

우리의 원동력이 되는 기업가 정신은 지극히 인간과 사회에서 비롯한다. 이 기업가 정신의 주된 특징은 거래 성사가 아닌, 문제 해결에 집중한다는 점이다.

이는 정의를 확립하고, 빈곤·개발 문제를 해결하고, 인간의 필요에 대한 해답을 찾고자 노력하는 기업 정신이다.

오늘날 세계가 처한 상황과 해결해야 할 수많은 경제적·사회적 과제를 생각해볼 때, 우리는 이러한 기업가 정신만이 적절하고도 지속가능한 해결책을 찾는 데 아주 폭넓고 관대한 기준을 제시할 수 있을 것으로 생각한다.

업을 받아들이고 승인했다. 마르틴 베지나와 셀린 르그랑은 <금고>가 재무제표보다는 사람에 더욱 초점을 맞춘, "양이 아니라 질로 접근하는"[265] 방식을 개발했다는 사실을 발견했다. 사업을 평가할 때 <금고>가 가장 먼저 한 일은 사업 계획서를 검토하는 게 아니라 사람들을 만나 사업 계획을 직접 듣는 것이었다. 당시 <금고> 이사장과 총괄책임자는 <1995년 연례보고서>에 "우리는 약점, 결점, 문제점을 분석하는 데 집중하기보다는 사람, 집단, 지역사회를 먼저 만나 사업의 잠재력과 자원을 포착하고자 노력한다."고 설명했다. 클레망 기봉 당시 총괄책임자에 따르면 사업의 성공을 보장하는 가장 중요한 요소는 사업을 추진하는 이들의 역량, 명확성, 통찰력이었다. 그는 "우리는 이러한 방식으로 사업을 검토해야 한다고 처음부터 확신했다. 다른 기관과 차별화를 하기 위해서가 아니었다. … 기업의 성공이 사람에 달려있음을 확신했기 때문이다. 처음부터 사업에 대한 명확한 확신을 가져야 사업을 시작할 수 있다. […] 그리고 명확한 확신이 있으면 사업 과정에서 발생하는 문제를 해결할 수 있다."[266]고 설명했다.

〈금고〉는 "사람들이 금융기관의 지원을 받을 자격을 갖춰야 하는 게 아니라 금융기관이 사람들을 지원할 방법을 찾아야 한다."[267]고 생각했다. 〈금고〉는 신용 위험을 관리하는 최고의 방법은 '객관적'인 시선을 유지하기 위해 신용 당사자와 거리를 두어야 한다는 기존 금융기관의 생각을 뒤집었다. 오히려 〈금고〉는 신용 위험을 줄이는 방법은 바로 가까이 다가가는 것이라 생각했다.

마르틴 베지나와 셀린 르그랑에 따르면 〈금고〉의 강점 중 하나가 바로 사회적경제 환경과 긴밀한 관계를 맺으며 쌓은 지식이다. 실제로 〈금고〉는 협력자들과 긴밀한 네트워크를 구축해 "다소 공개적이고 공식적인 정보원"[268]에 접근할 수 있었다. 사업 모니터링 단계에서도 〈금고〉는 마찬가지로 가까이에서 동행하며 기관의 어려움을 더 잘 이해해 더욱 빠르고 효과적으로 대응할 수 있었다.

〈금고〉는 "책임감 있는 은행가"의 태도를 고수했다. 사업 추진

을 희망하는 고객과의 첫 번째 회의에서 〈금고〉 컨설턴트는 제출
된 사업의 실행 가능성을 확인해야 했다. 조엘 르보세는 "〈금고〉
가 다른 금융기관과 같은 신용 승인 기준을 정하고 준수하면서도,

*Notre engagement dans le développement
solidaire de nos milieux*

À travers au Québec une multitude d'associations, qu'elles soient populaires, syndicales, coopératives, communautaires ou culturelles, qui oeuvrent au sein de nos milieux. Des associations qui font un travail irremplaçable pour apporter des solutions aux problèmes qui se nouent dans nos milieux. C'est avec ces associations que nous avons choisi de travailler. C'est à ces associations que nous avons choisi de rendre disponibles nos ressources.

Ce faisant, au fil des années, nous avons choisi d'accompagner quatre réseaux dans leur action : les réseaux syndical, coopératif, communautaire et culturel, chacun portant à sa façon un « combat » pour une société meilleure et plus solidaire.

Pour partager avec vous tout le sens que nous trouvons à oeuvrer avec ces réseaux et toute la fierté que nous ressentons à le faire, nous avons demandé à quatre militants et militantes de partager avec nous leur vision du « combat » mené dans chacun des réseaux avec lesquels nous sommes associés.

Ces quatre amies et amis de la Caisse Joseph Giguère, Vivian Labrie, Agnès Maltais et Michel Rioux), nous ont fait don de leur texte. Nous les remercions chaleureusement. Nous avons choisi de ne pas inscrire leur nom au bas de chacun des textes pour signifier que nous les faisons entièrement nôtres. Nous vous invitons à les parcourir, dans les pages qui suivent. Ils révèlent bien le sens de notre engagement et les espoirs qu'il y anime.

<1995년 연례보고서>는 금고가 노동조합, 협동조합, 지역
공동체 및 문화단체라는 네 개 네트워크를 지원하기로 선택
했음을 밝힌다. 두 활동가는 이 네트워크에 대한 각자의 비
전을 공유하기로 동의했다. 퀘벡시 노동자경제금고, <1995년 연례
보고서>, 1996, p. 5.

우리가 속한 사회의 연대적 발전을 위한
우리의 약속

퀘벡시에는 시민단체, 노동조합, 협동조합, 지역공동체, 문화단체 등 다양한 성격의 조직이 있
다. 모두 우리가 속한 사회에서 활동하며 불거진 문제에 관한 해결책을 제시하는, 대체 불가능
한 일을 하는 기관들이다. 우리는 바로 이 기관들과 일하기로 선택했다. 우리의 자원을 이 기
관들에 제공하기로 선택했다.

선택을 수년간 실천으로 옮긴 우리는 협동조합·노동조합·지역공동체·문화단체를 중심으로 총
4개 네트워크와 함께하기로 했다. 각 네트워크는 더 연대적이고 더 나은 사회를 만들고자 나름의
방식으로 '분투'한다.

우리가 이들 네트워크와 일하며 찾은 모든 의미와 자부심을 여러분과 나누기 위해, 우리는 4개
네트워크에서 활동하는 활동가들에게 각자의 네트워크에서 행하는 '분투'에 관한 비전을 공유
해달라고 요청했다.

〈금고〉와 함께하는 네 명의 친구들(조셉 지게르, 비비앙 라브리, 아녜스 말테, 미셸 리우)이 각
자 한 편씩 글을 써서 우리에게 보내줬다. 이들에게 진심 어린 감사의 말을 전한다. 우리가 이
들의 글에 전적으로 공감한다는 사실을 강조하기 위해, 각 글 끝에 글쓴이의 이름을 명시하지
않았다. 우리의 약속과 그 약속에 담긴 희망의 의미를 잘 드러내는 글들을 찬찬히 읽어보기를
권한다.

자신이 잘 아는 사업에 관해서는 상황상 정당하다고 생각되면 특정 기준을 준수하지 않는 결정을 내릴 수 있었다."[269]고 설명했다.

〈금고〉가 보인 유연성과 조합원들과의 밀접한 관계는 20세기 초의 교구주민금고caisse populaire paroissiale의 특성과 결을 같이했다. 실제로 알퐁스 데자르댕은 "제한된 활동 영역이야말로 기금의 안전을 확보하는 기초다. 교구에 소속된 신자들은 모두 서로 잘 아는

<1995년 연례보고서>에서 발췌한 미셸 리우(Michel Rioux)의 글은 특히 나눔과 연대를 통해 "삶의 변화"를 돕는 노동조합 활동의 타당성을 강조한다.
퀘벡시 노동자경제금고. <1995년 연례보고서>. 1996, p.9.

노동조합 활동, 희망으로 가는 여정 속의 투쟁

어린이들을 공장으로 몰아 노동력을 착취하고 노동자들이 40세가 되기도 전에 직업병으로 삶을 마감하게 만든 산업혁명기와, 노동자 계급을 끔찍한 처지로 몰아넣던 시대는 이제 먼 이야기가 되어서 기쁜 일이지만 노동조합의 투쟁은 여전히 타당성을 지닌다.

노동조합의 투쟁은 희망으로 가는 여정의 일환이기 때문이다. 시대와 경기를 막론하고, 삶을 바꾸는 문제에서 노동조합운동은 특히 퀘벡에서는 늘 필요한 시점에 펼쳐졌다.

불변의 신조를 고수하며 행동하기보다는 목표를 향해 나아가는 유도탄처럼 움직인 노동자들은 미래 사회의 윤곽을 끊임없이 그려나갔다. 이들은 특히 일상에서 노동하고 소박하게 활동하며 가장 많은 일을 이뤘다. 이들이 보여준 행동은 대부분의 경우 세상의 주목을 받지 못했지만 결국 이들 덕분에 이전에는 그늘에 가려 보이지 않았던 것들이 빛나게 되었다.

해결해야 할 과제는 저마다 그 성격이 다른 것처럼 보일 수도 있다. 당연한 일이다. 하지만 정의 수호의 꿈, 연대를 향한 비전이 늘 함께했다. 여러 방면에서 막혀 있는 사회에서 나눔의 가치가 합의문이나 일상에서의 행위 등 다양한 모습으로 표현된다.

<1995년 연례보고서>에 게재된 '협동조합 활동'에 관한 조셉 지게르(Joseph Giguère)의 글. 그는 소외와 빈곤을 초래하는 경우가 너무나 많은 기존 경제체제에서 협동조합이 가져올 수 있는 유익한 효과를 "대체의학"에 비유해 설명한다. 퀘벡시 노동자경제금고. <1995년 연례보고서>. 1996, p.11.

협동조합 활동 : 경제를 위한 대체의학

생산 분야에서 사람들이 기피하는 노동에 종사하는 퀘벡 주민이 약 25%에 달하는 실태, 늘 반복하며 수많은 피해자를 양산하는 기업 구조조정, 점점 더 심해지는 빈곤화, 황폐해지는 우리의 민주주의는 크나큰 문제를 안고 있다. 불평등과 배제를 연료 삼아 돌아가는, 정작 민주주의의 근간을 이루는 목표에 철저히 반대하는 경제와 어떻게 공존할 수 있을까?

더욱 심오한 수준에서 더욱 견고한 방식으로, 우리는 가난해지고 배제된 사람들 사이에서 이러한 상황에 맞는 해답을 찾아낸다. 이 사람들은 여러 영역에서 정의를 수호하고 권리를 사수하기 위해 싸운다. 고용·주거·소비·생산·보건·여가 등 분야를 막론하고 여러 방면에서 활동해나가는 이들은 더는 타인이 자신을 위해 결정해줄 때까지 기다리지 않는다. 이들은 협동조합에서 활동하며 자유를 요구하고 정의를 갈구하며 박애를 갈망하는 민주주의에 기반해 직접 경제적 해결책을 고안한다.

협동조합은 민주주의가 경제에 스며들게 해 사회적으로 두 가지 주요 변화를 낳는다. 먼저 협동조합은 배제된 사람들이 자신의 문제를 해결하는 데 중심적 역할을 맡게 함으로써 시민권을 회복시킨다. 이어서 이들이 유일하게 간직할 수 있는 시민으로서의 자유는 이웃과 함께 사회에 참여하는 자유라는 것을 알려준다. 협동조합은 구조와 문화에 활동을 결합해야 하는 인내심이 필요한 방식이다. 무례하거나 권위적인 이들은 협동조합에서 자기 자리를 찾을 수 없다. 자발적 사회화에 기초한 협동조합은 속도는 느리지만 전신을 치유하는 대체의학과 같다고 할 수 있다. 이렇듯 대체의학의 면모를 지닌 우리 협동조합은 출범한 지 비록 75세가 되었지만, 여전히 젊은 움직임으로 여겨지며 세계 각국에서 조용히, 점진적으로 발전해나갈 것이다.

<1995년 연간보고서>에 게재된 '주민 활동 및 지역사회 활동'에 관한 비비앙 라브리(Vivian Labrie)의 글. 사람들을 경제 발전에 참여시켜 이들을 제공자나 수혜자가 아닌 파트너로 간주할 것을 제안한다.

퀘벡시 노동자경제금고. <1995년 연간보고서>. 1996, p.13.

민중·지역사회 활동 : 난관을 타개하기 위하여

괴로움을 거부하며 정의를 믿는 사람들은 우리 사회에 늘 있었다. 퀘벡에는 시민위원회, 문맹퇴치에 힘쓰는 단체, 상부상조하며 권리를 수호하는 단체들이 계속되는 사회 불평등에 종지부를 찍는 길로 나아가고 있다. 이러한 활동 안에서 우리는 함께 배우는 기쁨을 느꼈고, 활동을 통해 연대가 지닌 진정한 특성을 배웠다.

배제당하는 사람을 양산하는 지금의 흐름을 뒤집어엎고, 각 개인이 스스로 중요한 사람이라 느끼게 해주며 개인의 잠재력을 계발하여 지역사회에 이롭게 쓰일 수 있도록 돕는 방법을 찾는 것은 크나큰 도전 과제다. 퀘벡 전역에서는 용기 있는 사람들이 이러한 과제를 해결하고자 일어났다. 경제적으로는 여유롭지 않지만, 창의력과 참신함을 발휘할 수 있는 사람들이 이러한 흐름을 주도했다. 오늘날 사람들이 사회적경제에 대해 논하기 시작하고, 경제 발전에서 인간을 고객, 서비스 제공자, 수혜자로만 보지 않고 동반자로 여기는 일의 중요성을 크게 깨닫기 시작했다면, 이는 어린이집, 식품협동조합, 청년 주거지원제도, 여성 지원제도 등이 발전하며 사람들의 마음을 움직였기 때문이다.

지역사회 네트워크를 발전시켜 나가는 수백 개의 집단과 수천 명의 사람이 모든 이에게 사회에서의 자리와 몫을 나눠주는 사업을 향한 뜨거운 열망을 품고 있다. 연대와 민주주의를 기반으로 하는 이 비전을 사회에 통합시키기를 모두가 희망하는 순간이 다가오고 있다. 이러한 움직임이 더욱 활성화되기 위해서 필요한 것이 좀 더 많은 자원의 대규모 통합이라면? 우리가 열망하는 사회 프로젝트를 위해 민중운동과 노동조합·협동조합·문화단체 활동 간의 결합이 필요하다면?

L'action culturelle:
au cœur du partage et de la liberté

<1995년 연례보고서>에는 <금고>를 이루는 4개 네트워크에 대한 마지막 설명으로 '문화 활동'에 관해 아녜스 말테 (Agnès Maltais)가 작성한 글이 수록되어 있다. 문화는 창작의 자유를 나타내기 때문에 민주주의의 기반으로 여겨진다.

퀘벡시 노동자경제금고. <1995년 연례보고서>. 1996, p.15.

문화 활동: 나눔과 자유의 중심

세상에 시선을 두는 예술가는 흥미를 자아내는 존재이자 균형을 깨뜨리는 존재이기도 하다. 충격을 가져다주는 예술가는 사회 혁신이라는 높은 파도에 몸을 싣는 선구자일 때가 많다. 시민을 통제하려고 하는 정치 체제가 가장 먼저 하는 일이 정보 전달 매체를 손아귀에 넣고 예술가들의 입을 막는 일인 것도 바로 그 때문이다. 발언의 자유와 마찬가지로 창작의 자유는 민주주의를 이루는 근간이다.

예술에 대한 접근권은 변화하는 세계와 함께하며 새롭게 나타나는 모델을 받아들일 줄 아는 시민을 양성하는 데 필수적이다. 이렇게 양성된 시민은 일과 가족의 생활에 영향을 미친다. 예술을 더 많이 접할수록 개인은 주체적인 사고력, 혁신을 일으키는 능력을 기르고 세상을 향해 나아갈 수 있다.

우리는 전 세계와 연결되었지만, 정작 이웃과는 멀어졌다. 정보가 패스트푸드화되는 시대, 개인을 점점 더 고립시키는 사회에서 예술은 성찰하고 감정을 느끼는 순간들을 타인과 나누게 해주고, 생각의 자유와 타인 존중을 경험하게 해주는 필수적인 기능을 담당한다.

문화 제국주의의 도래를 은폐하는 지구촌 시대에서 민중으로서 우리의 개성을 더욱 강화하는 일이 시급하다. 예술가는 우리가 이상으로 삼는 비전의 횃불을 든 존재이다.

174 데자르댕 연대경제금고의 역사, 존재의 열정

L'ÉCONOMIE SOLIDAIRE: NOTRE CHOIX

Travailler à un développement qui donne plus de chances à l'entraide et au partage. Plus de chances au respect des personnes et des ressources. Plus de chances au Québec, de l'emploi et des régions. Plus de chances à la pile en main et à la démocratie. En quelque sorte, plus de chances à l'édification d'une société porteuse d'avenir où le droit à une vie décente sera reconnu pour toutes et tous. C'est notre choix.

En raison de ce choix, certains nous attribuent l'appellation de LA CAISSE DU COMMUNAUTAIRE au Québec. Forts que d'autres nous identifient comme étant la Caisse qui prête à tous ceux et celles à qui les autres institutions ne veulent pas prêter. Un choix qui fait notre spécificité, mais aussi un choix qui fait notre force. En termes d'engagements financiers, un choix qui signifie un investissement de quelque cinquante (50) millions de dollars dans l'action collective.

FAIRE DE LA BANQUE AUTREMENT

À la caisse d'économie des travailleuses et travailleurs (Québec), nous avons une conception de l'économie et du développement centrée sur les facteurs des gens. Des communautés, des régions.

Par le financement d'activités syndicales, coopératives, communautaires, populaires et culturelles, nous participons à la réalisation d'interventions ancrées avant tout sur les personnes, sur les êtres. Nous avons fait le choix d'aider notre action d'abord sur le développement plutôt que sur la seule recherche du rendement financier. Et nous avons choisi de mettre en valeur les richesses sociales en faisant en sorte que la collaboration au partage, l'entraide et la solidarité sont les valeurs mises de l'avant, nous choisissons de construire avec des réseaux de partenaires.

À l'ensemble de discours oscillant de la modernisation, nous avons fait l'option de faire du développement autrement. Nous faisons de la banque le relief bien comme, d'accès, on veut favoriser financièrement des projets pour un avenir meilleur et plus humain pour les gens.

Nous avons fait le choix de faire de la banque autrement.

동반과 혁신: 우리의 접근법

퀘벡시 노동자경제금고 구성원인 우리는 금융기관으로서 수행하는 역할에 자부심을 느낀다. 먼저, 그리고 무엇보다도, 우리가 받은 요청, 고객이 우리에게 표현하는 필요사항, 우리가 함께 꾸는 꿈, 우리가 이바지해 발전시키고 싶은 이상에 관한 해결책을 제안한다는 점에서 자부심을 느낀다. 이는 일상의 시장에서는 '별 볼일 없다'고 여겨지는 사람을 받아들인다는 것을 뜻한다. 늘 확실하게 윤곽이 잡히지는 않는 사업, 자원이 한정된 사업, 확신을 주지 못하게 계획된 사업을 받아들이고 환영함을 뜻한다. 이러한 사업을 시간을 들여 검토하고, 필요할 때는 기존과는 다른 혁신적인 방법을 강구하는 일을 받아들인다는 것을 뜻한다. 통상적으로는 이러한 사업이 기존 금융기관들이 세운 표준을 충족해야 하는 것이 맞다. 하지만 우리는 우리의 자원이 허락하는 한에서 이러한 사업이 추진되도록 도왔다. 매우 까다롭지만, 그보다 훨씬 더 큰 열정을 불러일으키는 일이기 때문이다.

<1996년 연례보고서>에서 발췌한 이 글은 무엇보다도 개발 분야에서 <금고>가 지닌 중요한 위치를 설명하며, 이 관점에 따라 <금고>가 "다른" 금융 관행을 확립해야 한다고 주장한다.
퀘벡시 노동자경제금고. <1996년 연례보고서>. 1997, p.2.

신용협동조합 중에서도 다른 신용협동조합

퀘벡시 노동자경제금고는 사람·지역사회·지방의 요구에 집중하는 경제와 발전을 생각한다.

노동조합·협동조합·시민단체·주민·문화활동에 자금을 지원하며 우리는 무엇보다도 인간을 중심에 두는 지원을 실현하는 일에 함께한다. 우리는 재정적 이익만을 추구하기보다는 발전을 중심으로 활동을 펼치기로 선택했다. 사회를 구성하는 사람들과 시너지를 일으키며 네트워크 내 협력자들과 함께 일하기로 했다.

현대화를 논하는 기계적인 담론에 맞서 우리는 다르게 발전하고 다르게 구축하는 길을 선택했다. 우리는 다른 금융기관은 관심을 두지 않는 곳에 가서 신용협동조합을 세운다. 나눔, 상부상조, 연대를 가장 중요한 가치로 앞세우는 사업을 재정적으로 지원함으로써 사회연대경제를 옹호하고 장려하는 길을 택한다. 다시 말해 단체, 지역, 지방이 스스로 미래를 구축하며 직접 관리할 기회를 주는 길을 택한다는 뜻이다.

우리는 신용협동조합 중에서도 다른 신용협동조합을 세우는 길을 택했다.

<1994년 연례보고서>에서 발췌한 이 글은 <금고>가 시간을 할애해 조합원들의 요청을 검토하고 새로운 해결방안을 모색하면서 느끼는 자부심을 강조하는 내용을 담고 있다.
퀘벡시 노동자경제금고. <1994년 연례보고서>. 1995, p.3.

사이이기 때문에 쉽게 정보를 얻을 수 있다. 대출 거래 시 가장 중요한 점은 조합원 차용인이 얼마나 성실한 사람인지 확실히 아는 것이다."[270]라고 강조한 바 있다. 과거 여러 주민금고가 기존 금융기관의 엄격한 논리에 반하는 연대의 모습을 보이며 예상된 위험을 감수할 수 있었던 것도 조합원들과 밀접한 관계를 유지했기 때문이었다. 시간이 지날수록 조합원들이 서로 다른 기대를 드러내고 〈금고〉는 규제를 다시 점점 엄격히 강화하면서, 〈금고〉가 발휘할 수 있는 융통성의 범위는 점점 더 줄어들었다. 이 내용은 다음 장에서 더 자세히 소개할 것이다.

사업이 승인되면 〈금고〉 컨설턴트는 사업 발기인과 협력하여 발생 가능한 어려움과 협력이 가능한 기관들을 정리했다. 조엘 르보세에 따르면 사업 과정 초기에 〈금고〉는 세 범주의 네트워크와 협력한다. 먼저 "〈금고〉 활동을 통해 추구하는 목표에 대해 유사성을 공유하는" 협력자다. 다음으로 재정적 측면과 기술적 측면에서 협력하는 기관들이다. 마지막으로 "〈금고〉가 지원하는 분야에서 활동하는 이해관계자들 간의 비공식 네트워크"[271]이다. 이 비공식 네트워크 구성원은 대부분 〈금고〉 조합원들이다.

이 네트워크들은 〈금고〉의 사업 진행에서도 중요한 역할을 담당했고, 1980년대 전국노동조합총연맹이 고안하고 〈금고〉의 지원도 함께 받아[272] 만들어진 최초의 집단 도구와 함께 발전했다. 네트워크는 이후 계속해서 다양화되고 확장되었다. 〈2000년 연례보고서〉에 최초로 공식 소개된 이 네트워크는 "활기찬 협력관계"라는 부문으로 분류되어 계속해서 꾸준한 성장을 이뤘다. 2000년 4개 협력 기관으로 구성되었던 이 네트워크는 2007년 퐁닥시옹, 필락시옹Filaction, 퀘벡투자공사, 퀘벡발전 지역센터 연합l'Association des centres locaux de développement du Québec, 퀘벡 사회투자 네트워크, 퀘벡 SADC 네트워크, 퀘벡 공동체금고 네트워크Réseau québécois du crédit communautaire, 바티랑트, 사회적경제 샹티에 신탁, 국제연대개발, MCE컨설팅 등 11개 협력 기관을 포함하기에 이르렀다. 대규모 네트워크를 구축한 〈금고〉는 사업별 맞춤형 제안을 제공할 역량을 개발할 수 있었다. 이들 협력 기관은 "자금 운용과 조정 측면에서 크나큰 유연성을 제공하며 […] 동반자로 함께했다." 또한 "〈금고〉가 제공하는 상품을 보완하는 상품(벤처캐피탈, 정부 보증, 보조금 등)"[273]까지도 지원했다.

〈금고〉는 다양한 방식으로 조합원 및 협력 네트워크와의 관계를 구축하고 유지했다. 임원 모집은 사회적경제 영역 내에서 특별한 관계를 구축하기 위한 전략 중 하나였다. 1990년대 중반에 실시된 한 설문 조사에 따르면 임원들은 협동조합과 지역사회 활동에 깊이 관여하고 있었다.[274] 시간이 지남에 따라 노조, 협동조합, 지역공동체, 문화 등 4개 네트워크의 대표가 〈금고〉 이사회 내에 공식적으로 자리 잡았다. 2007년 연례보고서에는 "노동조합 및 준 노동조합 대표들로 5명의 이사, 협동조합 대표들로 2명의 이사, 지역공동체에서 2명의 이사를, 그리고 문화단체 대표로 1명의 이사를 구성한다."고 명시되어 있다.[275] 이는 단순히 〈금고〉 내에 4개 네트워크의 대표성을 보장하기 위해서만은 아니었다. 4개 네트워크를 대표하는 임원들이 〈금고〉에서 활동한 덕분에 〈금고〉는 타기관과 더욱 원활히 정보를 교환할 수 있었을 뿐 아니라 타 기관의 든든한 지원도 받을 수 있었다. 정보 교환과 안정된 지원은 〈금고〉가 개발한 운영 방식에 필수 요소였다.

컨설팅 팀은 〈금고〉의 협력 기관들과 알고 지냈고, 임원진과 마찬가지로 네트워크 기관들의 활동에 자주 참여했다. 1990년대 중반, 직원 25명 중 24명이 참여한 설문조사 결과가 이를 입증한다. 설문조사 답변자 중 10명은 협동조합 활동에, 17명은 노동조합 활동에, 16명은 지역 단체 활동에 참여하고 있었다.[276] 사실 〈금고〉에서 일하려면 은행 업무에 대한 지식을 보유해야 하고, 〈금고〉가 자금을 지원하는 사업 분야에 대한 이해를 갖춰야 하는 등 특별한 자격 조건이 필요했기 때문에[277] 직원을 고용하기가 쉽지 않았다. 조엘 르보세는 자신의 연구에서 1990년대 초 "〈금고〉가 인력을 확충해야 했지만 새롭게 〈금고〉에 들어온 이들이 사업에 적응하는 데 어려움을 겪을 수 있다는 우려가 오랫동안 걸림돌로 작용했다."[278]고 설명하기도 했다. 〈금고〉는 팀 규모를 확장하고 업무 지속성을 보장하고자 두 가지 방법을 사용했다. 첫 번째 방법은 지역사회에서 모집한 인력에 은행 업무 교육을 제공하는 것이었다. 두 번째 방법은 금융계 종사자들을 모집해 이들에게 지역사회 활동을 소개하는 것이었다. 클레망 기봉은 두 방법 모두 큰 과제를 안고 있음을 인정했다. 인내심을 갖고 새로운 인원을 이끌어

야 했으며, 무엇보다도 새로운 이들에게 조직의 비전을 명확하고 일관되게 알려야 했기 때문이다.[279]

여러 어려움을 겪기는 했지만, 어쩌면 어려움을 겪었기 때문에 〈금고〉 팀은 인력 충원 기간 특히 결속하는 모습을 보였다. 〈금고〉의 전 총괄책임자는 금융기관 조사관이 방문했을 때를 회상하며 "조사관은 '회계원이든 사무직원이든 컨설턴트든, 이곳 구성원들은 제가 〈금고〉나 〈금고〉의 성과에 관한 질문을 하면 모두 막힘없이 대답하네요. [⋯] 어떻게 이런 수준에 도달하셨는지 모르겠네요. 모든 구성원들이 조직의 비즈니스를 제대로 파악하고 있어요. 대단합니다.'라며 놀라워했다."고 말했다.[280] 이러한 특징은 〈금고〉를 일반 은행이나 기존 신용협동조합들과도 다른 금융기관으로 만든 중요한 요인이었던 게 틀림없었다.

성찰을 통한 차별화: 데자르댕 연대경제금고 연례보고서

1990년대 초, 데자르댕 연대경제금고는 탄탄한 재정적 기반을 갖춘 채 고유의 개성을 개척했다. 〈금고〉는 기존 활동분야를 넘어 정치·사회·경제 등 여러 분야의 문제에 대해서도 목소리를 내기 시작하며 한층 더 자신감 있는 행보를 펼쳤다.

1990년 11월, 〈금고〉 이사들은 클로드 벨랑 당시 데자르댕 운동 회장이 퀘벡 정치·헌법 미래위원회 Commission sur l'avenir politique et constitutionnel du Québec(벨랑제-캉포 위원회라는 별칭으로도 불림)에 제시한 입장을 지지했다.[281] 이들이 채택한 결의안은 1990년 연례보고서에도 소개되어 있다. 노동조합으로 시작한 뿌리를 잊지 않은 〈금고〉는 노동자들을 지원하는 데 망설이지 않았다. 1991년 10월, 앙드레 테리앙 당시 〈금고〉 이사장은 조슬랭 프로토Jocelyn Proteau 당시 데자르댕 주민금고 지역연합 몬트리올-퀘벡 서부연합회 회장에게 리브 쉬드 지역의 한 금고에서 발생한 노동 분쟁에 관한 서신을 보냈다. 앙드레 테리앙 이사장은 〈금고〉가 복잡한 상황에서 '방해'하려는 게 아니라, "당사자들이 수용하고 존중하는 해결책을 찾기를 촉구하는 것이다."[282]라는 점을 서신에 명시했다.

서신을 보내기 몇 달 전에 〈금고〉 이사장으로 선출되었던 앙드레 테리앙은 새롭게 맡게 된 직책과 관련 있는 배경을 지닌 인물이었다. 초등학교와 중학교 교사로 일했던 그는 1960년대 초 노동조합 활동가가 되었고, 이후에는 지역 교사 결집 책임자, 노조 고문, 퀘벡주 교육노동조합연맹 집행위원회 부위원장 등 여러 중요한 직위를 역임했다. 1972년 퀘벡 노동조합 연합 공동전선 투쟁 시 노동조합 지도자 3명이 투옥되었을 때 그는 퀘벡주 교육 노동조합연맹 임시위원장을 맡고 있었다.[283] 1987년 은퇴한 후에는 1991년 4월부터 2005년 5월까지 약 15년간 〈금고〉 이사장직을 맡았다.

테리앙이 회장직을 맡은 동안 〈금고〉의 연례보고서는 점차 특별한 정보를 수록하는 장이 되어 갔다. 연례보고서의 본질적인 주

엑스마키나 사업

엑스마키나(Ex machina)는 연극연출가 로베르 르파주(Robert Lepage)가 1994년 설립한 비영리단체다. 연극, 멀티미디어, 신기술, 음악 등 다분야를 아우르는 예술 창작 기업인 엑스마키나는 퀘벡뿐 아니라 전세계 문화 시장에서 독특한 위치를 점하고 있다. <금고>의 재정적 참여로 엑스마키나는 예술 창작센터로 활용할 새 건물을 인수할 수 있었다. 또 <금고>는 엑스마키나가 역사상 최대 규모의 프로젝션 작품인 '이미지 제작소(Le Moulin à images)'를 5년 동안 퀘벡 구항 곡물창고에서 상영할 수 있도록 장비 구입 자금을 지원했다. 사진: 다비드 카농(David Cannon).

요 기능은 기관의 재무제표를 제시하는 것이었다. 자신의 강점과 자신이 이룩한 성장을 드러내고자 했던 〈금고〉는 연례보고서의 재정 정보 제공이라는 주요 기능에 충실했다. 동시에 1990년대 초부터는 연례보고서에서 〈금고〉만의 독특한 접근법을 소개하기 시작했다. 클레망 기몽 전 총괄책임자는 〈금고〉가 연례보고서에 참여한 여러 사업을 소개하며 "조합원이 우리에게 맡긴 돈이 어디에 사용되었는지"[284]를 보여줬다고 설명한다.

특히 1990년대 후반부터는 앙드레 테리앙 회장과 클레망 기몽 총괄책임자가 공동 게재한 글이 연례보고서에서 점점 더 많은 지면을 차지하기 시작했다.

두 사람은 〈금고〉와 관련된 의견뿐 아니라 사회문제에 대한 의견도 제시했다. 이는 "〈금고〉의 사명과 관련 있는 주제들에 대

맹부르 동업조합 Corporation Mainbourg

2002년, 몬트리올 동부의 오래된 건물이 지역 주민을 위한 거대 복합단지인 맹부르 공동체센터로 다시 태어났다. 청년, 가족, 노인 등 지역사회 구성원을 위한 모든 서비스를 제공하는 센터에는 어린이집, 협동조합이 경영하는 음식점, 지역사회 단체 전용 사무실, 회의실, 댄스연습실, 체조훈련실 등이 갖추어져 있다.
사진: G. 보샹(G. Beauchamp). © Corporation Mainbourg.

앙귀스 개발회사 Société de développement Angus, SDA

창립 20년 후 SDA는 퀘벡의 사회적경제에서 가장 큰 부동산 개발업체가 되었다. <금고>는 퐁닥시옹과 협력하여 도시재생 사례인 테크노폴 앙귀스(Technopôle Angus)의 자금 조달에 참여했다. 테크노폴은 캐나다 내에서 큰 성공을 거뒀을 뿐 아니라 전 세계에도 성공 사례로 알려졌다. 새로운 개발 단계가 시작되었음을 알리는 신설 공공 광장인 레오폴 볼류 광장도 테크노폴 구역에 조성되었다. 사진: 세바스티앙 루아(Sébastien Roy). © Angus Development Corporation.

UNE PENSÉE UNIQUE EST PARTOUT MARTELÉE

Depuis qu'est apparu le dogme de la compétitivité, un même slogan est martelé partout : riches ou pauvres — tout les pays, les groupes que les personnes — tout le monde sera gagnant au challenge mondial. Il s'agit d'une pensée unique, presque magique, qui est à la fois unidimensionnelle, économique et mondiale.

Ce que cette pensée magique cache, c'est qu'en dépit de 30 années de croissance économique, le quart de la population mondiale a vu son niveau de vie baisser. On parle de

plus en plus de l'exclusion et des exclus. La pauvreté ne régresse plus. Les inégalités sociales s'aggravent. De nouveaux pauvres apparaissent. Mais quand nous parlons-t-on de ceux qui excluent, des exclueurs?

Ne soyons pas dupes. L'exclusion nous montre avec clarté les conséquences de la mondialisation. Ces conséquences sont multiples et des effets les unes sur les autres : appauvrissement, privation des droits sociaux, diminution de l'accès aux services publics, affaiblissement

de la liberté d'expression et du droit d'accès à la justice. Et ces conséquences sont perceptibles non seulement dans toutes les sociétés, mais aussi entre pays riches et pays pauvres.

Quant aux exclueurs, ils ont reçu une sévère remontrance d'un des leurs, Georges Soros, un des grands ténors du capitalisme, qui a amassé des milliards de dollars sur le marché des changes opérations qui ont même mis en péril certaines économies nationales! Ses propos.

<1996년 연례보고서>에서 발췌한 이 글은 세계화의 해로운 영향 중에서도 소외, 빈곤, 권리와 서비스 배제 등에 집중한다. 퀘벡시 노동자경제금고. <1996년 연례보고서>. 1997, p.2.

단일적인 사고가 곳곳을 뒤덮는다

경쟁주의가 태동한 이래로 "국가 간, 집단 간, 사람 간 빈부격차가 있더라도 세계화라는 차원에서는 모두가 승자일 것이다."라는 표어가 곳곳을 뒤덮었다. 이는 경제적으로든 금융적으로든 일차원적인 단일 사고, 거의 마술과도 같은 사고다.

이렇듯 마술 같은 생각은 30년간 경제 성장이 이어졌음에도 세계 인구의 25%가 삶의 질이 하락했다는 사실을 감추고 있다. 배제와 소외 계층에 대한 담론이 점점 늘어나고 있다. 빈곤은 더는 줄어들지 않는다. 사회 불평등은 심화한다. 신빈곤층이 나타난다. 그런데 이러한 현실을 만들어내는 자들에 대해서는 언제쯤 이야기하게 될까?

속지 말자. 배제는 세계화가 불러온 결과를 명확히 보여준다. 세계화는 빈곤, 사회적 권리 침해, 공공서비스 접근권 축소, 표현의 자유 제한, 정의를 향한 접근권 박탈 등 여러 가지 결과를 불러왔다. 이러한 모습은 사회에서뿐만 아니라 부유한 국가와 가난한 국가 사이에서도 나타난다.

NOS VALEURS DONNENT LEUR SENS À NOS ACTIONS

Rien sans doute n'illustre mieux l'importance du sens que nous donnons à nos actions que cette allégorie du poète Charles Péguy. C'est en effet le sens qui injecte à notre action une espèce de valeur ajoutée.

Arrivant près d'une cathédrale, Chartres peut-être, Péguy rencontre des hommes en train de casser des pierres avec une masse. Du premier à qui il demande ce qu'il fait, il entend la réponse suivante : « Je casse des pierres. » À la même question, le second travailleur répond : « Je nourris un mur. » Le troisième homme s'arrête un instant et, le visage plein de lumière, répond simplement : « Je construis une cathédrale! »

Notre fierté, à la caisse des travailleuses et des travailleurs, c'est d'être tout à la fois créateurs du sens et de richesse.

Le président,
André Thérrien

Le coordonnateur général,
Clément Guimont

<금고> 이사장과 총괄책임자가 <2001년 연례보고서>에 공동 게재한 글은 프랑스 작가이자 시인 샤를 페기(Charles Péguy, 1873~1914)의 비유로 끝맺는다. 이 은유는 <금고>의 진정한 부가가치는 일상적인 행위가 지닌 의미에 있다는 사실을 잘 보여준다. 데자르댕 연대경제금고. <2001년 연례보고서>, 2002, p.7.

한 성찰"을 제시하는 것이었다. 클레망 기몽은 "우리는 다른 언어로 경제에 관해 논하는 일에 관심을 가졌다. … 간단히 말하자면 가슴으로 경제를 말하고자 했다."고 설명했다. 연례보고서 덕분에 "〈금고〉는 시민적 사명과 비전을 추구하며 시민으로서 행동하고 성찰하면서 발전해나갔다."[285] 한 예로 〈금고〉는 향후 중요 사안으로 떠오르게 된 과도한 세계화를 1996년부터 비판하기 시작했다.

〈금고〉의 연례보고서에 담긴 깊은 성찰은 다른 금고의 의견과 충돌했다. 금융기관이 예술가, 철학자, 학자와 정치인을 언급하는 경우는 드물다. 그러나 〈금고〉의 연례보고서는 앙투안 드 생텍쥐베리, 에르베 세리에익스[Hervé Sérieyx], 페르난도 사바테르, 이사벨 스텡거스, 브누아 레베크, 리카르도 페트렐라, 시몬 드 보부아르, 샤를 페기, 피에르 팔라르도, 에르베 켐프를 비롯해 많은 작가, 철학자, 학자, 정치인, 예술가들의 인용문으로 가득했다.

이와 동시에 〈금고〉는 2000년대 후반부터 조합원들과 함께하는 사회문제 관련 성찰과 토론을 심화해 나갔다. 2007년 2월, 이사회는 "정기총회에서 신세계연구소[Institut du Nouveau Monde]와 함께 '연대 회담'을 공식 개최하기로 했다."[286] 시간이 흐르며 위베르 리브, 티에리 장테, 클로드 벨랑, 브누아 레베크, 로르 와리델[Laure Waridel], 클로드 도리옹을 비롯한 여러 인물이 〈금고〉 조합원, 이사회, 노동자들에게 문화, 식량주권 등 다양한 주제에 관한 자신들의 의견을 공유했다. 〈금고〉가 특히 혁신적인 활동을 펼친 때는 2015년 총회였다. 이때 〈금고〉는 사회책임금융이라는 개념을 쉽고 재미

2010년 연대 회담 : 경제를 사회적으로 변화시키기 위한 노동조합의 역할

노동조합은 더 나은 부의 분배를 촉진하는 임금과 더 나은 노동 조건을 협상한다. 또 노동조합은 금고들이 사회적 책임을 다하는 방식으로 퇴직연금을 관리할 수 있도록 한다. 노동조합은 예금을 금융경제보다는 실물경제에, 특히 사회적경제 기업에 투자하는 노동자 지원 기금으로 전환한다. 왼쪽부터 미셸 나도(Michel Nadeau, 민간·공공조직의 운영구조 연구기관 IGOPP 소속), 낸시 님탄(사회적경제 상티에 대표이사), 레장 파랑(Réjean Parent, 퀘벡 노동조합연맹 소속), 클로뎃 카르보노(Claudette Carbonneau, 전국노동조합총연맹 소속), 엘렌 시마르(Hélène Simard, 퀘벡주 협동조합연합회 소속). 사진: 미셸 지루(Michel Giroux).

있는 방법으로 널리 알리고자 게임을 고안했다. 총회 참가자들은 금융기관 종사자 역할을 맡아 수익을 극대화하면서도 동시에 사회적·환경적 영향도 고려하는 방법을 강구하는 게임을 함께 했다.

〈금고〉는 엄밀히 말하자면 금융 협력을 넘어서는 분야에 의견을 제시할 때도 있었다. 그리고 데자르댕운동 내에서 경제금고가 갖는 위상을 포함해 조직에 직접 영향을 미치는 분야에 대해서도 깊이 성찰하는 모습을 보였다. 1990년대 내내 〈금고〉는 이러한 조직의 특성을 견지했다. 특히 1990년대 말 협동조합 금융 그룹의 재편 시에는 더욱 그러한 행보를 보였다.

<1992년 연례보고서>에서 <금고>는 데자르댕운동 내 여러 경제금고가 구축한 네트워크의 타당성을 강조했다. 노동 분야에서 시작된 금고든 민족 공동체에 뿌리를 둔 금고든, 여러 경제금고는 데자르댕운동에서 특별한 위치를 차지하는 '협동 방식'을 제각기 다르게 제시하고 있었다.
데자르댕 연대경제금고. <1992년 연례보고서>, 2003, p.4-5.

우리의 네트워크

우리에게 특히 중요한 질문에 대한 짧은 글이다. 토론 중 책임 공유와 데자르댕 연대경제금고 네트워크 유지에 대한 질문이 제기된 바 있기 때문이다.

〈금고〉는 노동 분야와 문화 커뮤니티를 아우르는 재정적 필요에 응답하기 위해 집단 도구를 갖추겠다는 구성원들의 의지에서 탄생했다. 이러한 선택은 협동조합 활동에 특별한 의미를 부여했다. 우리는 우리를 닮은 기관들을 만들고 싶었다. 우리의 요구에 더 잘 응답하고, 우리가 활동하는 특정한 분야 내 존재하는 연대의 잠재력을 끌어모으는 도구를 만들고 싶었다.

특히 최근 수년간 이뤄낸 〈금고〉의 성장과 네트워크의 발전은 이 선택이 구성원들에게 옳았음을, 이 선택에 담긴 의미가 오늘날 우리 사회 내에서 자리 잡고 있음을 확실히 보여준다. 자신의 현 상태를 표현할 수 있고 개인적·집단적 필요에 귀 기울여줄 수 있는 기관에 속하고 싶어 하는 구성원들의 요구를 〈금고〉에서 우리도 함께 느낀다.

우리 〈금고〉의 각 지점은 노동 분야, 원주민 공동체 분야 등 각자 다른 현실과 연결되어 있어서 협동조합의 가치를 각기 다른 방식으로 체험한다. 노동 분야는 새롭게 제기되는 문제, 필요 사항, 이해, 특정한 연대의 형식을 표현한다. 우리의 활동은 매일 이를 반영한다. 이로써 우리 〈금고〉는 고유의 감수성과 통합성을 발휘해 우리와 함께하는 집단에 이로운 도구가 된다.

이러한 관점에서 우리는 책임 공유와 관련한 논의를 통해 〈금고〉의 공헌을 인정받았다는 점에서 행복하다. 우리는 노동 분야에서 뿌리내린 데자르댕 연대경제금고가 특별한 협동조합 활동을 발전시킬 수 있으며 발전시켜야 한다고 늘 믿어왔기 때문이다.

1992년 9월 29일, 퀘벡시 노동자경제금고 임원진은 "데자르댕 내 경제금고 네트워크 유지를 위하여"라는 제목의 문서를 만장일치로 채택했다. 이 문서는 노동 분야와 문화 공동체 구성원들의 "협동 활동에 특별한 의미를 부여하고자"[287] 경제금고들을 설립했음을 설명했다.

따라서 각기 존재 이유를 지닌 이들 경제금고가 "해결해야 하는 […] 우발적 사고"는 없었다.[288] 〈금고〉의 선출 임원들은 당시로부터 4년 전 경제금고 네트워크로 소속을 바꾼 게 도움이 되었다고 이야기했다. 경제금고 네트워크 자체가 타 금고보다 더 좋기 때문이 아니라 이 네트워크가 "각 금고의 현실에 더 잘 부합하기 때문"이었다.[289] 요컨대 1992년 채택된 이 문서는 네트워크에 속한 경제금고들이 지닌 차별성이 데자르댕운동을 한층 더 풍부하게 만들어준다는 사실을 보여줬다.

하지만 이들 경제금고가 데자르댕운동에 가입한 지 15년이 지난 뒤에도 완전한 동화가 이뤄지지 않았다. 경쟁심과 소속 문제 때문에 단체금고와 지역 기반 금고 사이에 여러 분쟁이 발생했다. 1993년에 총연합회가 조직한 책임분담위원회는 10년 전부터 발생한 이 문제를 공론화했다. 책임분담위원회는 〈금고〉 임원진이 1992년 9월에 채택한 문서를 충실히 연구했다. 책임분담위원회 조직이 이 문서로부터 시작된 것이라 볼 수도 있었다. 위원회 소속 위원 중 임기 말을 맞은 다수 위원은 경제금고들이 "주사무소가 있는 지역의 데자르댕금고연합회에 가입하는 것이 이상적"이

<금고>는 경제금고 네트워크의 전반적인 특성과 특히 <금고> 네트워크의 특성을 견지하겠다는 굳은 의지를 보였다. 데자르댕운동 재정비를 두고 여러 논쟁이 벌어졌을 때 <금고>는 <1998년 연례보고서>에서 확고한 입장을 표명했다. 데자르댕 연대경제금고. <1998년 연례보고서>, 1999, p.4-5.

우리의 자리, 자리를 차지하기

15년이 넘는 세월 동안 우리는 기존에 자리 잡은 많은 생각에 과감하게 역행해왔다. 늘 쉽지만은 않았다. 하지만 우리에게 환경으로서 강제로 주어지는 것들이 앞으로의 나날을 더욱 어렵게 만들 것이다. 그러니 우리의 뿌리를 기억하는 일이 중요해질 것이다. 또 경제금고 연합회에 참여하는 것이 중요해질 것이다. 데자르댕운동이 제안하는 재구성 모델 속에서도 우리는 모든 수단을 활용해 경제금고의 특성을 보존할 것이다. 그런데 오늘날 데자르댕 재편 계획은 노동 분야에서 이룩한 역사적인 성취와 <금고>만의 구별되는 특성을 완전히 가리고 있다.

우리의 신탁 조직인 <금고>의 사업은 <금고>가 자리 잡은 분야 내에 서비스를 제공하는 출처에 그치지 않는다. <금고>는 우리 분야의 정체성을 드러내는 곳이자, 해당 분야의 발전에 이바지하는 도구이며, 시민을 교육하는 수단이자 우리 공동체의 고용 창출원이기도 하다. 퀘벡은 앞으로 우리가 구축해나가야 할 지역사회다. 이 공동체는 우리가 사로잡아야 할 소비자로 국한되지 않는다. 안타깝게도 데자르댕 사업은 이러한 사실을 잊어가고 있다. 이러한 사실을 쟁점으로 한 민주적 논쟁이 반드시 필요하다.

우리가 우선으로 선택해야 하는 것은 협력적이며 강하고 역동적인 데자르댕운동이다. 이것은 민주적인 퀘벡, 지역들의 퀘벡, 고용을 창출하는 퀘벡, 연대하는 퀘벡의 미래에 부합해야 한다. 이러한 사실을 염두에 두는 데자르댕운동이 될 때 우리는 미래를 계획할 수 있다. 그리고 우리는 모든 힘과 마음을 다해 이러한 데자르댕운동에 기여할 준비가 되어 있다.

데자르댕운동이 전혀 새로운 길을 선택한다면, 우리가 대안을 찾을 것이다. 노동자들의 희망에 응답할 수 있는 대안을 찾을 것이다. 공동체 활동을 통해 연대적인 대안을 마련할 것이다. 더 공정하고 더 민주적이며 더 연대하는 사회를 위한 우리의 투쟁을 지원할 수 있는 대안을 찾을 것이다.

라고 권장했다. 이후 시기는 총연합회 이사회가 합병과 새로운 금고 창립을 유예하는 안을 채택함에 따라 "관계 강화"의 시기가 되었다.[290]

〈금고〉는 1997년 연례보고서에 퀘벡주 데자르댕 경제금고연합회의 존재와 발전이 "절대적으로 필요"하다고 설명했다. 같은 해 〈금고〉는 "경제금고의 합법성을 한층 더 견고히"하기 위한 두 가지 중요 조치를 지원하면서 연합회의 발전을 위한 행동에 나섰다. 첫 번째 조치는 경제금고 정체성 선언문을 채택하는 것이었고, 두 번째 조치는 데자르댕 경제금고연합회와 3개 주요 노동조합연맹 간의 협력의정서를 체결하는 것이었다. 다음 총회에서 〈금고〉 이사장과 총괄책임자는 더 나아가 "데자르댕운동이 전혀 새로운 길을 선택한다면 우리는 대안을 만들어내는 사람 중 하나가 될 것이다."라고 천명했다.[291] 실제로 〈금고〉는 그간 여러 가지 사건을 겪었고, 향후 맞닥뜨린 여러 우여곡절의 상황에서도 주도적인 역할을 맡았다.

1932년 금고들은 주민금고, 지역연합회, 총연합회라는 3층 구조로 이루어져 있었다. 1990년대에는 구조에 대한 논의가 더욱 활발해졌고, 특히 운영비용을 줄이고 데자르댕운동 활동에서의 통일성을 강화하자는 의지가 커졌다. 여러 협동조합 금융 기업과 마찬가지로 〈금고〉도 1990년대 초기부터 더욱 "효율적이고 비용은 적게 드는" 기관이 되기 위해 "구조를 쇄신"해야 한다는 필요성을 인식하고 있었다.[292] 그러면서도 〈금고〉는 민주적 활력의 중요성을 강조하며 총연합회가 직접 금고들의 가입을 받을 것을 제안했다. 또한 총연합회 총회는 금고들과 연합회들의 직접 대표자들로 구성하고 나아가 이사회 직책의 절반을 금고들의 대표들로, 나머지 절반은 연합회 대표들로 구성하도록 했다.[293] 〈금고〉는 기관의 구조 변화에 관한 자신의 비전을 제시하며 토론에 참여했다. 여러 위원회가 다양한 작업을 수행한 뒤 1990년대 말이 되자 10개의 지역연합회, 경제금고연합회, 총연합회를 하나의 연합회로 통합하자는 의견이 제안되었다. 여러 금고들과 하나의 연합회라는 2층 구조로 구성하자는 제안이었다. 이는 특히 데자르댕운동에서 여러 변화를 수반하는 제안이었기 때문에 금고들뿐 아니라 사회적으로도 격렬한 논쟁을 불러일으켰다.

연합회를 향한 〈금고〉의 애착은 〈금고〉가 견해를 표명할 때와 연합회 활동에 활발히 참여할 때 드러났다. 1971년 〈금고〉 초대 총괄책임자를 지낸 뒤 전국노동조합총연맹 재무담당을 맡고 이후 퐁닥시옹 창립자 겸 초대 대표가 된 레오폴 볼류는 1980년대 말 〈금고〉로 돌아와 임원직을 맡았다. 이어서 1990년대 초 〈금고〉를 대표하여 후보로 선거에 나선 레오폴 볼류는 퀘벡주 데자르댕 경제금고연합회 이사로 선출되었다. 1999년 2월, 레오폴 볼류는 연합회 소속 다른 두 명의 이사와 함께 "조직의 재편성에 대한 총괄적 관점에서, 데자르댕운동 내 단체금고들 중 운영의 자율성과 자치적 의사결정권을 가진 조직들에 대해, 데자르댕운동과 논의하기 위한"[294] 위원회 위원으로 지명되었다.

당시 일어난 논쟁을 한가운데서 지켜보던 레오폴 볼류는 경제금고연합회는 지역연합회의 재편성에 반대하는 게 아니라, 경제금고와 연합회 간의 구분을 인정하고 보호할 필요가 있다고 생각하는 것이라 주장하며 다음과 같이 설명했다.

같은 직장을 기반으로 하는 노동자들의 경제금고와 지역을 근거로 설립된 주민금고는 각 금고에 대해 구성원들이 바라는 바가 다르다. 따라서 노동자들의 금고를 통합한다는 것은 그들이 필요로하는 것에 적합한 응답을 찾기 위한 것이다. 우리는 성격이 다른 단체와 함께한다. 이러한 차이를 인식하는 것은 우리 주위의 다른 주민금고들 사이의 […] 또는 다른 지역연합회들 사이의 차이를 인식하는 것보다 더 근거 있는 것이다. 우리는 [거주지가 아니라 직장을 기반으로 한] 다른 성격을 지닌 사람들로 구성된 단체와 함께한다. 다른 형태를 띤 협동조합과의 공존은 그 공존의 무게감과는 상관없이 정당한 중요성을 지닌다.[295]

1999년 12월 4일, 단일 연합회 창설 결정을 위한 역사적인 투표가 실시되었다. 투표 참여를 요청받은 주민금고들의 창설 찬성률은 88%, 경제금고의 창설 반대율은 95%였다. 명백한 투표 결과를 확인한 경제금고연합회는 〈금고〉 조합원을 포함한 조합원들의 요구에 따라 또 다른 선택지인 '자율성'을 고려하기로 결정했다.

자율적인 경제금고 네트워크를 구성하는 방안은 1992년 9월

〈금고〉 이사진이 채택한 본문에 이미 언급되어 있었다. 경제금고
연합회는 1979년 데자르댕운동에 합류하기 전, 이미 20년에 가
까운 기간 동안 독립적으로 운영되던 기관이기도 했다. 레오폴 볼
류는 총연합회와 새로운 의정서를 체결하는 사안 관련 논의를 담
당하는 위원회 위원이 된 상태였다. 동시에 경제금고연합회 이사
회는 다른 대안을 분석하기 위해 2000년 5월 26일 5명의 위원으

Dans les débats auxquels a donné lieu le projet de
création d'une fédération de caisses d'économie
autonome, la Caisse des Travailleuses et Travailleurs a
été très présente, jouant même à cet égard un rôle de
leader. Nous croyons sincèrement qu'il fallait agir en
ce sens. Le fait de ne pas avoir réussi à atteindre
l'objectif d'une fédération autonome ne doit pas
nous faire regretter d'avoir tout tenté pour aller au
bout de notre rêve.

Aujourd'hui, la réalité est là. Le règlement de fusion au
sein de Desjardins a été adopté le 9 décembre 2000.
L'espace qui nous échoit n'étant pas celui dans lequel
nous aurions espéré évoluer, le défi de poursuivre
nos objectifs et d'assumer autrement notre mission
particulière n'en est donc que plus immense.

Nous comptons faire face à ce nouveau
défi et le relever.

Quelle que soit la conjoncture, il est hors de ques-
tion que notre caisse fasse des compromis avec ce
que nous considérons être notre mission fondamen-
tale. Notre caisse, en effet, ne trouve son sens que
lorsqu'elle répond aux besoins qui ont amené sa
création.

우리의 목표를 추구하며 마주한 도전

데자르댕운동 재구성의 일환으로 경제금고들의 자율적인 연
합회를 형성하는 방안은 현실적인 이유로 실현불가능이라
판명되었다. 이러한 현실을 마주한 〈금고〉는 향후 새로운 단
일 데자르댕 연합회를 만드는 것에 동의했다. 〈2000년 연례
보고서〉를 통해 〈금고〉는 실망감을 공유하면서도 기관의
사명을 유지하겠다는 굳은 의지를 표명했다. 데자르댕 연대경
제금고. 〈2000년 연례보고서〉, 2001, p.2-4.

자율적인 경제금고 연합회 설립 사업을 두고 일어난 논쟁에서 퀘벡시 노동자경제금고는 토론
을 이끄는 리더 역할까지 수행하며 강한 존재감을 드러냈다. 우리는 그렇게 행동해야 했다고
진심으로 믿는다. 자율적인 연합회를 설립하겠다는 목표를 달성하지 못했다고 해서, 우리가
모든 힘을 다해 꿈을 좇았다는 사실을 후회해서는 안 된다.

이것이 오늘날의 현실이다. 데자르댕 내에서 합병 규정은 2000년 12월 9일 채택됐다. 우리에
게 주어진 공간은 우리가 바란 공간은 아니었다. 목표를 추구해나가며 우리의 특수한 사명을
색다른 방식으로 담당하겠다는 우리의 바람은 더욱 커지기만 한다.

우리는 새로운 과제에 맞설 것이며, 이 과제를 이겨낼 것이다.

상황이 어떻든, 우리 〈금고〉가 기본 사명이라 여기지 않는 것과 타협하는 것은 있을 수 없는 일
이다. 사실, 우리 〈금고〉는 최초 설립 당시의 요구에 부응할 때만 존재의 의미를 가질 것이다.

로 구성되고 클레망 기뇽이 위원장직을 맡아 이끄는 위원회를 만들었다. 1979년 경제금고연합회가 데자르댕운동에 합류하는 데 중요한 역할을 했던 정보기술 관련 사안 또한 위원회의 핵심 논의 주제였다. 캐나다 국립은행, 온타리오 주민금고연합 등과의 협력 관계 체결도 논의되었다.

새롭게 조직된 위원회는 대규모 사업을 마무리 짓기 위해 가을까지 업무를 계속했다. 그 사이 경제금고 네트워크와 경제금고연합회 이사회 간 분열이 일어났다. 업무를 마무리 지을 무렵, 위원회는 신뢰할 수 있는 자율적 기관을 제안하는 일이 불가능하다는 결론을 내렸다. 클레망 기뇽 위원장은 〈금고〉가 늘 책임감 있는 접근 방식을 취했기 때문에, 자율성을 갖춘 연합회 창설을 그 관점에서 봤을 때 포기해야 한다고 결론지었다. 2000년 11월 10일, 경제금고연합회 집행위원회는 조합원들에게 데자르댕운동 단일 연합회 가입을 권장한다고 발표했다. 약 2주 뒤, 이 권장안이 총회에서 승인되었다.[296] 이어서 12월에 새로운 가입 의정서가 체결되었다.

데자르댕운동 재구성과 관련된 논쟁에서 〈금고〉가 보인 입장과 행동은 〈금고〉의 정체성에 대해 많은 것을 말해주었다. 〈금고〉는 다른 기관과 구분되는 깊은 성찰력을 발휘하면서 동시에 자신의 성찰을 행동으로 옮겼다. 경제금고연합회가 창설한 2개 위원회 활동에 참여한 것이 〈금고〉가 실행에 옮긴 행동의 사례다. 〈금고〉는 여러 수단을 동원해 자신의 관점을 수호하면서도 현실감과

책임감을 보여주었다. 또한 〈금고〉는 당시 수년간 진행된 두 개 합병 과정에서 보여준 모습처럼, 운영 환경의 변화에도 잘 적응하는 탁월한 능력을 갖추고 있었다.

두 개의 의미 있는 합병

이 시기 동안 데자르댕운동이 구조적 변화만 겪은 것은 아니다. 1990년대 중반부터 시작된 기관 재구성의 목표는 거래하는 금고에서 관계를 맺는 금고로의 전환이었다. 컨설팅 서비스의 중요도가 점점 높아지고 있었다. 당시 이러한 전환을 이루려면 전산 시스템을 개발하고, 전문 인력을 채용하고 교육해야 했기 때문에 상당한 자금이 필요했다.[297] 자금을 마련하는 방법 중 하나는 금고들로 이루어진 네트워크를 재구성하는 것이었다.[298] 이에 따라 여러 금고 간의 합병이 진행되었다.

〈금고〉 또한 이러한 변화의 영향을 받았다. 두 대학생 미셸 오제Michel Auger와 마마두 디코 발데Mamadou Dicko Baldé의 연구에 따르면 〈금고〉는 심지어 데자르댕운동 재구성의 최전선에 있었다.[299] 재구성이 공식적으로 시작되기 2년 전인 1992년 초부터 〈금고〉는 이러한 변화를 실행하는 전략적 계획에 착수한 상태였다. 이후 〈금고〉는 1999년과 2002년, 두 차례에 걸쳐 조직의 역사와 사명에 부합하는 두 차례의 재편을 실행했다.

1988년 노동자주민금고가 노동자경제금고로 변화하며 추구한 목표 중 하나는 퀘벡주 전역을 포괄하는 것이었다. 1980년대 논의되었던 몬트리올시 전국노동조합 주민금고와의 합병 과정에서 상상했던 것과 같이 한 지역을 떠나 주 전체에 복무하는 금고를 만들자는 것이 목표의 골자였다. 이러한 시각에 따라 1990년대 중반, 퀘벡주 남부 롱게이유와 윌에 경제금고 사무소가 문을 열었다.[300] 우타우에지역Outaouais에 물리적 사무실을 두는 사안은 1997년 초 재검토를 거쳐야 했지만, 몬트리올 지역 사무소의 중요성은 더욱 커졌다. 롱게이유 사무소는 당시 몬트리올의 드로리미에가De Lorimier 1601번지 전국노동조합총연맹 내 있던 전국노동조합 경제금고 사옥으로 이전되었다.[301]

당시 롱게이유 사무소가 이전된 덕분에 두 금고를 합병하자는 아이디어의 재논의가 향후 이루어질 수 있었던 것으로 보인다. 1980년대 회담 진행 후 오랜 시간이 흐른 뒤인 1999년, 퀘벡시 노동자경제금고의 자산은 1억 2천4백만 달러, 전국노동조합 경제금고 자산은 5천만 달러에 이르렀다.[302] 클레망 기뭉, 앙드레 테리앙, 레오폴 볼류는 몬트리올 소재 금고 이사회의 초청을 받아 1998년 5월 25일 이들 앞에서 〈금고〉를 상세히 소개했다. 이후 〈금고〉 임원진은 전체 사업에 대해, 그리고 "특히 노동자경제금고의 사명을 준수하는 데 필요한 실천이 지니는 의미를 온전히 이해하는 일의 중요성"에 대해 논의했다.[303]

1998년 연말에 채택된 합병 협약은 동맹이 자연스럽게 이뤄

졌음을 보여줬다. 두 금고는 대출금을 공유하고 같은 파트너와 거래하는 등 이미 여러 방면에서 협력하고 있었다. 또 퀘벡시 소재 금고 소속 직원 3명이 몬트리올 소재 금고 사옥에서 근무하고 있기도 했다. 협약서에는 "이 재편을 통해 우리 금고의 존재감이 높아질 것이며, 우리 금고가 조합원들의 사업을 지원하는 능력 또한 향상될 것이다."[304]라는 내용이 명시되어 있었다. 1999년 봄, 두 금고의 각 총회에서 합병안이 채택되었다.

1980년대 초와 마찬가지로 초기 합병안에는 라노디에르 경제금고도 합병 대상에 포함되어 있었지만, 여러 요인으로 인해 결국 퀘벡시 금고와 몬트리올시 금고의 합병을 먼저 진행하는 방향으로 결정되었다. 두 금고의 합병이 완료된 뒤, 2000년 말에서 2001년 초에 라노디에르 금고와의 논의가 재개되어 마침내 2002년 11월 1일에 라노디에르 금고와의 합병이 발효되었다. 1970년대부터 시작된 퀘벡시 금고와 라노디에르지역 금고 간의 교류는 시간이 흘러도 변함없이 유지되었다. 1995년 라노디에르 금고가 퀘벡주 노동자지원기금에 참여했던 일이 교류의 한 예다.[305] 합병 협약서에 명시된 바와 같이 두 금고는 비슷한 사명을 추구하며 발전했고, 수년간 협력하며 일해왔다.

합병 과정에서 〈금고〉는 "사업을 계속 진행"하는 데 필요한 새로운 특성을 포괄하는 명확한 비전을 발전시켰다.[306] 새로운 비전은 '3I'공식으로 요약되었다. '3I'는 '피해 갈 수 없는, 흠잡을 데 없는, 거부할 수 없는'이라는 프랑스어 형용사 3개의 머리글자에서 따온 명칭이다. 〈금고〉는 자신의 사명, 자신의 재정적 강점과 협력 네트워크를 통해 피해 갈 수 없는, 즉 필수불가결한 기관이 되기를 바랐고, 경영의 질과 재정적 성공 측면에서는 공격받지 않는 기관이 되기를 바랐으며, 양질의 서비스를 제공하고 내부 동료처럼 조합원과 함께함으로써 거부할 수 없는 기관이 되기를 바랐다.

1999년 최초 합병 이후 〈금고〉의 공식 기관명을 변경해야 했다. 한편, 두 금고 조합원들이 합병안을 승인했을 때 퀘벡시 지역 신문사 〈르솔레유〉는 "데자르댕 연대경제금고가 탄생했다."는 내용을 담은 기사를 발표했다.[307] 그러나 이 명칭이 새로운 기관명이 될 때까지는 시간이 걸렸다. 2004년까지 조합은 노동자들의 데자르댕 경제금고(퀘벡)이라는 이름으로 활동을 계속했다. 마침내 2004년 연례총회에서 새로운 기관명이 채택되었다. 〈2004년 연례보고서〉는 "기관명은 절대 절충하여 선택되지 않는다."고 밝히며 "데자르댕 연대경제금고를 새로운 기관명으로 선택함에 있어서 우리는 우리 금고가 오랜 시간에 걸쳐 이룩한 발전뿐만 아니라, 퀘벡의 사회적경제 발전과 사회책임금융 발전에 늘 한결같이 제공한 기여에 걸맞게 이름을 붙인다."고 설명한다.[308] 조합은 하던 일을 계속하고 있었지만, 조합의 새로운 이름에서 유추할 수 있듯 조합 활동을 설명하는 데 사용되는 단어와 개념은 시간이 지남에 따라 변화해왔다.

1997년 연례보고서에는 "최근 몇 년간 우리가 지역사회에게 받은 존경과 인정을 고려할 때 한층 더 수준 높은 활동을 펼쳐

<2001년 연례보고서>에는 <금고>가 데자르댕운동의 단일 연합회가 구축되면서 새로운 제도적 틀에서 발생할 수 있는 문제를 해결하겠다는 의지를 조합원들에게 천명하는 3I 공식'이 소개되어 있다. 데자르댕 연대경제금고. <2001년 연례보고서>, 2002, p. 14.

뱃머리가 향하는 방향을 지키고자 하는 우리의 약속

시간이 흐르는 동안 우리는 금융 분야에서 경험을 쌓으며 자부심을 얻었다. 우리는 새로운 길을 개척하고, 여러 신용협동조합과는 다른 신용협동조합을 색다른 방식으로 발전시킬 수 있었다.

표준화와 획일화의 압박이 점점 강해지는 상황에서 우리는 우리가 탄 뱃머리가 향하는 방향을 지키고자 하는 우리의 변함없는 약속을 다시금 소개하고자 한다.

우리는 우리가 약속한 협동프로젝트를 절대로 포기하지 않을 것이다. 우리는 더 연대적이고 더 민주적인 사회를 구축하기 위해 일하는 사람들이다. 공동체에 속한 이들을 위한 경제를 구축하고자 하는 사람들이다. 집단 행동과 협력의 힘을 믿는 사람들이다. 우리는 우리의 활동을 지탱하는 가치를 절대로 포기하지 않을 것이다.

우리는 도전 과제에 맞서 그것을 과제를 극복할 것을 약속한다. 우리 사업의 방향을 유지하기 위해 금고는 다음과 같은 특성을 간직할 것이다.

피해 갈 수 없는(incontournable)
• <금고>의 사명, 퀘벡 공동체 발전에 기여하는 고유의 방식을 통해
• <금고>가 보유한 재정력을 통해
• 협력 네트워크를 통해

흠 잡을 데 없는(inattaquable)
• 관리 역량을 통해
• 재정적 성공을 통해

거부할 수 없는(irrésistible)
• 구성원들을 위해: 서비스를 제공하고 구성원과 동반하는 특별한 능력을 통해
• 고용되어 일하는 직원들을 위해: 일상에서 함께하는 방식을 통해

야 할 의무를 갖게 되었다. 다른 조직의 성공에 비해 우리의 성공
은 우리 자신의 한계를 넘어서야 한다는 추가적인 의무를 부여했
다."고 쓰여 있다.[309] 〈금고〉는 데자르댕운동 재구성과 관련된 논쟁

Notre caisse n'est pas seulement un intermédiaire de marché qui offre des produits et des services financiers. Elle est une institution financière qui, dès le point de départ, a fait un choix éthique fondamental: mettre la finance au service d'une économie solidaire.

L'économie que nous avons choisie de soutenir crée une richesse collective qui se mesure par une multitude d'activités, allant de la petite enfance en passant par des projets d'habitations collectives à plusieurs initiatives dans les secteurs culturels et des loisirs. Toutes ces activités ont en commun la recherche d'un avantage collectif pour la communauté: en redonnant une deuxième vie au papier ou au verre; en brisant l'isolement technologique des communautés; en permettant l'expression et la circulation des idées; en formant des jeunes, des femmes et des hommes pour qu'ils reprennent une vie active dans la société; en revitalisant l'économie d'une ville ou d'une région.

Nous nous sommes engagés dans une mission de transformation sociale aux côté de partenaires et de multiples réseaux dont la caractéristique principale est la solidarité. Une grande complicité d'action nous unit au monde syndical, au monde populaire et communautaire, au milieu culturel et au mouvement coopératif.

Cet héritage pluriel, nous voulons le consacrer aujourd'hui en changeant le nom de notre caisse. Le choix d'un nom n'est jamais neutre. En choisissant Caisse d'économie solidaire Desjardins, nous nommons l'évolution de notre organisation à travers le temps ainsi que notre constance et notre cohérence dans notre contribution au développement d'une finance socialement responsable et d'une économie solidaire au Québec.

연대경제금고

〈금고〉는 1999년 몬트리올 금고
와의 합병, 2002년 라노디에르 금
고와의 합병 뒤 기관명을 변경하기
로 결정했다. 2003년 연례보고서
에서 발췌한 이 글은 새로운 기관
명으로 데자르댕 연대경제금고라
는 명칭을 선택한 이유를 설명한다.
데자르댕 연대경제금고. <2003년 연례보
고서>, 2004, p. 5.

우리 〈금고〉는 금융상품과 서비스를 제공하는, 시장
의 단순한 중재자가 아니다. 〈금고〉는 설립되었을 때
부터 '연대경제를 위한 금융을 펼치겠다'라는, 근본적
으로 윤리적인 선택을 한 금융기관이다.

우리가 떠받치려는 경제는 어린이집에서 공동 주거
사업과 문화·여가 분야에서의 계획에 이르기까지 여
러 분야에서 활동 증대를 통한 공동의 부를 창출한다.
이 모든 활동의 공통점은 지역사회를 위해 공동의 이
익을 추구한다는 데 있다. 이 목표를 추구하며 종이나
유리를 재활용하고, 지역사회 주민 간 기술 격차를 없
애고, 아이디어를 자유롭게 표현하고 공유할 수 있게
하고, 청소년과 성인을 교육해 이들이 사회에서 활동
적인 생활을 다시 영위할 수 있도록 돕고, 도시나 지
방의 경제에 활력을 되찾아준다.

우리는 연대를 기본 특징으로 삼은 협력기관과 다양
한 네트워크 기관들과 함께 '사회 변혁'이라는 미션을
추구하기로 약속했다. 우리는 수많은 활동을 함께하
며 노동조합 분야, 민중·지역공동체 분야, 문화 분야
및 협동조합 분야와 하나가 된다.

오늘날 우리는 이 다중적 유산을 포괄하는 방식으로
〈금고〉의 기관명을 바꾸고자 한다. 이름을 절충하여
정할 수는 없다. '데자르댕 연대경제금고'라는 이름을
택함으로써 우리는 그동안 우리 기관이 이룩한 변화
에, 우리의 확고부동함에, 사회책임금융과 연대경제
를 퀘벡에서 발전시키겠다는 우리의 일관성으로 이름
붙이는 것이다.

에서 중요한 역할을 했기에 2000년대 들어 더 나은 성과를 보여야 한다는 압박을 받게 되었다는 점을 인식할 필요가 있다. 전국노동조합 경제금고와의 합병, 라노디에르지역 경제금고와의 합병은 이러한 과제에 부응하는 주된 방법 중 하나였다. 데자르댕 연대경제금고가 탄생하며 〈금고〉는 새로운 변화 주기에 들어서게 되었다. 그간 쌓은 풍부한 경험을 기반으로 혁신이 계속 일어나고 있었다.

❖ 기업 조합원들의 회고 ❖

우리의 주요 파트너

연대경제금고는 2008년 이래 최소 400개의 일자리를 창출하는 데 도움을 준 우리의 주요 파트너다. 장애인 노동자들이 존엄성을 되찾는 데 연대경제금고가 기여했다는 점은 두말할 필요가 없는 사실이다.

가브리엘 트랑블레Gabriel Tremblay
TAQ 그룹 회장, 2014년 기업 조합원으로 가입

열망을 이루는 데 필요한 수단을 지원해준 〈금고〉

사업 동반자이자 더 공정하고 더 많이 연대하는 세상을 창조하는 연대경제금고와 앙귀스 개발회사는 처음부터 자연스럽게 동반자가 되었다. 15년이 넘는 기간 〈금고〉는 앙귀스 개발회사와 함께하며 테크노폴 앙귀스 조성 사업에 수천만 달러를 투자했다. 그뿐만 아니라 〈금고〉 덕분에 사회적경제 허브 사업, 2-22 사업, 메종 다이티Maison d'Haiti 사업, 인서테크 앙귀스Insertech Angus 사업 등 여러 사업을 추진하고 수행할 수 있었다.

〈금고〉는 우리의 열망을 이루는 데 필요한 수단을 지원해 꿈을 실현하는 데 기여한다. 다시 말해 〈금고〉는 더욱 친환경적이고 더욱 공정한 세상을 만드는 데 기여한다. 20년 동안 우리 회사를 한결같이 신뢰해준 〈금고〉에 진심으로 감사한다!

크리스티앙 야카리니Christian Yaccarini
앙귀스 개발회사 대표, 1999년 기업 조합원으로 가입

비전을 갖추고 우리를 믿어준 〈금고〉, 고마워요!

우리가 지역사회 보건·교육 의료원 SPOT를 설립할 수 있었던 결정적인 요인은 바로 〈금고〉가 제공한 지원이었다. 라발 대학교, 비에이유 카피탈 사회서비스·보건센터를 비롯해 〈금고〉는 여러 '위험'을 내포한 우리 기업의 사업을 지원하기로 한 최초의 지역사회 기관 파트너였다. 〈금고〉의 지원은 우리에게 주어진 소중한 지렛대였다. 〈금고〉가 우리 사업을 지원해준 덕분에 여러 다른 기관도 우리 사업에 동참하게 되었기 때문이다.

선구적인 비전을 갖고 개척자 정신을 발휘한 〈금고〉에 다시 한 번 감사 인사를 전한다!

나탈리 부샤르 Nathalie Bouchard
SPOT-CCSE 코디네이터, 2014년 기업 조합원으로 가입

중요한 것은 같은 가치를 공유하는 것!

우리 기업은 탄탄한 재정 능력을 갖추고 있었기 때문에 다른 기관을 선택할 수도 있었지만 망설이지 않고 〈금고〉를 선택했다. 우리 기업의 설립 초기부터 〈금고〉는 늘 우리를 신뢰했다. 우리 두 기관은 같은 가치를 공유하기 때문에 가족과도 같다. 이 점이 가장 중요한 것 아닐까!

피에르 르고 Pierre Legault
몬트리올 굿윌 르네상스 인더스트리 총괄책임자, 1997년 기업 조합원으로 가입

변함없이 우리를 신뢰해준 〈금고〉

연대경제금고는 늘 우리 학교와 변함없는 관계를 유지한 파트너였다. 특히 〈금고〉는 2002년 학교 터를 옮길 때 우리와 함께했고, 학교가 재정난을 겪고 있을 때도 우리 상황을 이해해줬다.

이브 느브 Yves Neveu
퀘벡 서커스학교 총괄책임자, 1995년 기업 조합원으로 가입

사회문제에 대한 이해도를 갖춘 〈금고〉

우리는 2008년 몬트리올 시내 사회주택 건설사업을 추진하며 〈금고〉와 협력하기 시작했다. 우리의 상황을 이해해줄 금융기관을 찾던 우리는 〈금고〉와 연을 맺게 되었다. 사회주택에 대해 의견 일치를 본 뒤 우리는 우리의 계좌 전체를 〈금고〉로 옮겼다. 사회문제에 대한 이해도를 갖춘 〈금고〉 같은 금융기관을 찾는 일은 생각보다 훨씬 어렵다!

브뤼노 페라리Bruno Ferrari
디아노바Dianova 대표, 2008년 기업 조합원으로 가입

우리에게 무엇이 필요한지 귀 기울여준 〈금고〉

우리 퀘벡주 주택협동조합연합회는 데자르댕 연대경제금고와 협력해 공동체 주택을 지원하는 일을 한다. 주택협동조합은 퀘벡주 수만 개 가정에 저렴한 가격으로 주택을 공급한다. 우리는 조합원들의 현실을 이해하며 조합원들의 신뢰를 얻어낼 수 있는 금융 협력 기관이 필요하다.

캐나다 모기지 주택공사와의 대출 계약이 종료된 뒤 우리는 은행 보증에만 신경 쓰는 게 아니라 사업의 지속가능성에도 관심을 기울이는 협력 기관, 우리 조합원들의 요구에 세심한 관심을 기울이는 비전 있는 협력 기관을 찾아야 했다. 데자르댕 연대경제금고는 우리에게 필요한 모든 것을 지원해준다.

조슬린 룰로Jocelyne Rouleau
퀘벡주 주택협동조합연합회 회장, 1988년 기업 조합원으로 가입

꿈에 투자하는 〈금고〉

에키테르 이사회가 더욱 환경 친화적이고 사회적 모범이 되는 건물로 기관을 이주해야 한다고 결정했을 때 우리는 부동산 개발 경험이 전혀 없을 뿐 아니라 땡전 한 푼 없는 상태였다. '전형적인' 은행가라면 우리의 사업계획을 멍청한 소리로 치부했을 것이다.

하지만 연대경제금고는 사업 초기부터 우리를 지원했다. 연대경제금고는 기관명을 '꿈에 투자하는 금고'로 바꿔야 한다! 〈금고〉는 우리의 목표를 믿고 우리와 함께하며 사업을 추진하는 사람들을 신뢰했다. 〈금고〉는 우리가 충분한 학습 능력을 갖췄다고 믿었고, 우리가 기상천외한 꿈을 현실로 이룰 수 있을 거라 믿었다.

우리가 꿈꿨던 지속가능한 건물은 오늘날 실존한다. 사회·환경 분야 종사자 200명이 우리가 세운 지속가능한 건물에서 일한다. 그뿐만 아니라 우리 건물은 수많은 사람이 참여하는 행사가 개최되는 공간이기도 하다. 우리 건물은 우리가 꿈꿨던 대로 지속가능한 발전의 허브가 되었다. 〈금고〉의 비전과 동행이 없었다면 모두 불가능한 일이었을 것이다.

시드니 리보Sidney Ribaux

에키테르 대표, 2003년 기업 조합원으로 가입

협동조합 세계의 최신 동향을 알고 싶다면 〈금고〉와 함께하세요

우리 조합 쿱카본Coop Carbone은 운전자금과 온실가스 배출 감소 목표 계획과 실행에 필요한 자금을 조달받기 위해 연대경제금고를 선택했다. 협동조합의 세계에서 탄탄한 네트워크를 갖추고 있는 〈금고〉와 함께하면 늘 협동조합 영역의 최신 동향을 파악할 수 있다.

장 놀레Jean Nolet

쿱카본 이사장, 2015년 기업 조합원으로 가입

6장

데자르댕 연대경제금고,
새로운 시대를 열다
2004~2015

퀘벡시 노동자경제금고가 설립된 지 30년이 지났다. 〈금고〉는 여러 프로젝트를 이끌며 계속 발전했고, 〈금고〉를 계승하는 다른 금고들도 생겨났다. 1970년대에 비해 이때는 상황이 많이 달라졌다. 데자르댕운동뿐 아니라 전 세계 금융업계와 은행의 상황도 많이 변했다. 시간이 흐르는 동안 자기만의 개성을 구축해나간 데자르댕 연대경제금고는 이제 "표준화와 획일화가 점점 더 강요되는 상황"에 놓였다.[310] 2008년 금융위기가 닥치며 규제가 강화되어 〈금고〉의 활동 방향을 유지하는 일이 점점 더 어려워졌다. 그러나 〈금고〉는 조합원들에게 "〈금고〉의 방향성을 변함없이 고수하겠다는 약속"을 다시금 천명했다.[311] 때로 장애물은 혁신을 촉진하는 유익한 역할을 하기도 한다. 데자르댕 연대경제금고는 견고한 기반을 바탕으로 변화하며 새롭게 떠오른 어려움에 대응했다.

6장에서는 몬트리올 연대금융허브의 출범으로 〈금고〉가 새롭게 맞이한 역사를 소개한다. 2004~2015년 〈금고〉는 특히 사회책임투자와 지속가능한 개발 분야로 선회하면서 사명을 새로이 정립했으며 퀘벡과 전 세계에서 연대금융운동을 발전시키겠다는 야심찬 목표를 제시하며 세계 무대로 뻗어나갔다.

연대금융허브: 아이디어가 구체화되기까지

1970년대 말, 규모가 커진 전국노동조합총연맹은 기존 소재지였던 생드니가 1001번지를 떠나 노동조합 주민금고와 함께 드로리미에가 1601번지로 사무실을 이전했다. 총연맹은 과거 공장노동자들이 주로 살던 동네인 포부르 아 플라스와도 가까운 옛 노동자들의 구역 중심부에 자연스럽게 정착했다. 미셸 샤르트랑 몬트리올 전국노동조합총연맹 당시 위원장은 노동조합 주민금고가 가입해있던 데자르댕 몬트리올지역연합의 권고사항을 따르며 총연맹 신사옥 건립을 위한 자금 조달에 결정적인 역할을 했다. 아이러니하게도 신사옥은 그가 구금된 적 있는 퀘벡주 경찰청 본관 건물에서 불과 몇 블록 떨어진 곳에 세워졌다. 10월 위기*가 극

---

* Crise d'Octobre, 1970년 10월, 퀘벡 독립운동을 주도하던 퀘벡 해방전선이 퀘벡 지방내각 각료와 영국 외교관을 납치해 캐나다 연방정부와 대립한 사건 - 옮긴이

으로 치닫던 1970년 10월 16일 아침, 캐나다 연방정부가 전시조치법을 발동했고 퀘벡 경찰이 약 500명의 시민을 체포했다. 미셸 샤르트랑도 이때 체포되어 파르트네가에 있던 경찰청 본관에 구금된 사람 중 하나였다. 4개월간의 수감 생활을 마친 샤르트랑은 위원장으로 재선되어 1981년까지 임기를 수행했다.[312]

　　1980년대부터 전국노동조합총연맹은 몬트리올시와 퀘벡시의 전국노동조합 주민금고들에 이어, 또 다른 집단적 도구로 바티랑트, 즉 고용창출과 유지를 위한 그룹을 창립한다. 1990년대에는 퐁닥시옹도 설립됐다. 중앙 기관이 오랜 시간 주도하며 구축한 이 여러 기관들 사이의 비공식 네트워크는 2000년대 들어 연대금융허브라는 이름을 갖게 되었다. 2004년, 데자르댕 연대경제금고가 된 몬트리올시 전국노동조합 주민금고는 퐁닥시옹이 소유한 건물인 연대금융허브의 신설 건물에 자리 잡았다. 이로써 〈금고〉는 바티랑트, MCE컨설팅, 필락시옹(퐁닥시옹이 설립한 기금), 협동금융기금, 협동기업 투자기금, 직업교육기금(현 뇌박시옹 Neuvaction) 등 협력기관들과 같은 건물에서 생활하게 되었다. 새로운 건물에 입주했을 때 연대금융허브를 이루는 기관은 총 10억 달러가 넘는 자산을 보유하고 있었다. 허브 구성원들은 퀘벡 내에서 약 35,000개의 일자리를 창출하는 2,500개 기업과 조직에서 고루 활동하고 있었다. 10년 뒤 연대금융허브에는 2004년 설립된 국제연대개발도 입주했으며 데자르댕 연대경제 서비스센터로 전국노동조합총연맹과 협력하는 르 셰농-오노레-메르시에도 입

주했다.[313]

　연대금융허브는 파르트네가와 교차하는 드 메조뇌브 에스트 가boulevard De Maisonneuve Est 2175번지에 위치한 구 병입瓶入공장에 자리 잡았다. 레오폴 볼류 퐁닥시옹 대표는 2004년 11월 25일 입주식에서 몬트리올 동부를 택한 입지 선정이 "개발을 다르게 구축"하겠다는 결심을 잘 보여주는 선택이라 주장했다.[314] 특별한 것은 입지 선정뿐만이 아니었다. 연대금융허브가 입주한 2층 건물은 일반 금융기관의 높다란 건물과 차별화를 이뤘다. 건축가 질 위오는 유리와 금속을 주재료로 사용하고 큰 채광창을 달아 건물에 높은 광도를 더했다.[315]

　클레망 기몽도 입주식에서 기업 전용 센터에 이러한 기관들이

2010 – 전국노동조합총연맹의 집단적 도구

9개의 고리를 이어 만든 이 체인은 전국노동조합총연맹의 머리글자 CSN에서 영감을 얻어 완성되었다. 9개의 고리는 연대금융허브에 본사를 둔 9개 경제 사회 개발 기관을 상징한다. 연대경제금고도 그중 하나다. 이 작품은 퐁닥시옹 창립 15주년을 맞아 예술가 미셸 달레르Michel Dallaire가 완성했다. 사진: 루이즈 르블랑(Louise Leblanc). © Archives de Fondation.

공존하는 것은 "사회적경제를 선보이는 쇼케이스"일뿐 아니라 "한층 더 높은 성숙함을 드러내는 증거"라고 설명하며 이 공존이 기관들 사이의 시너지를 증대할 것이라 말했다. 데자르댕 연대경제금고가 개발한 독특한 방법의 가장 특별한 점은 이전 장에서 살펴본 것처럼 협력자들과의 상호보완성이다. 연대금융허브 구성원들 사이의 이러한 팀워크는 "각 기관의 자율성을 침해하지 않으며" 발휘된다. 한편 레오폴 볼류는 구성원들이 "소속을 혼동"하지 않으면서 "조합원과도 같은 친밀감'을 보인다고도 설명했다.[316]

연대금융허브 출범식

연대금융허브는 단순한 기업 사무실 입주용 건물을 넘어서 서로 다른 기관이 노하우와 전문지식을 공유하며 새로운 사고방식과 경제개발 방식 간의 결합을 논할 수 있는 장이다. 연대금융허브는 협동기업(협동조합과 비영리조직), 민간기업, 노동조합 등의 기관과 기관 구성원을 비롯해 퀘벡 주민에게 사회책임금융의 모든 형태를 선보이며 다양한 제품과 서비스를 제공하는 통로다. 사진 속 인물들은 조각 예술품 "결정La décision" 앞에서 리본 커팅식을 하는 관계자들이다. 왼쪽부터 조각가 로제 랑주뱅(Roger Langevin), 클로뎃 카르보노(Claudette Carbonneau) 전국노동조합총연맹 위원장, 미셸 프레스코(Michel Prescott) 몬트리올시 집행위원회 부위원장, 레오폴 볼류 퐁닥시옹 대표. 사진: 알랭 샤뇽(Alain Chagnon). ⓒ Fondaction.

2003년 봄에는 제랄드 라로즈가 데자르댕 연대경제금고 이사회에 합류했다. 2년 뒤 〈금고〉 이사장 선거에서는 전국노동조합총연맹과 공유하는 새로운 열망과 가치관이 대두되었다. 제랄드 라로즈는 1983~1999년 노동조합연맹 초대 위원장직을 수행한 후, 퀘벡대학교 몬트리올 캠퍼스 내 사회사업 교육학교에서 겸임교수로 강의했다. 겸임교수직을 맡고 있던 때 그는 노동조합·기업·사회적경제 혁신연구센터CRISES를 비롯해 사회적경제를 연구하는 다양한 그룹 활동에 기여했다. 전 전국노동조합총연맹 위원장으로서 그는 데자르댕 연대경제금고 수립에 참여한 여러 금고를 잘 알고 있었고, 1980년대부터 해당 금고들의 활동을 언급하며 세간에 소개하기도 했다. 1994~2000년에 퀘벡주 저축투자금고 이사회에서 활동하며 금융계에 대한 지식도 갖춘 인물이기도 했다. 이러한 자질을 인정받아 그는 〈금고〉 이사장으로 선출되었다.

신임 회장으로 취임한 제랄드 라로즈는 퀘벡시와 졸리에트시에 〈금고〉 신관 건물을 건설하는 사업에 집중했다. 2010년 5월, 퐁다시옹은 신축 건물 준공식을 개최했다. 새 건물은 샤레스트 대로에 위치한 전국노동조합총연맹 건물과 벽 하나를 두고 나란히 위치했다. 공학목재로 지어진 6층짜리 건물에는 몬트리올에 있는 건물과 마찬가지로 MCE컨설팅, 데자르댕 연대경제금고 등 몬트리올시 연대금융허브와 연대하는 기관들이 입주해 확장된 공간을 적극적으로 활용했다.

2010년 – 성장하는 〈금고〉

퀘벡시 본사 확장공사 계획 시 〈금고〉는 공사 예산의 1% 이상을 예술 작품 설치에 투자하기로 했다. 이렇게 해서 만들어진 조각품은 건물의 구관과 신관을 연결 짓는 중앙에 세워졌다. 확장공사 프로젝트에 참여한 모든 예술인들에게 이 지면을 빌어 인사를 전한다. 투아튀르 나튀르(Toiture nature)의 쥐스탱 르페브르(Justin Lefebvre), Soft dB 소속 음향 엔지니어 프랑수아 가리에피(François Gariépy), 조각가 멜빈 플로레즈(Melvyn Florez), 즈네코르(Genecor)의 게탕 테리오(Gaétan Thériault), 〈금고〉 재무·행정 부사장 오데트 달레르(Odette Dallaire), 데자르댕 부동산 관리 컨설턴트 장–기 부아베르(Jean-Guy Boisvert), 테르고스(Tergos) 소속 건축가 브뤼노 베르주(Bruno Verge). 사진: 루이즈 르블랑.

2011년 – 성장하는 〈금고〉

조합원 120명 이상, 금융계 협력자들, 오랜 시간 함께 일해온 협력기관 관계자와 직원들이 새로운 서비스 센터 개장식에 참석해 자리를 빛내주었다. 왼쪽부터 행정관 테레즈 샤퓌(Thérèse Chaput), 2대 부이사장 다리오 코르시(Dario Corsi), 행정관 위베르 포르탱(Hubert Fortin), 라노디에르 및 몬트리올 개인고객 담당 코디네이터 실비 아멜(Sylvie Hamel), 데자르댕 연대경제금고 총괄책임자 폴 우엘레. 사진: TLSE.

협동과 연대 활동을 통한 자금 조달 부문에서 이미 그 역할을 인정받은 〈금고〉는 〈2001년 연례보고서〉에서 조합원들에게 윤리적인 저축 활용법을 안내함으로써 '사회적 책임을 다하는 금융기관'으로 자리매김했다.
데자르댕 연대경제금고(퀘벡), 〈2001년 연례보고서〉, 2002, p.6.

사회책임금융을 위하여

약 10년 전부터 우리 〈금고〉는 협동과 연대의 운동을 펼치는 금융기관으로 확실하게 인정받았다. 우리의 가치를 공유하는 사람들이 자연스럽게 우리에게 다가온다. 우리 〈금고〉는 일상에서 윤리적 질서를 지킨다. 우리는 이 방향을 계속 지켜나가야 한다.

데자르댕 연대경제금고는 사회적 책임을 다하는 금융기관으로서 이미 결연히 책임을 다하고 있다. 우리는 개인 조합원과 단체 조합원들이 사회적 책임이라는 질서 내에서 자산을 관리하겠다는 우리의 열망을 함께 공유하고 있다는 사실을 안다. 이 자산을 위험에 빠뜨리지 않고 성의를 다해 관리하고 활용할 것이다.

우리는 제공하는 서비스를 계속 늘릴 생각이다. 〈금고〉가 저축금이 윤리적 질서 내에서 사용되기를 바라는 조합원들의 요구에 부응하는 곳으로 이견의 여지없이 자리를 잡을 수 있도록 하기 위해서다. 조합원들이 추구하는 것을 〈금고〉에서 찾을 수 있도록 하는 것이 중요하다.

〈금고〉는 몬트리올, 퀘벡, 졸리에트 등 모든 활동지역에서 환경에 미치는 영향을 줄이고자 노력했다. 예를 들어 중앙 본사는 친환경 페인트를 사용하고, 포름알데히드를 배출하지 않는 사무용 가구를 구입하고, 건축 폐기물을 회수하고, 심지어 잘게 찢은 청바지를 방음재로 활용[317]하기까지 하면서 '친환경적 개조 공사'를 진행했다.[318] 2000년대 점점 그 중요성이 커지고 있던 사회적 책임은 〈금고〉의 건축 사업과 금융 상품에 고루 반영되었다.

약속을 재천명하며 사명을 현대화하다

소비자의 사회적 책임이 새로운 담론으로 떠오르던 2000년 대 초, 데자르댕 연대경제금고 사업에 참여하는 이들을 위한 새로운 장소가 조성되었다. "사회적 책임을 다하겠다는 약속을 이미 굳건히 지키고 있는 금융기관"[319]으로서 〈금고〉는 "조합원들의 예금을 사용할 때 지켜야 하는 윤리적 사항을 각별히 충족하는 기관"이 되기 위해 서비스를 확대하겠다는 의지를 발표했다.[320]

2004년, 두 차례 합병과 시간이 지나면서 늘어난 개인 조합원들에 대한 서비스 변화로 인해 〈금고〉의 협동프로젝트도 수정되었다. "우리 조직의 중심으로 떠나는 여행"이라고 불린 이 절차를 거치며 조합원들에게 새로운 협동프로젝트를 제안했고, 이는 2005년 4월 27일 정기총회에서 채택되었다. 새롭게 채택된 프로젝트에는 설립 원칙, 기관의 가치, 비전, 운영 철학을 비롯해 특히 3개 부분으로 나누어 정리된 사명이 포함되었다. 첫 번째 사명은 연속성이었다. 〈금고〉는 "노동조합, 지역공동체 및 시민단체, 협동조합, 문화단체 등 4개 네트워크를 통해 발현하는 협동 기업가 정신"을 추구하며 "사회연대경제의 발전을 지원"하겠다고 천명했다. 이 프로젝트는 지난 20년간 〈금고〉가 발전시킨 분야와 〈금고〉의 고유한 활동 방법을 떠올리게 했다. 두 번째 사명은 개인 조합원을 향한 더 큰 개방성이었다. 어떤 면에서 이 사명은 "현명하면서도 사회적으로 책임을 다하는 방식으로 개인 재정을 관리하고자

2005년 – 책임을 다하는 금융 가이드

조합원 콜레트 아르베(Colette Harvey)가 주도하여 〈금고〉 집필 팀원들과 함께 완성한 《사회책임금융을 위한 가이드*Guide conseil pour une finance socialement responsable*》는 사회적경제 전문가들을 위한 도서이다.

하는 시민에게 조언을 제공"[321]하며 사회책임투자기관으로 자리매김하겠다는 각오를 공식적으로 발표하는 것과 같았다. 이 프로젝트는 잘 정립된 사업을 개인 조합원들에게 제공하겠다는 〈금고〉의 의지를 보여주었다.

〈금고〉 가입의 문은 모든 이에게 열려 있었지만, 무슨 수를 써서라도 개인 조합원 수를 늘리겠다는 것은 〈금고〉의 의제에 들어있지 않았다. 〈금고〉가 원하는 것은 〈금고〉에 가입하여 개인 재정을 다르게 관리하고 싶어 하는 사람들에게 서비스를 제공하는 일이었다. 〈금고〉 조합원이 된 사람들은 〈금고〉 활동의 집단적 성격을 이해해야 했고, 〈금고〉만의 특수한 사명에 동조해야 했다.

이는 개인이 어느 정도 노력해야만 하는 일이었다. 가장 좋은 예는 집단 배당금 조성이었다. 조합원들은 개인에게 주어지는 배

Un énoncé qui va droit au coeur

Dans une démarche qui a engagé l'ensemble de ses dirigeantes, dirigeants et employé·es, la caisse a clarifié son projet coopératif à la lumière des enjeux et des défis nouveaux. Cette démarche que nous avons nommée «Un voyage au cœur de l'organisation» a débouché sur un projet rassembleur et mobilisant. Ce projet, nous le proposons à tous nos membres et à tous ceux et celles qui rêvent de changer le monde. Il est contenu dans un énoncé qui va droit au cœur, d'où en ressort la profonde conviction que les moyens de changer durablement les choses, dans un intérêt commun, résident dans une vision humaniste, démocratique et solidaire.

Tout au cours de notre démarche, la marguerite a symbolisé notre organisation. On y a placé, au centre, les éléments constitutifs de son cœur : les principes fondateurs, la mission, les valeurs, la vision, la philosophie de gestion. Les pétales correspondent aux pratiques de service ou d'affaires. Celles-ci seront documentées par chacune des équipes de travail afin de s'assurer que la façon de faire de son quotidien porte son projet coopératif.

Ce projet coopératif a été adopté le 27 avril 2005 par l'assemblée générale des membres de la Caisse d'économie solidaire.

2005년 4월 <금고> 총회는 "우리의 협동프로젝트"라는 문서를 채택했다. 여러 차례 협의를 거친 결과 설립 원칙, 사명, 가치, 비전, 운영 철학 등의 내용이 새로운 문서에 수록되었다. 새로운 프로젝트 발표를 기념해 책자도 제작되었다. 사진 속 발췌문은 당시 <금고>가 추구하던 접근 방식을 설명하는 글이다. 데자르댕 연대경제금고, "우리의 협동 프로젝트", 2005, 12p.

깊은 감동을 선사하는 글

경영진과 직원 전체가 함께 활동하는 <금고>는 새로운 도전 과제가 떠오름에 따라 새로운 협동프로젝트를 명확히 밝혔다. 우리가 '조직의 중심으로 떠나는 여행'이라 이름 붙인 이 발걸음은 사람들을 한데 모으는 프로젝트로 귀결되었다. 우리는 이 프로젝트를 모든 조합원을 비롯해 세상을 바꾸겠다는 꿈을 지닌 모든 이에게 제안한다. 이 프로젝트는 공동의 이익을 추구하며 상황을 지속가능한 방식으로 바꾸는 수단은 인본주의적·민주주의적·연대적 비전에서 완성된다는 굳은 신념을 보여주는 깊은 감동을 선사하는 글 안에 담겨 있다.

그동안 <금고>의 상징은 데이지꽃이었다. 꽃의 한가운데에는 설립 원칙, 사명, 가치, 비전, 경영철학 등 <금고>의 심장을 이루는 요소들이 자리했다. 꽃잎은 서비스 및 사업 실천을 뜻했다. <금고>를 이루는 각각의 팀이 서비스와 사업 문서화 작업을 담당할 것이다. 일상에서 <금고>를 이끌어나가는 방법이 바로 협동프로젝트라는 사실을 입증하기 위해서다.

이 협동프로젝트는 2005년 4월 27일 데자르댕 연대경제금고 조합원 총회에서 가결되었다

당금을 수령하지 않고, 이를 공동 자금으로 한데 모아 공동 프로젝트 지원금으로 활용하기 위해 더욱 규모가 큰 자본을 만들어냈다. 이는 1970년대 퀘벡시 노동자경제금고의 운영 방식을 떠올

2014년 – 퀘벡시에 새로 문을 연 의료원

퀘벡시에 새롭게 문을 연 지역사회 보건·교육 의료원인 SPOT은 창립 전의 중요한 단계에서 집단 할인으로 기여했다. SPOT은 과거 '의료 사막'이라 불렸던 바스빌, 리무알루, 바니에 지역 주민들에게 1차의료를 제공한다. SPOT의 사명은 노숙자, 건강보험의 사각지대에 놓인 주민 등 취약계층의 건강 수준을 향상시키는 것이다. 사진: 마들렌 마르탱(Madeleine Martin)

리는 모습이었다. 시간이 흐를수록 이 집단 배당금 조성 방식은 다소 논쟁과 의문을 불러일으켰고, 〈금고〉 이사들은 이 방식을 재평가해 투표에 부쳤다. 마침내 이 방식은 2008년 4월 26일 총회에서 조합원들의 찬성을 이끌어내며 "또 다른 역사적이고도 전략적인 선택"[322]으로 자리매김했다.

클레망 기몽 당시 총괄책임자는 2005년 채택된 프로젝트의 준비 업무를 마친 뒤, 인생의 새로운 장을 열기 위해 은퇴했다. 총괄책임자로 1986년부터 〈금고〉에서 일하기 시작한 그는 데자르댕 연대경제금고 설립의 중요한 부분을 담당한 인물이었다. 그가 처음 합류했을 때 지역금고였던 당시 〈금고〉는 15명으로 구성된 한 개의 팀이 운영하고 있었고, 자산은 약 3천만 달러 수준이었다. 클레망 기몽은 2007년에 〈금고〉가 75명의 직원을 두고 4억 3

천6백만 달러의 자산을 운영[323]하는, 퀘벡 사회적경제를 선도하는 전체 주 규모의 협동조합이 된 모습을 보고 떠났다. "꿈꾸는 은행가"[324]라는 별칭에 걸맞은 발자취를 남긴 그는 큰 존경을 받았다.

개인 조합원들을 더욱 중시하면서 사회책임투자를 해나가겠다는 새로운 방향성을 갖춘 〈금고〉를 이끌어갈 적임자는 폴 우엘레였다. 전임 이사장과 마찬가지로 그는 라발대학교에서 사회복지를 전공하며 석사 학위를 취득했다. 이후 그는 지역사회 조직자가 되어 특히 리무알루에서 활발히 활동하며 리무알루 최초의 주택조합 설립에 기여했다. 1980년대 들어 그는 주택조합 분야에서 집중적으로 활동하며 퀘벡시 공동체 주택을 기획하고 실행하는 비영리단체인 퀘벡 악시옹-아비타시옹 Action-Habitation de Québec 대표가 되었다. 〈금고〉를 지탱하는 네 가지 활동 네트워크 중 한 곳에서 활발히 활동한 그는 〈금고〉가 원하는 인재였다. 1992년 〈금고〉에 채용된 우엘레는 15년 간 개인 조합원 대상 서비스를 이끌었고, 특히 경제 상황이 격동했던 2007년 12월에는 총괄책임자가 되었다.

이 시기의 몇 달 전 미국에서 시작된 금융위기는 이후 2년 동안 캐나다를 비롯해 전 세계 여러 국가에 경기 침체를 촉발했다. 이전 경기 침체보다 더욱 심각한 위기였다. 캐나다 GDP는 1~3분기에 걸쳐 3.3% 하락했다. 1980년대 같은 기간에는 2.2%, 1990년대 같은 기간에는 1.9% 하락한 것과 비교하면 더욱 악화된 수치였다.[325] 위기를 겪을 때마다 목소리를 내지 않은 적이 없

도구, 지렛대, 조직, 제도의 역할을 모두 하는 곳

수세기 동안 서양 정계의 인물들은 권력을 지향했습니다. 국가, 왕권, 혁명, 독재, 대통령제 등 모든 정치 행위자들은 권력의지를 지배 도구로 사용했습니다. 이 멍에를 떨쳐내기 위해 인본주의, 민주주의, 연대주의가 조금씩 모습을 갖추어 구조화되고 조직되어 정치 영역에서 점차적으로 확장해 나갔습니다. 정치 속 박애·평등·자유의 명암은 엄청난 권력욕 뒤에 도사린 어두운 면과 맞섰습니다.

오늘날 크나큰 권력욕은 다른 곳으로 뻗어나가기 시작했습니다. 바로 자신의 목표물을 정치에서 경제로 바꾼 것입니다. 우리의 새로운 지배자는 경제 영역에 존재합니다. 우리는 이 상황을 피해갈 수 없습니다. 바로 그래서 지금 당장 자유·평등·박애 정신을 갖고 행동해야 합니다. 연대주의, 민주주의, 인본주의를 통해 정치에서의 영향력을 유지해 나가면서도, 과거 옛 지배자들처럼 비밀스럽게 세계를 마음대로 주무르는 새로운 시대의 지배자들에게 일방적으로 종속되고 있는 경제 분야를 되찾아 와야 합니다.

다른 곳에서 일어나고 있는 일에 조금만 관심을 기울인다면 인본주의, 민주주의, 연대주의가 두 곳에 터를 잡고 권력의지에 맞서고 있다는 사실을 알 수 있습니다. 첫 번째 터는 바로 권력자들을 비판하고 자신들의 요구를 주장하는 개인들의 결집입니다. 두 번째 터는 마찬가지로 중요한 경제적 실천입니다. 이 경제적 실천은 협력과 결집을 통해 이루어집니다. 사람과 환경을 존중하는 경제를 수호하고, 사람과 생활환경의 요구에 대한 새로운 경제적 해답을 제시하는 일에 투자하려면 우리가 사는 이곳에서든 다른 곳에서든 도구, 지렛대, 조직과 제도가 필요합니다.

연대경제금고는 도구, 지렛대, 조직, 제도의 역할을 동시에 수행합니다. 〈금고〉는 비판적인 시각을 견지하면서도 필요한 경우 주장을 당당히 내세웁니다. 무엇보다도 〈금고〉는 권력의지가 아닌 인본주의를 기반으로 연대주의, 민주주의를 병행해 경제를 실천하는 강력한 도구입니다.

저는 〈금고〉에서 일했고 〈금고〉에서 은퇴했습니다. 지금도 계속 조합원으로 활동에 참여하고 있습니다. 제 예금도 〈금고〉에 예치되어 있습니다. 왜일까요? 인본주의적이고 민주적이며 연대하는 경제 사업을 펼치는 기관에 자금을 대주려면 예금이 필요하다는 단순한 이유 때문입니다. 해당 사업에 제가 직접 돈을 빌려줄 수 없으므로 〈금고〉와 연대활동 지원기금은 제게 중개인 역할을 합니다. 제가 이용하는 금융기관이 수행하는 진정한 역할은 제 자신의 개인적 금융 필요를 충족하는 것 외에도 사회책임투자를 제공하는 것입니다. 〈금고〉는 퀘벡 전역의 민주적 경제 실천을 촉진하는 투자 사업을 진행하고 있습니다. 제가 이용하는 〈금고〉 덕분에 제 행동력의 범위가 더욱 넓어집니다. 그래서 〈금고〉가 고맙습니다.

폴 우엘레 | 총괄책임자 역임(2007~2013)

던 〈금고〉는 위기 상황에서 자극 받아 작성한 결의안을 데자르댕 운동 정기총회에 제출했다. 〈금고〉는 경제위기의 원인이 '시장규제 완화, 위험에 대한 과소평가, 신용평가기관의 부족, 급여삭감으로 빈곤해진 중산층에 대한 신용대출로 과도한 부채[326]를 발생시킨 미국의 신용대출정책' 때문이라고 보았다. 이에 〈금고〉는 퀘벡주 데자르댕연합회 이사회에 내부 자원 활용, 외부환경에 대한 〈금고〉의 영향력을 활용하여, 조합원들의 예금을 더욱 보호하고 환경을 생각하는 더욱 건강한 경제발전을 촉진할 것을 요구했다.

〈금고〉의 2008년 재무제표에는 경제 침체의 타격을 입은 흔적이 남아있지만, 경제 위기가 지속된 전체 기간의 재무제표를 살펴보면 오히려 성장과 수익 증대가 두드러진다. 2003~2014년 사이

〈금고〉 자신은 약 3억4천만 딜러에서 7억 5천8백만 달러로 증가
했다. 〈금고〉가 관리하는 사업 규모는 2006년 7억 6천8백만 달
러에서 3년 만에 10억 달러를 돌파했고 2014년에는 14억 달러
이상으로 커졌다. 2010년 〈금고〉는 데자르댕운동 소속 총 405개
금고를 통틀어 평균자산 규모에서 42위, 거래량 부분에서 51위
를 기록했다.[327] 조합원 수 또한 늘어났다. 경제 위기는 많은 사람
을 자극하며 연대감을 고양시켰다. 데자르댕 연대경제금고에 새
로 가입하는 조합원 수가 늘어났다.[328] 2008년 개인과 기업 조합
원 수는 14% 증가했다. 개인 조합원 수는 2001년 7,000명에서
지속적으로 늘어나 2012년 12,000명에 달했다. 2008년에는 특
히 청년층이 〈금고〉가 운영하는 사업에 많은 관심을 보인 것으로

수년에 걸쳐 <금고>는 사회책임
투자를 촉진하기 위한 저축 방식
을 개발했다. 이를 통해 개발된 상
품인 사회적 수익 투자(Placement à
rendement social)는 예금이 자금 조
달에 어떻게 쓰이는지에 대한 적절
한 설명을 제공한다. 로르 와리델은
2008~2015년 사회적 수익 투자 프로
그램 대변인이었다.
데자르댕 연대경제금고. <사회적 수익 투자>.
2015.

나타났다. 더욱 자세히 살펴볼 누나빅^{Nunavik} 활동을 통해 〈금고〉에
가입한 다수 조합원을 제외하고도, 신규 조합원 중 40%의 연령은
35세 미만이었다. 금융 위기에 뒤이어 찾아온 경기 침체라는 상황
속에서 "지속가능한 발전과 사회책임투자를 지향하는 〈금고〉의 행
보는 상당한 관심을 불러일으켰다."[329]

　　수년간 꾸준히 사회적 책임과 환경에 대해 관심을 보이던 〈금
고〉는 이 기간에 특히 개인 조합원 대상 금융상품에 새로운 변화
를 일으켰다. 2006년에는 환경 친화적 건물 사업을 지원하고 자
금을 조달하는 이포트에코^{HypothÉco} 상품을 선보였고, 이듬해에는
에너지 효율 차량 구매 및 공유 서비스 플랫폼 코뮈노토^{Communauto}
이용을 권장하는 상품인 오토에코^{autoÉco}를 고안했다. 또 고객들의
저축 상품을 "사회적 수익 투자"라는 상품으로 묶어 "사회적 · 문
화적 · 환경적 가치를 지닌 사업과 기업"[330]에 조달하는 주요 자금
으로 활용했다. 이 상품의 또 다른 장점은 "다른 금융기관보다 유
리한 이자율"이었다.[331] 〈금고〉만의 이 독자적인 상품은 생태학자
이자 수필가로 활동하며, 생태적 · 사회적 책임을 다하는 선택을
장려하는 비영리단체 에키테르의 공동 설립자인 로르 와리델의
적극적인 지지를 받았다.

　　2006년부터 2014년까지 조합원들이 모은 사회책임기금은
220만 달러에서 2,500만 달러로 증가했다. 각 조합원이 〈금고〉에
예치한 예금에서 사회책임기금이 차지하는 금액 비중을 백분율
로 환산해보면 같은 기간 내 6%에서 51%로 증가했다. 2014년,

개인 조합원의 포트폴리오 중 67%가 사회적 수익 투자에 할당되어 있었다. 이들이 보유한 예금 상품 중 85%는 사회책임투자에 할당되어 있었다.[332] 데자르댕 네트워크 전체에서 사회적 수익 투자와 유가증권 상품을 포함한 전체 저축 순매출 부문에서 두각을 나타낸 〈금고〉는 네트워크 내 기여도가 가장 높은 상위 25개 금고 목록에 여러 차례 이름을 올렸다.[333] 동시에 〈금고〉는 내부 전문팀을 구성해 2005년 《사회책임금융을 위한 가이드》를 발행했다. 〈금고〉는 이 책을 활용해 사회적 책임 관련 모든 투자 상품, 특히 사회책임기금 관련 내용을 직원들에게 교육했다.

〈금고〉 팀은 환경 보호에도 크고 작은 노력을 기울였다. 2006년에 〈금고〉는 금융기관 가운데 최초로 미래세대를 위한 환경네트워크 Établissement Vert Brundtland(ÉVB-CSQ)[334] 회원조직이 되었다. 수년에 걸쳐 〈금고〉가 선보인 환경 보호 활동은 셀 수 없이 많다. 그 중 몇 가지만 소개해 보자면 〈금고〉는 친환경적이고 연대적인 구매 정책을 채택했고, 재활용 실천 관행을 수립했으며, 화상 회의를 자주 활용하며 임직원 출장 횟수를 줄였다. 2008년에는 유엔환경계획 UNEP이 설정한 글로벌 리포팅 이니셔티브 Global Reporting Initiative, GRI를 충족하는 지속가능하고 연대를 통한 발전의 첫 보고서를 발표했다. 이는 데자르댕 연대경제운동이 환경 부문에 내디딘 최초의 걸음이었다.

<금고>는 브룬트란트 친환경 시설 네트워크에 회원으로 가입하며 지속가능한 발전에 대한 관심을 표명했다. 데자르댕 연대경제금고, <2007년 연례보고서>, 2008, p. 28.

브룬트란트 연계 단체

금융 서비스 분야에서는 최초로 브룬트란트 연계 단체로 가입한 데자르댕 연대경제금고는 2006년 4월 이래로 브룬트란트 친환경 시설 네트워크 일원이 된 것을 자랑스럽게 여긴다. 브룬트란트 친환경 시설 네트워크는 지난 15년간 <금고>에 '미래 세대의 요구를 충족하는 일을 저버리지 않으면서 현재의 요구에 응할'(브룬트란트 위원회, 1987년) 것을 촉구해왔다.

2011년 - 지속가능한 발전의 집

몬트리올에 있는 지속가능한 발전의 집(Maison du développement durable)은 LEED 플래티넘 인증을 획득한 건축물로 식물성 소재로 만든 벽, 멋진 채광, 지열 난방 시스템, 재활용 건축 자재와 친환경 소재 지붕으로 지어졌다.

금융기관이 새롭게 협력관계를 맺은 기업의 모든 부분을 이해하는 일은 쉽지 않다. 그렇기 때문에 데자르댕 연대경제금고가 에키테레에 제공한 재정 지원은 건설 프로젝트를 성공으로 이끈 결정적인 요소였다. 사진 왼쪽부터 올리비에 루소, 시드니 리보, 베르나르 은두르. 사진: 알랭 샤롱.

2013년 코아비타 퀘벡Cohabitat Québec 발족

퀘벡시 생사크레망(Saint-Sacrement) 구역에는 넓은 마당을 갖춘 공동주택에서 함께 살기로 한 42가구의 공동 소유 주택이 있다. 이 주택은 타운하우스 12채와 면적이 각기 다른 30채의 콘도로 이루어져 있다. 성인과 청소년, 어린이를 통틀어 110명의 입주민이 이웃해 살아가는 독특한 공간이다. 2013년 LEED 플래티넘 인증을 획득하며 코아비타 퀘벡은 퀘벡 내 멀티플렉스 건물 중 최초로 최고의 친환경 인증을 획득한 공간이 되었다. 사진: 장·이브 프레세트.

세계와 연대하다: 세계로 진출한 〈금고〉

2005년, 데자르댕 연대경제금고 조합원들은 "국내외 여러 기관들과 함께하며 연대금융운동의 발전에 기여한다."[335]를 세 번째 사명으로 채택했다. 그러나 이 사명이 완전히 새로운 것은 아니었다. 〈금고〉는 연대금융허브를 이루는 여러 기관들과 수년간 협력해왔기 때문이다. 〈금고〉가 펼친 국제 협력 활동도 기관의 역사에 깊은 뿌리를 두고 있었다.

1960년대 말에서 1970년대 초, 퀘벡시 노동자경제금고를 설립하자는 아이디어의 영감이 된 것은 무엇보다도 해외에서 관찰한 경험이었다는 사실을 기억해야 한다. 이때부터 국제 사회의 활동을 관찰한 덕분에 〈금고〉는 이후 다양한 방식으로 발전할 수 있었다. 예를 들어 1990년 식량 원조 프로그램을 지원하고자 전국노동조합총연맹이 설립한 제3세계 연대기금Fondation Solidarité Tiers-monde에 회원 기관으로 가입한 것이 그 예다.[336] 노동조합연맹과 함께 멕시코 자주관리기업 유니온 프로비자를 지원하기도 했다.[337] 1990년대 후반기에는 시장과 신자유주의 세계화가 과도하게 진행되는 세태를 비판하는 메시지를 연례보고서에 주기적으로 담기도 했다. 세계화를 향한 규탄은 2000년대로 접어들며 "연대의 세계화"라는 의식으로 이어졌다.[338] 〈금고〉는 "연대하는 세계를 위해 행동하기"라는 주제로 2002년 5월 퀘벡시에서 개최된 전국노동조합총연맹의 제60회 대회에서 비슷한 메시지의 발언을 한 전국노동조합총연맹을 따르면서 어느 면에서는 앞서기도 했다. 제 랄드 라로즈의 뒤를 이어 총연맹 위원장이 된 마르크 라비올레트 는 대회 참석자들에게 "또 다른 세계화를 구축하자"는 메시지를 보냈다.[339] 데자르댕 연대경제금고는 이미 그전부터 그러한 행동 을 실천하고 있었다.

2005년 채택된 사명의 국제적 성격은 1998년 설립된 이탈리 아 금융기관 방카에티카[Banca Etica]와 3년 전 교류와 협력 협약을 체 결해 이미 구체화되어 있었다. 방카에티카는 자사에 돈을 예치하 는 고객들이 지속가능하고 사회적이며 인본주의적 방식을 존중 하는 사업에 투자할 기회를 제공하는 기관이었다.[340] 2010년 〈금 고〉는 또 다른 외국 기업과 협약을 체결했다. 프랑스의 신용협동 조합 그룹 산하 신용협동조합[Crédit coopératif]이었다. 이 기관과의 주된 협약 내용은 특히 협동기업에 자금을 조달하는 일, 혁신적 금융상 품과 서비스 제공 노하우 및 우수 사례 공유였다.[341] 협약을 맺어 파트너가 된 두 기관은 유엔이 2012년 개최한 세계 협동조합의 해 행사에도 함께 참여했다.

2012년 데자르댕 연대경제금고는 데자르댕운동이 공동 주최 한 퀘벡 제1회 국제 협동조합 정상회의에 참가했다. 그러나 이러 한 행사에 〈금고〉가 참여한 것은 이때가 처음이 아니었다. 이미 1997년 페루 리마에서 개최된 제1회 미주연대경제회의에 참석 한 적이 있기 때문이다. 이 행사 이후 제랄드 라로즈가 설립한 퀘 벡시 연대경제그룹[Groupe d'économie solidaire du Québec, GESQ]은 연대경제회의를 국제 규모로 확대해 2001년 "퀘벡 2001"이라는 행사명으로 제 2회 연대경제회의를 퀘벡에서 개최했다. 제2회 회의에서 이루어진 논의 덕분에 2005년 세네갈 다카르에서 개최된 제3회 회의에서 사회연대경제 진흥을 위한 대륙간 네트워크^{RIPESS}가 탄생했다. 1999년에서 2002년에 〈금고〉는 리오넬 조스팽 당시 프랑스 총리와 루시앵 부샤르 당시 퀘벡주 총리가 추진한 프랑스-퀘벡 협력에 적극적으로 참여했다. 당시 제랄드 라로즈 퀘벡측 대표와 위그 시빌 프랑스 정부 부처 대표가 공동 의장직을 수행했다. 〈금고〉는 2004년 프랑스 몽블랑에서 개최된 제1차 회의에 참석했다. 전 세계 사회적경제의 다양한 분야를 이끄는 지도자들이 한데 모인 행사였다. 이후 계속 이어진 회의에서 〈금고〉는 점점 더 중요한 역할을 수행했다. 2008년 6월 회의 개최지는 퀘벡시였다. 국제 사회적경제 투자자연합^{INAISE}과 협력해 개최한 이 회의는 42개국에서 온 160명의 금융가들이 한자리에 모인 최초의 사회연대금융 세계 정상회담이었다. 이듬해 〈금고〉는 유엔이 지원하는 글로벌 이니셔티브인 유엔책임투자원칙^{UNPRI}을 체결했다. UNPRI는 기관투자자와 〈금고〉를 포함한 금융 파트너 기관들이 분석 및 의사결정 과정에서 환경과 사회, 지배구조 문제를 고려하도록 권장하는 원칙이다.

〈금고〉는 세계 무대에서 대화에 적극적으로 참여했다. 그중에서도 다른 국제기관들과의 "연대금융운동의 발전"[342]에 〈금고〉가 가장 실질적으로 기여한 사례는 이견의 여지없이 브라질에서 실행한 사업들이다. 데자르댕 연대경제금고가 해외에 미치는 영향력은 노동조합과의 가까운 관계에서 비롯되었다. 실제로 이러한 관계는 1970년대 후반 전국노동조합총연맹이 브라질 노동자들과 유대감을 구축한 것에서 비롯되었다. 이 유대감은 심지어 브라질 노동자들을 한데 모으는 중심적 역할을 하는 유일한 기관인 브라질 노동자총연맹^{CUT}이 창설되기 이전부터 있었다. 또한 〈금고〉는 연대금융허브 구성원들과 함께 2004년 브라질 국제연대개발 DSI 설립에 협력했고 이 조직을 통해 관여하기도 했다.

2007년부터 2010년 사이 DSI는 캐나다 국제개발청^{ACDI}에서 자금을 지원받아 〈금고〉, MCE컨설팅과 함께 첫 사업을 개시했다. 사업의 핵심 내용은 데자르댕 연대경제금고의 회원조직인 신용협동조합들의 전략적 계획 수립과 거버넌스를 비롯해 협동기업의 자금 조달 방안을 마련하기 위해 교육과 자문, 지원 서비스를 제공하는 것이었다.[343] 이어서 〈금고〉와 그 협력기관들은 컨설턴트로서 접근하는 방식을 채택해 브라질 기관에서 자금을 지원하는 사업들에 참여했다. 〈금고〉는 약 60개 금융 서비스 협동조합 네트워크인 크레솔 센트랄 SC/RS^{Cresol Central SC/RS}에 교육을 제공했다. 또 브라질 협동조합·연대기업연합인 우니솔^{UNISOL}과 협력하여 연대경제 기업의 자금 조달을 용이하게 하는 연구와 프로젝트 사무실을 기획했다. 〈금고〉의 지원은 브라질 기관의 요구와 브라질 내 정치적·경제적·협력적 환경의 변화에 따라 계속되었다.

전문 지식을 브라질 주민들과 공유하다

<금고>는 국제연대개발(연대와 사회책임금융을 위한 국제 협력 네트워크) 활동에 참여하며 현지
주민들과 전문 지식 공유 활동도 펼쳤다. <금고>는 퀘벡에서 쌓은 경험을 브라질 주민들과의 교
류에도 적용했다. 조합원들의 예금을 협동기업에 자금으로 지원하는 전국노동조합총연맹의 경험
을 활용한 것이다. 브라질 통부스, 미나스 제라이스 지방에서 온 주민 그룹. 사진: 장 베르주뱅.

위도 55를 넘어 북퀘벡을 향해

20세기 초 프랑스 정치가 장 조레스는 "얼마간의 세계주의는
고국과 멀어지게 하지만, 강한 세계주의는 다시 고국으로 돌아오
게 한다."[344]고 했다. <금고>는 세계 무대에서 활동하면서 동시에
"연대금융운동의 발전에 […] 기여하기 위해"[345] 퀘벡에서 활동 지
역을 넓혀나가고 있었다. 1993년 퀘벡시 노동자경제금고라는 이
름 아래 당시 12개 소비자 협동조합의 구심점이던 누보퀘벡주 협
동조합연합회 Fédération des coopératives du Nouveau-Québec, FCNQ를 지원하기 시작

했다.[346] 시간이 흐르면서, 누보퀘벡주 협동조합연합회는 데자르댕운동에 가입된 신용협동조합을 설립하기를 원했다. 1998년 1월, 〈금고〉임원들은 퓌비르니튀크에서 "지점 개설을 위한 후원 사업연구"[347]를 승인했다. 몇 년 동안 보류되었던 이 사업은 2007년 누나빅 신용협동조합이 설립되면서 본격화되었다. 원주민 언어와불어를 구사하는 이누이트족 8명이 11월에 교육을 받은 뒤 3개의 마을 주민들을 대상으로 봉사활동을 펼쳤다.[348] 시간이 지날수록 이누이트 직원들은 더욱 중요한 역할을 맡고 더 많은 마을을담당하게 되었다. 2008년부터 2011년 사이 조합원 수는 24개 조직 1,700명에서 65개 조직 4,000명으로 증가했다.

광활한 영토인 누나빅은 위도 55도 북쪽에 있는 퀘벡주 행정구역 중 하나인 북퀘벡Nord-du-Québec에 속한다. 이 지역에서 은행 서비스를 제공함으로써 데자르댕 연대경제금고는 데자르댕운동이일군 역사의 연속성을 넓혀 나갔다.

신기술이 발전한 오늘날에도 누나빅 주민들에게 금융 서비스를 전파하는 일은 여전히 어려운 과제인 듯하다. 2014년 여름, 〈르드부아르〉지는 누나빅 금융서비스협동조합이 적자를 기록했다고보도했다.[349] 〈금고〉와 누보퀘벡주 협동조합연합회는 누나빅 금융서비스협동조합의 존속을 위한 해결책을 찾으려 1년 간 애썼지만, 결국 누나빅 신용협동조합은 2015년 4월 30일 문을 닫았다.그러나 누나빅의 데자르댕 조합원들은 인터넷과 전화로 데자르댕운동이 개발한 악세데AccèsD 프로그램을 이용함으로써, 매장에서

<2010년 연간 보고서> 중 한 페이지는 누나빅에 대한 <금고>의 영향력을 설명하는 데 할애됐다. 이 지면은 프랑스어와 이누이트어 2개 언어로 쓰였다.
데자르댕 연대경제금고, <2010년 연례보고서>, 2011, p. 20.

모든 자동화서비스를 누릴 수 있었다. 연구자 마리즈 게네트^{Maryse} ^{Guénette}는 "문제는 거리만이 아니다. 일부 원주민은 금융기관이 제공하는 서비스에 익숙하지 않기 때문에 은행계좌가 유용하지 않다고 생각한다."고 설명했다.[350]

데자르댕 연대경제금고의 역사에서 두드러진 '변화'의 시기로 보이는 이 기간은 세대교체로 끝을 맺는다. 2013년 봄, 폴 우엘레는 5년이 넘는 총괄책임자 경력을 포함해 20년간 <금고>에서 근무한 뒤 은퇴했다. 우엘레의 은퇴는 <금고>가 수행하는 사업을 새로운 세대가 이어간다는 전환을 뜻했다. 동시대에 태어난 클레망 기몽과 폴 우엘레는 협동조합이 모습을 갖추고 성장하는 것을 도왔다. 마르크 피카르가 바통을 이어받았다. 도시계획과 교육관리 학사를 전공한 신임 총괄책임자는 몬트리올 아운트식-카르티에에

더 나은 세상을 향하여

몬트리올의 실업률이 약 14%였던 1990년대 초, 제가 공동체 영역에 발을 들인 것은 약간의 행운이 따라준 덕분이었습니다. 대학에서 도시계획을 공부하던 저는 늘 사회문제에 상당한 관심이 있었습니다. 당시 경제 상황에서도 우연하게 관심을 기울이게 되었습니다. 만약 누군가 과거의 저에게 "훗날 당신이 데자르댕 연대경제금고의 수장이 될 것이다."라고 했다면 저는 분명히 웃음을 터뜨렸을 겁니다! 제가 연대금융계를 선도하는 몬트리올 캐나다인들의 수장이 된다니, 나참! 그러나 20년이 지난 지금도 저는 늘 자리를 지키고 있습니다.

〈금고〉의 존재 이유와 사명은 항상 저에게 영감을 주었습니다. 저에게 〈금고〉는 제가 지닌 집단주의라는 이상과 인본주의적 관심사에 근접한 유일한 금융기관이었습니다. 〈금고〉는 제가 엄격히 판단한 후 인정한 금융계의 등대였습니다.

물론 2년이 넘는 시간이 흐른 지금 제 생각은 달라졌습니다. 존경하는 사람과 실제로 알고 지내면 환상이 다소 깨지는 것처럼, 제 눈에 〈금고〉는 보이는 것만큼 완벽하지는 않습니다. 〈금고〉의 얼굴은 비대칭인 데다가 흉터도 있고, 결점도 있지만 그래도 여전히 아름답습니다! 〈금고〉를 더 많이 알면 알수록 인간적인 면모가 보이기 때문에 더욱 그럴 수도 있습니다.

〈금고〉에서 일하며 매일 에피소드가 하나씩 생기는데, 이 에피소드는 구성원들이 더 나은 세상을 위해 초지일관 여정을 계속하고 있다는 사실을 보여줍니다. 여정 곳곳에는 함정이 도사리고 있었지만, 지나온 길을 돌아보면 그 자리에 꽃이 피어나 있습니다. 이 여정 덕분에 퀘벡이 더욱 포용적이고 평등한 사회가 된 것 같습니다. 물론 태양의 서커스단 사례처럼 잘 알려진 몇몇 사업에서 〈금고〉가 기여한 내용은 〈금고〉만의 특별한 혁신 능력을 보여줍니다. 그러나 상대적으로 덜 알려진, 개인과 기관에 제공한 다른 지원들도 마찬가지로 뛰어납니다.

이것이 그동안 제가 보고 느낀 〈금고〉의 모습입니다. 고객의 사업 규모나 개인 재산 규모에 관계없이 우리는 고객이 꿈을 실현하도록 최선을 다해 돕습니다.

퀘벡 내 다른 지역과 마찬가지로 〈금고〉는 운영 환경의 변화를 서서히 경험하고 있습니다. 새로운 세대가 〈금고〉에 발을 들이고 있습니다. 〈금고〉가 땅에 내린 뿌리는 깊고, 이룩한 성과는 많습니다. 더 나은 세상이라는 개념은 상대적이며, 무엇보다 한 번에 달성하기가 어려운 목표입니다. 45년 전에 시작한 작업을 다음 세대가 계속 이어갈 수 있습니다. 〈금고〉는 탄탄한 기반을 다졌기 때문에 동기의 순수성을 유지하고 자신이 이룰 수 있는 성과를 끊임없이 실현해나가며 계속해서 차별화된 기관으로 남을 거라 확신합니다. 그렇기에 제가 〈금고〉의 발전에 기여할 수 있어 너무나 기쁩니다.

마르크 피카르 | 총괄책임자, 2013년부터 〈금고〉 근무

빌 지역사회 경제개발조합에서 일하며 지역사회 활동 경험을 쌓았다. 10년 후 그는 몬트리올 고용발전기금의 총괄책임자가 되어 사회적경제 기업 경영을 위한 전문 서비스 제공 분야에 실질적인 변화를 일으켰다.[351] 2013년 4월 26일 그의 〈금고〉 총괄책임자 취임은 〈금고〉 사업의 연속성과 세대교체를 의미했다. '사회적기업가'인 마르크 피카르는 퀘벡에서 사회적경제가 차지하는 입지를 확장하겠다는 의지를 한껏 품고 자리에 올랐다.

❖ 전현직 직원들의 회고 ❖

사업을 꿈꾸는 즐거움

〈금고〉는 내 경력의 이정표였다. 나는 매년 성장세를 기록하며 꾸준하면서 급격히 성장하던 1990년대 무렵 〈금고〉의 작은 팀 하나에서 함께하게 되었다. 가장 생생한 기억은 우리가 기업들을 지원하고 그들과 함께 사업을 꿈꾸며 함께 좋은 협력 네트워크를 구축하던 기쁨이다.

나는 여러 분석가와 회계 관리자를 교육하며 이들에게 늘 첫 번째 만남이 중요하다고 가르쳤다. 우리는 서로 호감을 갖고 밀접하게 결합되어야 하기에 서로를 드러내면서 강한 유대를 쌓아갔다. 사업을 추진하는 이들은 긴밀한 협력관계에서 일하는 우리가 제안하는 방식을 편안하게 받아들였다. 어려운 시기를 이겨낸 것은 바로 이러한 서로의 신뢰 덕분이었다. 우리 팀은 각 사업과 지역사회에서 상호 신뢰를 뿌리내리게 하는 시간을 가졌다. 아주 중요한 일이었다.

항상 쉬웠던 것은 아니지만, 우리는 팀으로 일하면서 창의적인 접근 방식을 개발했고, 개방성과 의견 경청 측면에서 큰 성공을 거두었다. 이렇듯 우리는 사람들이 자신의 꿈을 실현하는 것을 도왔다.

〈금고〉가 내게 남긴 건 오랜 세월 동료들과 공유한 휴머니즘의 가치다. 이는 구성원들과 일하는 방식에 일상적으로 반영되어야 할 가치다.

오데트 달레르 Odette Dallaire | 퀘벡시 재무·행정 부국장, 1991~2011년 〈금고〉 근무

다시 출근하라고 하면 당장 내일부터 가겠다!

〈금고〉에서 일할 때 많은 돈을 대출해준 나는 심지어 '1위 대출 승인 직원'으로 뽑힌 적도 있었다. 나는 주로 그 지역의 도시 버스 운전사들과, 병원과 제지 공장에서 일하는 노동자들을 담당했다. 1970년대와 1980년대에 우리 〈금고〉는 대출을 많이 거절하지 않았다고 당당히 말할 수 있었다!

이후에는 영업직으로 일했다. 주 활동분야는 주택협동조합이었다. 한때 나는 약 20개 협동조합의 자금 조달을 동시에 관리했다. 내가 가장 좋아한 것은 기업과 협력하여 사업을 성공시키기 위해 조언이 필요한 두세 명의 사람들 앞에서 발표하는 것이었다. 나는 이런 환경에서 아주 편안함을 느꼈다. 나는 협력자들과 많은 대화를 나눴고, 우리는 서로 존중했다.

〈금고〉에서 보낸 35년의 세월을 사랑했다. 매우 값진 경험이었다. 다시 출근하라면 당장 내일부터 가겠다!

르네 루아^{René Roy} | 기업 재무 컨설턴트, 1972~2006년 근무

협동조합의 주된 원칙과 관련된 활동

〈금고〉는 협력 사업 지원팀을 구성해 내부적으로 가치를 구현했다. 이는 협동조합의 주된 원칙과 연결하는 활동, 즉 지역사회에 헌신하는 활동을 실천했음을 뜻한다. 우리는 우리의 약속이 무엇보다도 인간의 필요를 충족하는 것임을 잊지 않았다. 금융은 그 자체로 목적이 아니라, 인간의 필요 충족이라는 목표를 달성하기 위한 도구다.

디안 말테^{Dianne Maltais} | 수석 컨설턴트, 협력 프로젝트 지원, 1999년부터 〈금고〉에서 근무

우리는 사람들에게 자신을 증명할 기회를 준다

계좌 관리와 운영, 네트워크 활동을 담당하는 나는 사회적경제 분야에서 일하는 사람들과 일할 기회가 많다. 대개 이들은 열정적이고 사회를 바꾸고 싶어 하기 때문에 나는 매우 풍부한 경험을 할 수 있었다.

〈금고〉의 좋은 점은 사람들에게 자신의 다재다능한 면모를 펼칠 기회를 제공한다는 것이다. 우리는 모두 서로를 대신할 수 있다. 이제 신시아, 페기, 베아트리체 등 우리 활동을 이어갈 차세대 직원들도 많다.

줄리 가녜^{Julie Gagné} | 협동사업 서비스 담당, 1997년부터 근무

얼마나 보람 있는 직장 경험인지!

나중에 연대경제금고에 합류한 라노디에르 경제금고는 항상 지역사회의 필요를 협동의 방식으로 해결해가는 것을 우선순위로 삼았다. 나는 35년 동안 라노디에르 경제금고에서 일하며 훌륭한 성과를 달성한 여러 사업에 참여하는 특권을 누렸다.

(파이어스톤Firestone, 깁섬Gypsum, 캐나다 패커스Canada Packers 등이 참여한) 노조 투쟁 기간에 〈금고〉는 파업 노동자와 파업 노조를 위한 무이자 대출 정책을 수립함으로써 이들에게 헌신적인 재정 동반자가 되었다. 〈금고〉는 라노디에르 금고의 주택협동조합 개발에 참여했다. 〈금고〉는 항상 지역사회 조직의 기여가 중요하다는 것을 인식하며 이들 조직과의 협력적 접근 방식을 개발했다. 일반적으로 〈금고〉는 항상 다양한 이해관계자의 참여를 권장했다. 그리고 모두 역동적이고 헌신적인 실무진에 의해 뒷받침되었다. 얼마나 보람 있는 직장 경험인지!

루이즈마리 모랭Louise-Marie Morin
전 개인 고객 재정 컨설턴트, 1970년부터 조합원(라노디에르 경제금고 가입)

원대한 계획을 실천하는 일원이 된 느낌

〈금고〉에서 일을 시작했을 때 동료들은 지식을 공유하고 서로 경험을 나누며 그들의 전문성을 전수하는 방식으로 내게 자신들이 보유한 모든 정보와 교육 내용, 역사를 전해주었다. 덕분에 나는 '그들과 함께' 소속되었다는 느낌과 환영받는 기분이 들었다. 이후 수년 동안 나는 내가 경험한 방식 그대로 내가 가진 것을 다른 동료들과 나눴다.

〈금고〉는 모든 서비스를 제공한다. 또 고객을 지원할 때 전문지식을 전해줄 것을 권장한다. 고객과 협력사에 대한 자문을 비롯해 다양한 교육 과정을 제공한다. 그리고 고객들의 사업을 이해하고 지원하며 함께하는 데 많은 시간을 할애한다. 이는 고객들과 관계를 발전시키는 데 도움이 되고 내 일에도 의미를 찾을 수 있다. 이러한 방식으로 일하면 나의 업무 참여도가 높아져 더욱 헌신하게 되고 더욱 큰 자부심을 느끼게 된다. 또 '원대한 계획을 추진'하는 일원이 되었다는 느낌을 받는다.

미셸 제네스트Michèle Genest | 협동기업 서비스팀 코디네이터 보조, 1981년부터 근무

어디에도 없는 관대함과 창의성

〈금고〉에서 내가 기억하는 것은 무엇보다도 내가 함께 일했던 팀의 역량과 힘이다. 우리 팀 계좌 관리자들은 지역사회, 사회과학, 교육, 인적 자원, 재무 등 완전히 다른 분야에서 일한 배경을 지닌 사람들이었다! 우리는 현장에서 힘을 합쳐 특별한 방식으로 지역사회와 상호작용할 수 있었다.

다양한 전문지식과 개성을 갖춘 사람들이 협업할 때 장점은 모든 사업 문서를 매우 자유롭게 살펴볼 수 있고, 어려운 사례를 마주했을 때 함께 논의하며 해결책을 찾을 수 있다는 것이다. 게다가 우리는 항상 도전을 받아들이고, 어려운 사업을 제안하는 담당자와 협력해 사업을 실현하는 것을 영광으로 여긴다.

〈금고〉의 관대함과 창의성은 타 금융기관과 비교했을 때 정말 평범하지 않은 특징이었다.

미셸 소베|Michel Sauvé
몬트리올시 서비스센터 내 협동기업 서비스 코디네이터, 1999~2006년에 근무

조합원들이 〈금고〉를 집처럼 편하게 느끼게 해줘야 한다

안내창구는 조합원들이 〈금고〉와 만나는 첫 번째 장소이기 때문에 늘 즐겁고 친절한 분위기를 제공해야 한다고 생각한다. 이러한 표현은 종종 남용될 수 있지만, 내 생각에 이 표현의 참뜻은 태도, 개방성과 관련이 있다. 나는 항상 우리 조합원들이 일반 은행에 온 것 같은 느낌이 아니라 '집에 온 것처럼' 느끼기를 원했다. 방문객은 경제적·사회적 차원에서 〈금고〉가 보이는 적극성과 영향력에 종종 놀라움을 금치 못하고는 했다.

2006년 프랑수아 라발레Francois Lavallée는 〈금고〉 창립 35주년을 맞아 쓴 단편 이야기에서 '세상을 바꾸는 데 필요한 것을 찾고 있는 활동가'를 금고가 맞이하는 장면을 다음과 같이 묘사한다.

그가 안내창구 앞에 이른다.
오래된 판자로 만들어진 데스크 건너편에
그를 바라보며 웃는 사람이 있다.
그 사람을 보며 집에 온 것처럼 편안함을 느낀다.
그는 이곳을 신뢰하고 마음이 편안해진다.

나는 이 이야기 속 '그를 바라보며 웃는 사람'이 된 것이 자랑스럽다.

드니즈 탕게Denise Tanguay | 안내상담원, 1980년부터 근무

누군가를 더 잘 지원하고 싶다면 존중하라

2005년 4월 조합원 총회에서 채택된 협동조합 사업은 〈금고〉에서 일하는 사람들의 마음을 끄는 가치인 너그러움, 존중, 능력, 창의성을 골자로 했다. 내 업무 덕분에 나는 여러 나라에서 온 대표단을 환영하는 특권을, 특히 브라질 협력 사업에 기여하는 특권을 누릴 수 있었다.

가장 내 마음에 끌리면서 중요하다고 생각하는 가치는 존중이다. 타인과 타인의 문화, 그의 언어, 그의 역사, 그의 한계를 존중하면 타인에게 우리의 비전과 업무 방식을 강요하려는 유혹에 저항할 수 있다. 그리고 이곳에서 얻은 특수한 경험을 다른 곳에서도 실행할 수 있는 모델로 여기는 순진한 자기만족에 빠지는 함정을 피할 수 있다.

진정한 협력은 타인과 동행하고, 타인이 지닌 꿈에 관해서는 그가 유일한 전문가라는 사실을 끊임없이 되새기며 그의 말에 귀를 기울이는 것이다. 그래야 존중받을 수 있다. 그런 면에서 〈금고〉는 훌륭한 학교다.

장 베르주뱅 | 국제연대 수석 컨설턴트, 2002년부터 근무

개인의 행복과 집단의 행복을 잇는 톱니바퀴

2006년 〈금고〉에서 일을 시작했을 때 팀원들은 나를 보살피며 내가 잘 적응하도록 도왔다. 관대함은 관대함을 부른다. 이상주의자처럼 보인다 해도 내가 선택한 길이다. 우리는 〈금고〉가 할 수 있는 일을 최고로 이루기 위해 노력한다. 동료들은 자기가 가진 지식과

전문성을 내게 공유하고 전수해준다.

구성원들은 모두 인간미가 넘친다. 로르 와리델도 그렇다. 그는 8년 동안 자신의 생각, 지적인 발언, 명성을 사회적 수익 투자에 제공하기로 마음먹었다. 개인 조합원들의 예금이 한데 모이면 완전히 투명한 방식으로 협동조합과 비영리조직에 자금을 조달하는 집단적 힘을 발휘할 수 있다. 이러한 위대한 성공은 퀘벡에서 계속 이어지고 있다.

데자르댕 연대경제금고는 아직도 그 진가가 충분히 알려지지 않은 금융계의 보석이다. 〈금고〉는 퀘벡 사회적경제에서 주요 금융기관의 자리를 지키고 있다. 〈금고〉는 모든 주요 활동 부문의 조합원 및 협력기관과 함께 행동하며 더욱 강해진다. 결과적으로 〈금고〉는 경제민주주의 실현에 기여한다. 이상주의자가 되면 행복해진다.

마리렌 루아 Marie-Reine Roy

수석 커뮤니케이션 컨설턴트, 협력 프로젝트 지원, 2006년부터 근무

〈금고〉의 가치가 나와 함께한다

나는 2006년에 〈금고〉에 합류했다. 퀘벡주 협동조합연합회 직원이자 이제는 세상을 떠나고 없는, 〈금고〉의 절친한 친구였던 브뤼노 몽투르는 당시 내게 〈금고〉 총책임자를 만나보라고 강력히 조언했다. 일자리를 찾고 있지 않던 내게 그는 내가 그곳에서 일하기에 좋은 경력을 갖췄다고 말했다. 그때는 그 말을 잘 이해하지 못했다. 그러던 어느 날, 〈금고〉의 구인 공고에 시선을 빼앗겼다.

호기심이 생긴 나는 드디어 브뤼노가 말한 사람을 만나기로 했다. 클레망 기몽과의 단 한 번의 만남은 나를 완전히 사로잡았다. 이제 채용 절차를 통과해야 했다. 나는 다른 기관과는 매우 다른 이 〈금고〉에서 무슨 수를 써서라도 일하고 싶었다. 내 이력서가 첫 번째 관문을 통과했다. 두 번째 관문은 직원과 관리자로 구성된 합동 위원회였다. 두 번째 관문도 통과한 나는 드디어 채용되었다!

나는 10년간 〈금고〉에서 계좌 관리자, 협동기업 지원부서 책임자로 일했다. 지금은 퀘벡시 서비스센터 관리자로 일하고 있다. 내게 이토록 충만한 만족감을 준 직장은 없었다. 브뤼노가 했던 말이 이제야 이해된다! 데자르댕 연대경제금고의 가치는 내가 중요하게 생각하는 가치와 완전히 일치한다. 〈금고〉와 마찬가지로 나는 경제가 모든 이의 필요와 열망을 충족하고 미래 세대의 필요도 충족하는 방식으로 행복을 제공해야 한다고 믿는다.

내가 이러한 경험을 할 수 있게 해준 브뤼노에게 감사한다! 더 나은 세상을 만들면서 금융 분야에서 일할 수 있게 해준 〈금고〉에도 감사한다. 내 직업은 진정으로 보람 있는 일이다!

카롤 베로 Carole Verreault
퀘벡시 서비스센터 협동기업 및 개인 조합원 지원부서장, 2006년부터 근무

내 일에 의미를 부여한 〈금고〉

〈금고〉는 독특한 기관이다. 1999년에 같은 생각을 공유하는 조합원들의 요구 사항을 충족하기 위해 최선을 다하는 이 환상적인 조직을 알게 된 것은 대단한 행운이었다.

재무기획자로 일한 첫해부터 나는 고객들이 재무 목표를 달성하는 데만 집중하지 않고, 인본주의적인 사업에 투자할 수 있다는 것을 깨닫도록 도우며 즐겁게 일했다.

책임 투자에 대해 우리는 더욱 전문적인 조언을 제공하게 되었다. 이는 우리 조직의 특징을 나타내는 '고유한 색'이 되었다. 우리의 색깔로 금융계를 물들이려면 〈금고〉가 충분히 창의성을 지닐 필요가 있었다. 이러한 도전을 15년 동안 계속해 나가며 나는 내 일에서 의미를 찾았다.

콜레트 아르베 Colette Harvey | 협동프로젝트 지원팀장, 1999년부터 근무

다른 은행을 세우자는 목표, 얼마나 좋은 생각인가!

나는 1995년 전국노동조합 경제금고 최고책임자였다. 1923년에 설립된 이 조직은 이미 노동자 투쟁과 관련된 오랜 역사가 있었다. 나는 이 조직의 역사가 퀘벡시 금고와의 합병으로 얼마나 더 풍부해졌는지를 직접 목격한 운 좋은 증인이다. 두 개의 서로 다른 역사를 구축한 두 개의 조직이 그때부터 '세상을 바꾸자'는 하나의 목표를 추구하며 함께하게 되었다.

그때 나는 '가치'와 '사명'이라는 단어의 의미를 제대로 이해했다. 우리 조합원들이 사업을 수행하는 일상에서 두 단어의 의미를 간직하고 있기 때문이다.

다른 은행을 세우자는 것은 참 좋은 생각이었다. 로랭 씨께 감사드린다!

이브 사바르Yves Savard | 부총괄책임자, 1995년부터 근무

조합원들의 요구사항을 경청하며 동기를 얻는 나

데자르댕 연대경제금고에서 계정 관리자로 일한 경험이 가장 값지다. 다른 금융기관에서는 일하고 싶지 않다. 특히 기업 조합원들과 특별한 관계를 맺을 수 있어 감사하는 마음이다. 그들의 요구에 귀를 기울이고, 사업 자금 조달 시 혁신적인 해결책을 찾고, 그들의 여정을 지원하고, 공통의 가치를 공유하고, 그들의 사회적 사명 달성에 내가 기여하고 있다는 느낌이 바로 나의 업무 동기다.

지젤 가녜Gisèle Gagné | 계정 관리자, 2011년부터 근무

결론

데자르댕 연대경제금고의 유산은 다양하다. 협동조합이 남긴 유산과 노동조합의 유산이 한데 모여 있다. 두 조합의 협력은 1920년대 몬트리올시와 퀘벡시에 설립된 전국노동조합 주민금고에 그 제도적 기원이 있다. 데자르댕 연대경제금고는 지리적으로도 다양한 기원을 두고 있어서 퀘벡, 몬트리올, 졸리에트 근교에 설립된 금고들로 구성되었다. 그리고 활동 영역은 수년 동안 퀘벡의 동서남북으로 뻗어나갔다. 그 중 일부는 해외에서 관찰한 경험에서 영감을 얻었으며, 현재는 국제적 차원의 대화에 참여하고 세계 다른 곳에서 연대 기반 개발 도구를 만드는 데 기여하고 있다.

〈금고〉는 자신의 프로젝트 발전 과정을 반영하는 다양한 면모를 지녔다. 1970년대 초 퀘벡시 노동자경제금고는 조합원들에게 봉사하는 협동기업을 만들어 "더 정의로운 사회를 만들어보자"고 제안했다. 이 아이디어는 다음 10년 동안 퀘벡시 노동자경제금고 내에서 다시 정의되었다. 그리하여 스스로에게 필요한 운영상의 여지를 넓혀가면서 동시에 협동기업의 발전을 지원하기로 했다. 이후 필요한 모든 수단을 갖춘 퀘벡시 노동자경제금고는 자신의 접근 방식과 체계를 명확히 정하고 1990년대에 자신이 나아갈 방향을 분명히 정립하면서 활동을 계속해나갔다. 사회적경제의 발전과 함께하면서, 시민에게 개인 재정의 책임 있는 관리의 중요성을 전파한 데자르댕 연대경제금고의 탄생은 이러한 과정이 낳은 결과다.

데자르댕 연대경제금고는 여러 가지 유산이 맞물려 맺은 결실이지만, 〈금고〉가 미친 영향 역시 다양하다. 〈금고〉의 도움으로 탄생하고 성장하거나 소생한 사업은 매우 다양하다. 앞서 언급한 태양의 서커스 외에도 세르 드 기엔Serres de Guyenne, 앙귀스 개발회사, 퀘벡 응급구조사협동조합, 로베르 르파주의 엑스마키나, 여러 주택협동조합, 퀘벡 장례협동조합 연합회, 아코르드리 등이 있다. 퐁닥시옹, 바티랑트, MCE컨설팅 등 전국노동조합총연맹과 관련 있는 기관들도 있다. 〈금고〉의 활동이 퀘벡 사회 전체에 영향을 미쳤다는 것은 분명한 사실이다.

"우리는 오늘날 우리의 개인적인 이야기를 훨씬 뛰어넘는 역사적 계획들을 관리하고 이끌어가는 사람들입니다. 그리고 우리는 미래에도 이를 계속해나가야 합니다. 과거의 결과는 노력으로 얻은 것이며 미래에도 노력해야 한다는 사실을 잊지 말아야 합니

다."[352] 2001년 11월 클레망 기몽이 남긴 말이다. 데자르댕 연대
경제금고와 같은 협동기업이 걸어온 여정에 의미를 부여하는 말
일 것이다. 세월이 흐르고 사람은 바뀌어도 데자르댕의 활동은 절
대 끝나지 않는다.

돛을 활짝 펼치고

제랄드 라로즈(이사장)

유산은 고귀하다. 유산은 시대마다 세상을 바꾸고자 하는 사람들이 지녔던 여러 꿈들의 집합이고 세상은 그런 꿈들이 구체화되면서 나타난다. 오늘날에도 마찬가지다. 그렇다면 내일은 어떨까? 정해진 것은 아무것도 없다. 그러나 꿈은 여전히 그 자리에 있고 특히 연대경제금고에 있다. 〈금고〉의 과거는 집단의 안녕과 사회의 일반적 이익을 제고하겠다는 이상을 갖춘 수천 명의 사람들이 계속해서 꿈을 추구할 수 있다는 확신을 갖게 돕는 방법과 관행을 구축했다.

사회운동과 연합하다

이 책을 읽는 독자라면, 〈금고〉의 파란만장한 역사의 조각들을 잇는 연결 고리가 바로 사회운동과의 관계라는 사실을 금방 이해할 것이다. 사실 〈금고〉는 노동계급에서 유래한 조직이다. 이곳은 역사를 통틀어 공동체, 협동조합, 문화, 여성, 환경 운동의 중요한 구성원들을 통합했으며, 최근에는 식량주권과 안보를 중심으로 하는 사회단체도 통합했다. 사회운동은 줄곧 특히나 최근에 들어 〈금고〉의 방향과 기능, 관행에 깊은 영향을 미쳤다. 사회운동을 통해, 그리고 경제적·정치적 상황과 구조 변화가 일어남에 따라 〈금고〉에 주어지는 요구가 더욱 세분화되고 사업은 더 명확해질 것이고, 새로운 사람들이 합류함에 따라 제기되는 필요 또한 변할 것이다. 〈금고〉는 이러한 변화에 뒤쳐지지 않아야 한다. 더욱이 현재 지배적인 발전 모델이 한계를 보이고 있기 때문에 더 많은 전문성과 서비스 역량이 요구되는 새로운 사회운동이 일어날 것이다. 오랜 시간 속에서 연대경제금고는 변화를 위한 퀘벡의 집단행동에 강력한 재정적 도구가 되었다. 〈금고〉는 현재와 미래에 펼쳐질 사회운동과 긴밀한 관계를 구축하며 이 운동을 끊임없이 성장시킬 것이다.

기대와 혁신의 힘이 늘 함께하는 곳

역사를 통틀어 〈금고〉는 많은 혁신, 특히 사회혁신에 전념해왔다. 〈금고〉는 협동조합 정비소, 가족휴양마을, 서민 의료원, 푸드뱅크, 탁아소, 가족경제협동조합연합회, 노동통합기업, 주거협동조합, 장례협동조합, 태양의 서커스, 로베르 르파주의 이미지 제작소, 공정무역 기관, 국제협력기구 등과 다양한 협력 사업을 지속적이고도 체계적으로 실행해왔다. 이들 프로젝트를 믿고 함께 하며 투자하고 그들의 성공을 예견한 것도 〈금고〉의 또 다른 강점이다.

시장의 세계화는 경제 부문에서 많은 혼란을 일으킬 것이다. 국가의 역할에 대해 신자유주의 재편이 강요됨에 따라 복지서비스는 당연히 약화될 것이다. 어제와 같이 내일도 우리는 상상력을 발휘해 일자리와 서비스에 대한 요구에 '다르게' 대응하기 위해 혁신할 것이다. 프로젝트를 받아들일 거라고 기대할 수 있는 것은 〈금고〉의 힘이 지닌 특징 중 하나다. 성공의 기회가 〈금고〉와 함께 계속될 것이다.

경제 발전을 위한 창의적 도구

연대경제금고는 금융기관이다. 퀘벡과 캐나다의 금융기관은 매우 표준화되어 있다. 〈금고〉는 데자르댕 협동조합운동에 통합된 신용협동조합이기도 하다. 이로 인해 생기는 제약도 있지만, 이를 통해 대규모 금융기관의 서비스에 접근이 가능해진다. 〈금고〉는 매우 엄정하고 경쟁력 있는 신용협동조합이다. 한편 〈금고〉는 사회연대경제 발전의 주요 금융 주체이자 조합원을 위한 윤리적 투자 기관으로서 특별한 임무를 수행하기 위해 특별한 금융 수단을 구축했다. 특히 지역사회 개발 지원기금, 집단적 연대 행동

지원기금, 식량주권 기금을 만들었다. 이들 기금은 개인에 대한 배당을 시행하지 않음으로써, 또 일부 기금의 경우에는 무이자 연대 저축을 통해 자금을 제공받는다. 다양한 프로젝트들이 성장하기 위해서는 이 기금들이 힘을 갖춰야 할 것이다. 그러나 더 과감하게 자신의 사명을 수행할 수 있는 기금의 능력이 배가되기 위해서는 무엇보다도 사회연대경제의 주체 및 촉진자들을 자기 주변으로 더 많이 모으는 능력을 발휘해야 할 것이다.

협동 기업가 정신을 갖춘 엄격한 예술가

기업가 정신은 여러 모습을 띤다. 민간 기업가 정신은 우리에게 친숙하다. 공공 기업가 정신도 마찬가지로 친숙하다. 사회적기업가 정신은 사회적 목표에 따라 경제 활동을 수행하고 개발하는 개인, 그룹, 지역사회 또는 집단의 행동과 관련된다. 사회적기업가 정신에 대한 재정 지원은 일종의 예술이다. 특별한 접근 방식이 필요하다. 다자간 토론을 거쳐 합의를 통해 결정이 내려지기 때문에 자문 서비스의 속도는 민간기업의 자문 서비스 속도와 필연적으로 다르며, 충족해야 하는 조건도 더 복잡하다. 민주적 구조에서 행해지는 이러한 방식은 이제 연대경제금고 팀의 특징이 되었다. 이러한 전문지식이 투여될 수 있다는 단순한 사실은 수년 동안 사회적기업가 정신을 가진 조직이 항상 자신의 발전에 기여하는 한 협력기관을 통해 자금을 조달하는 데에도 도움이 되었다.

최근 역사에서 〈금고〉는 사회연대경제 기업을 위해 더 풍부하게 자금을 제공하고 비슷한 성격을 갖춘 다른 금융기관의 설립에도 영향을 미쳤다. 이러한 새로운 금융 도구를 만들 때는 대체가 아닌 보완을, 경쟁이 아닌 협의를 신중히 목표로 삼았다. 특히 신자유주의 문화가 만연한 금융 부문의 경향과는 반하는 것이겠지만 사회연대경제에서는 이러한 접근 방식이 우세해야 한다.

풍부한 창조력을 실현하는 민주주의자

민주주의 없이는 사회적으로 책임을 다하는 금융도 없고 사회연대경제의 진흥도 없다. 연대경제금고는 민주주의 차원에서 가장 높은 기준을 추구했다. 다수가 참석한 총회를 열 책임을 추구했고, 무보수로 활발히 일하며 다양한 활동 분야를 대표하는 이사회를 구축했으며, 내부 참여를 독려하고 노동조합의 책임감 있는 참여를 촉구했다. 이러한 민주적 구조와 기능에 더해, 〈금고〉의 방향성을 논하는 '연대의 만남Rendez-vous solidaire'이라는 체계적이고 실질적인 토론 또한 열었다. 9차례의 토론은 매우 유익했으며, 우리 조합이 새로운 영역으로 나아가도록 해주었다. 여기에 더해 확산과 소통을 위해 활용하는 신기술과 사회적 네트워크도 있다. 이것들을 공동체 생활을 풍요롭게 하는 데 사용할 수 있을까? 이 점을 성찰해보아야 한다.

참여하는 시민

〈금고〉 구성원은 조합원이다. 그리고 〈금고〉는 조합원들이 소유한다. 정치적인 측면에서 보면 〈금고〉는 조합원들을 시민으로 간주한다. 시민이 〈금고〉 조합원으로 가입하는 이유는 〈금고〉가 돈, 예금, 신용 및 투자를 활용해 사회 변화 프로젝트를 수행하기 때문이다. 시민으로서 언제나 조합원뿐 아니라 모든 사회 구성원에게 더 나은 삶을 제공하겠다는 목표를 지녀야 한다. 그러므로 우리는 금융기관인 연대경제금고가 경제 관행 속에서 자신의 영향력을 행사해야 하며 또 행사할 수 있다고 확신한다. 〈금고〉는 공개적인 토론에서 더 많은 영향력을 행사하겠다는 의지 또한 갖고 있다.

더 공정하고, 더 통합되고, 더 지속가능한 세상을 위해

〈금고〉의 사명과 활동의 중심에는 시민사회, 사회운동, 소외된 인구와 소외된 지역이 있다. 〈금고〉는 정의와 공정성을 향한 이들의 갈증에 공감한다. 자원을 모으고 부를 분배해 필요를 충족하겠다는 목표를 공유한다. 또한 그들 스스로 발전에 필요한 도구를 갖추어 독립적인 운영이 가능하도록 돕는다. 〈금고〉는 경제가 목적이 아닌 수단이 되길 바란다. 사람이 경제를 위해 일하는 게 아니라 경제가 사람을 위해 일하기를 바란다. 지구상에서 살아갈 미래 세대의 것을 훼손하지 않으며 경제 활동이 펼쳐지기를 바란다. 지배적인 발전 모델은 붕괴하고 있다. 경제 위기가 심각해지고 있다. 지역사회가 요구하는 기본 사항이 충족되지 않고 있다. 빈부 격차가 심해지고 있다. 전 세계에서 긴장에 편승하는 정치는 말 그대로 도를 넘은 수준이다. 한 지역의 인구가 통째로 이주하고 있다. 기후변화는 억제하기 어려워지고 있다. 하지만 현장에서는 수백, 수천 심지어 수백만 개의 실천들이 펼쳐지며 새로운 개발 모델을 구성하고 있다. 완벽한 대안이 아니더라도 이러한 실천들은 새로운 발전 모델의 탄생에 크게 기여하고 있다. 퀘벡에서 이러한 실천들에 주목하고 함께하는 〈금고〉는 세계 사회연대경제 운동에도 참여하고 있다. 더 공정하고, 더 통합되고, 더 지속가능한 세상을 추구하는 것은 전 세계의 과제이기 때문에 〈금고〉의 활동은 점점 더 성장할 것이다.

"모두 출항!"

"돛을 펼치자. 미래로 향하자. 연대경제금고는 '지속가능한 개발'의 의지를 품에 안고 앞으로 나아간다." 연대경제금고 퀘벡 본사의 벽에 쓰인 문구다. 그 어떤 말보다도 진심을 담은 메시지다. 〈금고〉의 도구 상자는 잘 준비되어 있다. 이 도구 상자는 〈금고〉의 유산이다. 역사가 이를 증명한다. 조직들, 공동체들, 〈금고〉 조합원과 직원, 리더들은 꿈을 갖고 있다. 바로 〈금고〉의 미래다. 〈금고〉는 "존재들의 열정"을 계속 이어나갈 것이다!

감사의 말

사회적경제라는 새로운 발전 모델을 창조한 한 평범한 금고의 기나긴 여정, 퀘벡지역에서 유일무이한 역사를 정리하여 이를 후세들에게 남기고자 하는 이 프로젝트는 3명의 총괄책임자들의 열망에서 비롯되었다. 가장 먼저, 클레망 기몽이 담대하게 새로운 길을 개척한 여성과 남성들의 기억을 보존하자는 아이디어를 제안했다. 이어서 폴 우엘레가 개척자들이 발휘했던 재능과 혁신의 의미를 살리면서 그들의 기억을 잘 보존하기 위해 시대의 흐름에 따라 역사를 정리하는 방식을 선택했다. 끝으로 마르크 피카르가 이들의 뜻을 살려 더 포용적이고 정의로운 세상을 꿈꾸는 사람에게 영감을 줄 수 있는 출판물로 구현해 냈다.

역사를 정리하는 이 기획은 많은 사람들의 의지와 노고 덕분에 실현될 수 있었다. 다음과 같이 그 분들의 이름을 기쁜 마음으로 소개하며 깊은 감사를 전한다.

- 저자 : 피에르-올리비에 마우(알퐁스-데자르댕 역사연구소 역사가)
- 머리말 집필자 : 로르 와리델Laure Waridel(지속가능한 발전 실용화 연구를 위한 학제간 센터 상임이사, 에키테르Équiterre의 공동창립자이자 연대경제금고의 사회적 수익 투자 촉진을 위한 캠페인의 전 대변인), 아스트리 슈이나르Astrid Chouinard(루아바이올린Violons du Roy 오케스트라의 대표이사), 자크 레투르노Jacques Létourneau(전국노동조합총연맹 회장), 파트릭 뒤게Patrick Dugay(사회적경제 상티에 회장), 가스통 베다르Gaston Bédard(퀘벡주 협동조합연합회 회장)
- 클레망 기몽과 레오폴 볼류, 저자와 함께 자신들의 기억을 공유하고 시간을 내어준 것에 대해 감사하며 〈금고〉가 실행한 독서위원회에 참여한 것에 대해서도 감사드린다.
- 고(故) 앙드레 로랭André Laurin, 세심하게 사력을 다해 본인의 기억을 되살려낸 것에 대해 감사드린다.
- 크리스틴 플랑트Christine Plante, '이야기에 앞서'를 작성한 알퐁스-데자르댕 역사연구소 교육과 기업 정체성 담당 이사
- 클로드 제네스트Claude Genest(알퐁스-데자르댕 역사연구소에서 근무한 바 있음. 현재 퀘벡주 데자르댕 금고연합회에서 활동), 독서위원회 추진과정을 함께 한 것에 대해 감사드린다.
- 장 로르티Jean Lortie(전국노동조합총연맹 사무총장), 자료 열람을 승인해 주신 것에 감사드린다.
- 이브 라크루아Yves Lacroix(전국노동조합총연맹 문서관리자)
- 카린 사바리Karine Savary(셰르브룩시 역사연구소 문서관리자)

- 레미 마야르^{Rémi Maillard}, 녹취록 정리 및 교정 작업에 대해 감사드린다.
- 미셸 류^{Michel Rioux}, 〈금고〉 역사에 대한 본인의 연구 내용을 공유해준 것에 감사드린다.
- 질 에르망^{Gilles Herman}(셉탕트리옹 출판사 대표이사), 소피 엥보^{Sophie Imbeault}(셉탕트리옹 출판사 편집자)

또한 〈금고〉에 대한 경험을 글로 나누며 기꺼이 역사서 탄생에 기여한 〈금고〉의 모든 개인 조합원과 기업 조합원들, 그리고 경영진과 직원들, 연대경제금고에 몸담았던 전(前) 직원들에게도 감사드린다.

끝으로, 이 전체 기획을 총괄한 〈금고〉의 협동프로젝트 지원팀, 특히 콜레트 아르비^{Colette Harvey}, 장 베르쥐뱅^{Jean Bergevin}, 마리-렌느 루아^{Marie-Reine Roy}, 마르틴 로베르조^{Martine Robergeau}, 엠마누엘 르블랑^{Emanuelle LeBlanc}에게 진심으로 감사드린다.

제랄드 라로즈
연대경제금고 이사장

---◦✦❧ 부록 ❧✦◦---

데자르댕 연대경제금고 연대기

1923년 8월 26일
  몬트리올시 전국가톨릭노동조합 주민금고 창립총회

1927년 2월 22일
  퀘벡지역 가톨릭노동조합 주민금고 창립총회

1961년 10월 26일
  몬트리올시 전국가톨릭노동조합 주민금고가 몬트리올시 전국노동조합
  주민금고로 명칭 변경

1965년 12월 11일
  퀘벡시 배관 및 전기노동자 경제금고 공식 설립

1966년 7월 16일
  퀘벡지역 가톨릭노동조합 주민금고가 퀘벡시 전국노동조합 주민금고로
  명칭 변경

1970년 10월 10일
  샤를르부아 교육노동조합 경제금고 공식 설립

1971년 2월 13일
  퀘벡시 노동자경제금고 공식 설립

1971년 2월 24일
  퀘벡시 노동자경제금고 창립총회

1978년 2월 18일

퀘벡시 노동자경제금고와 퀘벡시 전국노동조합 주민금고의 합병. 새로운 조직 명칭은 퀘벡시 전국노동조합 및 노동자주민금고로 결정

1978년 7월 22일

퀘벡시 전국노동조합 및 노동자 주민금고가 퀘벡시 노동자주민금고로 명칭 변경

1987년 3월 21일

샤를르부아 교육노동조합 경제금고와 퀘벡시 노동자주민금고의 합병

1987년 12월 12일

퀘벡시 배관 및 전기노동자 경제금고와 퀘벡시 노동자주민금고의 합병

1988년 9월 24일

퀘벡시 노동자주민금고가 퀘벡시 데자르댕 주민금고연합회에서 퀘벡주 데자르댕 경제금고연합회로 이동. 동시에 퀘벡시 노동자경제금고로 명칭 변경

1993년 11월 6일

몬트리올시 전국노동조합 주민금고가 몬트리올-퀘벡서부 데자르댕 주민금고연합회에서 퀘벡시 데자르댕 경제금고연합회로 이동, 동시에 전국노동조합 경제금고로 명칭 변경

1993년 12월 11일

퀘벡시 노동자경제금고가 (퀘벡) 노동자경제금고로 명칭 변경

1999년 11월 1일

(퀘벡) 노동자경제금고와 몬트리올시 전국노동조합 경제금고 합병. 새로운 금고의 명칭을 변경. (퀘벡시) 노동자 데자르댕 경제금고로 함.

2002년 11월 1일

라노디에르 경제금고와 (퀘벡시) 노동자 데자르댕 경제금고가 합병함

2004년 10월 1일

(퀘벡시) 노동자 데자르댕 경제금고가 데자르댕 연대경제금로로 명칭 변경

자산 및 조합원 현황

연도	총 자산	총 조합원	연도	총 자산	총 조합원
1971	212,483달러	1,441	1993	70,547,716달러	4,166
1972	-	-	1994	90,295,136달러	4,402
1973	850,000달러	3,788	1995	107,083,261달러	5,361
1974	899,647달러	3,901	1996	114,976,988달러	4,322
1975	1,141,405달러	4,303	1997	123,787,372달러	5,212
1976	1,257,833달러	4,679	1998	128,588,162달러	5,317
1977	6,308,207달러	-	1999	207,385,044달러	-
1978	8,094,557달러	-	2000	243,917,760달러	7,361
1979	8,459,831달러	-	2001	247,267,592달러	7,686
1980	9,019,103달러	-	2002	309,463,021달러	9,639
1981	9,628,714달러	-	2003	338 896 959달러	9,771
1982	12,271,768달러	-	2004	355,161,278달러	10,179
1983	13,979,149달러	-	2005	383,811,647달러	9,622
1984	20,414,732달러	5,000	2006	381,290,385달러	9,673
1985	27,667,405달러	-	2007	422,167,924달러	10,293
1986	32,882,916달러	-	2008	480,275,700달러	11,735
1987	33,642,640달러	5,426	2009	546,563,990달러	12,537
1988	44,238,417달러	-	2010	616,322,325달러	13,044
1989	56,095,463달러	-	2011	658,658,000달러	14,631
1990	57,687,797달러	-	2012	690 506 000달러	15,054
1991	60,780,335달러	4,527	2013	737,543,000달러	15,089
1992	70,612,697달러	4,347	2014	757,907,000달러	14,794

부문별 <금고> 조합원 현황

연도	노동조합부문	협동조합부문	시민사회단체부문	문화부문	사회활동에 참여하는 민간기업	개인조합원	합계
2001	765	441	584	139	n.d.	5,757	7,686
2002	823	516	842	209	n.d.	7,249	9,639
2003	813	540	864	225	n.d.	7,329	9,771
2004	729	503	746	203	277	7,721	10,179
2005	757	521	792	210	282	7,060	9,622
2006	756	566	797	233	184	7,137	9,673
2007	779	621	853	243	169	7,628	10,293
2008	647	619	856	245	327	9,041	11,735
2009	628	623	891	256	338	9,801	12,537
2010	627	611	944	281	334	10,247	13,044
2011	612	612	967	299	334	11,807	14,631
2012	627	657	994	300	333	12,143	15,054
2013	628	665	997	353	333	12,113	15,089
2014	630	669	1,137	360	244	11,754	14,794

이사장	재임기간
앙드레 로랭 André Laurin	1971~1976
에티엔 지아송 Étienne Giasson	1977~1980
자크 푸아트라 Jacques Poitras	1981~1986
장기 가뇽 Jean-Guy Gagnon	1986~1989
앙드레 포르탱 André Fortin	1989~1991
앙드레 테리앙 André Therrien	1991~2005
제랄드 라로즈 Gérald Larose	2005~

총괄책임자(CEO)	재임기간
레오폴 볼류 Léopold Beaulieu	1971~1976
피에르 보드리 Pierre Beaudry	1977~1981
아롤드 베르메트 Harold Vermette	1981~1986
클레망 기몽 Clément Guimond	1986~2007
폴 우엘레 Paul Ouellet	2007~2013
마르크 피카르 Marc Picard	2013~

협동프로젝트

우리의 사명

우리가 제공하는 **금융과 컨설팅 서비스**, 우리가 추구하는 **가치**, 우리가 표방하는 **생각**, 우리가 결집하는 **역량**을 통해

- **지원** 사회연대경제의 발전을 지원한다. 특히 노동조합, 지역공동체 및 시민단체, 협동조합, 문화단체를 아우르는 4개 네트워크에서 활동하는 협동기업을 중점적으로 지원한다.

- **상담** 사회적 책임을 다하는 현명한 방식으로 자신의 금융재산을 관리하고 싶어 하는 시민들에게 조언을 제공한다.

- **기여** 국내외 활동가들과 함께 연대금융운동 발전에 기여한다.

우리의 가치

〈금고〉에서 일하는 모든 구성원은 우리가 함께 지향하는 가치를 일상에서 지속해서 추구한다.

우리의 모든 활동과 관계 속에서 **이타성**과 **존중**하는 태도를 보이며 업무 **역량**과 **창의성**을 발휘한다.

- **이타성** 개방성과 동반자적 관계를 통해 정보와 전문성을 공유한다.

- **존중** 개방성과 관심, 경청, 배려의 자세를 갖추어 타인을 맞이한다.

- **역량** 지식·사업수완·조직의 태도와 가치를 기반으로 존재감과 노하우를 고루 발휘하며 업무에 임한다.

- **창의성** 변화를 수용하는 개방적인 태도, 상상력, 담대함을 견지해 혁신과 개선의 역량을 기른다.

금고의 정체성을 보여주는 이미지

소용돌이 〈금고〉를 상징하는 소용돌이는 〈금고〉 운동의 기원인 노동조합, 협동조합, 문화단체, 지역공동체 및 시민단체, 4개 부문의 운동을 나타내는 태풍, 파도, 발톱, 도약을 표현한다. 별도로 분리된 3개의 발톱은 〈금고〉의 3개 활동 지점인 라노디에르, 몬트리올, 퀘벡을 가리킨다.

우리 〈금고〉는 척박한 사막에서 각각 떨어져 자라는 풀들이 물과 생명을 찾고자 한데 모여 완성하는 아마란스(맨드라미)와 같은 모습으로 민중운동에 이바지하여 민중운동이 더욱 강해지고 계속 성장하게 돕는다. 중심부의 소용돌이로 표현된 최초의 도약은 가장 먼저 노동조합 분야에서 전국노동조합총연맹에 의해 시작되었고, 이어서 협동조합운동과 이후 지역공동체와 문화 부문을 합류시킨 퀘벡주 노동조합총연맹에 의해 뒷받침되었다. 연대금융 서비스를 제공하는 독자적인 조직은 이렇게 탄생했다.

노란색 상징에 사용된 노란색은 〈금고〉가 금융계에 가져온 쇄신, 새로운 아이디어를 받아들이는 〈금고〉의 개방성과 창의성을 나타낸다. 성공을 확신하는 〈금고〉의 자신감, 파급력과 친절한 온기, 금융 지원을 필요로 하는 분야에 발휘하는 공감력을 나타낸다.

존재의 열정 금고의 입장을 표명하는 문구인 "존재의 열정"은 〈금고〉의 정신을 통합한 시그니처 문장과도 같다. 이 표어는 인간 중심의 경제 서비스를 제공하겠다는 데자르댕 연대경제금고의 선택을 직접적으로 표현한다.

〈금고〉의 모든 임직원은 '존재를 향한 열정'이라는 공통의 열정을 공유한다. 이 열정은 일상에서도 중심적인 의미가 있다. 사업에 열정을 지닌 이들이 개인과 집단의 환경을 개선하는 역량을 기르겠다는 목표를 절대 잃지 않기 때문이다.

〈금고〉 구성원들은 고객을 보고 계산기를 두드리거나 사업 규모에 따라 고객을 차별하지 않는다. 모든 고객은 무엇보다도 각자 다른 것을 필요로 하는 '사람들'이기 때문이다.

〈금고〉는 사람들을 맞이하고, 사람들의 말을 경청하며 이들의 요구에 응답하고자 존재한다. 이것이 바로 우리가 모든 고객을 존중하며 공정하게 응대하는 이유다.

존재의 열정은 다음을 가리킨다.

- 사람에 대한 환대와 경청을 중심으로 하는 이타성의 도약
- 특수한 상황이나 요구에 맞는 해답을 연구해 찾아내는 창의성의 도약
- 성장과 수익이라는 도전 과제를 해결하면서 동시에 금융상품과 서비스 접근성을 높이는 연대의 도약

주

1. Michèle LaFerrière, ≪ L'architecture moderne et son potentiel de patrimoine ≫, Le Soleil, 19 janvier 2013, p. M13.

2. Claude Raymond, ≪ La Caisse d'économie solidaire: rien de conventionnel ≫, D.G. Association des directrices et des directeurs généraux de caisses Desjardins, vol. 27, no° 3, juin 2007, p. 11.

3. Archives CECOSOL. Caisse d'économie Desjardins des Travailleuses et Travailleurs (Québec), La passion des êtres, mars 2000, 31 p.

4. Gilles L. Bourque, Marguerite Mendell et Ralph Rouzier, ≪ La finance solidaire: histoire d'une nouvelle pratique ≫, dans Marie J. Bouchard (dir.), L'économie sociale, vecteur d'innovation: l'expérience du Québec, Québec, Presses de l'Université du Québec, 2011, p. 242.

5. Benoît Lévesque et Martin Petitclerc, ≪ L'économie sociale au Québec à travers les crises structurelles et les grandes transformations (1850-2008)≫, Économie et Solidarités, vol. 39, no 2, 2008, p. 15.

6. Benoît Lévesque et Marie-Claire Malo, ≪ L'économie sociale au Québec : une notion méconnue, une réalité économique importante ≫, J. Defourny et J.-L. Monzón Campos (dir.), Économie sociale: The Third Sector, Bruxelles, De Boeck, p. 385.

7. Yvan Comeau et coll., ≪ L'économie sociale et le Sommet socioéconomique de 1996: le bilan des acteurs sur le terrain ≫, Nouvelles pratiques sociales, vol. 15, no° 2, 2002, p. 188.

8. Lévesque et Petitclerc, op. cit., p. 26-27

9. Chantier de l'économie sociale, À propos de nous, [en ligne], 4 décembre 2016. [www.chantier.qc.ca/ ?module= document&uid=867] (Consulté le 16 septembre 2014).

10. Marie J. Bouchard, ≪ Introduction : L'innovation sociale en économie sociale ≫, dans Bouchard (dir.),op.cit.,p.2.

11. Loc. cit.

12. Lévesque et Petitclerc, op. cit., p. 16.

13. Johanne Bérard et Marie-Claire Malo, L'Église et Desjardins : quelle configuration partenariale face à la crise de l'emploi et de l'État providence?, Cahiers du CRISES, collection ≪ Études théoriques ≫ ET9805, juin 1998, p. 10.

14. Paul-André Linteau, René Durocher et Jean-Claude Robert, Histoire du Québec contemporain, t. I : de la Confédération à la crise (1867-1929), Montréal, Boréal, 1989, p. 153.

15. Sylvie Taschereau, ≪ Plutôt "s'endetter sur l'honneur" : le débat sur la loi Lacombe (1900-1903) et les origines de la société de consommation au Québec ≫, Histoire sociale/Social history, vol. 42, n° 84, 2009, p. 410.

16. Léon XIII, La condition des ouvriers. ≪ Rerum Novarum ≫ (Lettre encyclique du 15 mai 1891), Paris, Bonne Presse, 1961, p. 6.

17. Alphonse Desjardins, La Caisse populaire, Montréal, École sociale populaire, 1944, p. 6.

18. Guy Bélanger, Alphonse Desjardins, 1854-1920, Québec, Septentrion, 2012, p. 454.

19. Yvan Lamonde, Histoire sociale des idées au Québec, vol. II: 1896-1929, Saint-Laurent, Fides, 2004, p. 73. Voir aussi: Pierre Savard, ≪ Rerum Novarum au Canada français: des fruits tardifs et divers≫, La question sociale hier et aujourd'hui, Québec, Presses de l'Université Laval, 1993, p. 28-31.

20. Pierre Poulin, Histoire du Mouvement Desjardins, t. I: Desjardins et la naissance des caisses populaires, 1900-1920, Montréal, Québec Amérique, 1990, p. 213.

21. Alfred Charpentier, ≪ L'École sociale populaire et le syndicalisme catholique ≫, Les vingt-cinq ans de l'École sociale populaire, 1911-1936, Montréal, École sociale populaire, 1936, p. 21.

22. Desjardins, op. cit., p. 6-7.

23. Poulin, op. cit., p. 215.

24. Fernand Morin, ≪ Divergence ou convergence du mouvement syndical et du mouvement coopératif des Caisses Desjardins ≫, La Revue Desjardins, vol. 44, n° 3, 1978. p. 31.

25. Desjardins, op.cit., p. 41.

26. Yvon Laprade, ≪ Alphonse Desjardins, le plus grand bâtisseur du Québec, Le journal de Montréal et Le Journal de Québec, 10 février 2007, p. V3 et p.3A.

27. Bélanger, op. cit., p. 41.

28. Desjardins, ≪ Projet de fédération des caisses populaires ≫, dans Cyrille Vaillancourt et Albert Faucher, Alphonse Desjardins, pionnier de la coopération d'épargne et de crédit en Amérique, Lévis, Le Quotidien, 1950, p. 128.

29. Bélanger, op. cit., p. 400.

30. Bélanger, op. cit., p. 454-457 ; Éric Leroux, Gustave Francq : Figure marquante du syndicalisme et précurseur de la FTQ, Montréal, VLB, 2001, p. 83-84.

31. Jacques Rouillard, Histoire de la CSN, 1921-1981, Montréal, Boréal Express/ CSN, 1981, p. 29.

32. Rouillard, op. cit., p. 39.

33. Ibid., p. 40.

34. Ibid.

35. Fernand Harvey, Le diocèse catholique au Québec : un cadre territorial pour l'histoire sociale, Les Cahiers des dix, n° 56, 2002, p. 91.

36. Cité dans Bélanger, op. cit., p. 241.

37. Bélanger, op. cit., p. 495.

38. ≪ Qui commencera? Caisses populaires et commerce ≫, La vérité, 15 juillet 1911, p. 1.

39. 이 두 금고는 1925년 1월에 설립된 '라쉰 가톨릭노동조합 주민금고(la Caisse populaire des syndicats catholiques de Lachine)'와 1927년 9월에 설립된 '몬트리올시 우편배달원주민금고Caisse populaire des employés des postes de Montréal'이다.

40. Poulin, op. cit., t. III : De la caisse locale au complexe financier, 1945-1971, 1998, p. 85-86.

41. J.-B.-A. Allaire, Dictionnaire biographique du clergé canadien-français, t. VI, Saint-Hyacinthe, Imprimerie du Courrier de Saint-Hyacinthe, 1934, p. 317.

42. Poulin, op. cit., t. I, p. 215.

43. Fédération des caisses populaires Desjardins de Montréal et de l'ouest-du-

Québec, Les caisses populaires Desjardins, solidaires depuis 60 ans, 1924-1984, Montréal, 1984, p. 15.

44. Archives FCDQ. Procès-verbaux (PV) du conseil d'administration (CA) de l'Union régionale des caisses populaires de Montréal, 5 novembre 1924.

45. « Temple pour ces unions ouvrières », La Patrie, 15 mars 1923, p. 3.

46. « Temple du travail », L'Action catholique, 16 mars 1923, p. 1.

47. Archives FCDQ. PV du CA de l'Union régionale des caisses populaires de Montréal, 3 décembre 1931.

48. « Fondation d'une caisse populaire », L'Action catholique, 23 février 1927, p. 10.

49. Bélanger, op. cit., p. 459.

50. Rouillard, op. cit., p. 43.

51. Ibid., p. 99-100.

52. Ibid., p. 99-110.

53. Michael Gauvreau, The Catholic Origins of Quebec's Quiet Revolution, 1931-1970, McGill-Queen's University Press, 2005, 501 p.

54. Yvon Daneau, « Le mouvement coopératif saura-t-il relever les défis d'aujourd'hui? », Claude Ryan (dir.), Le Québec qui se fait, Montréal, Hurtubise HMH, 1971, p. 257.

55. Paul-André Linteau, René Durocher, Jean-Claude Robert et François Ricard, Histoire du Québec contemporain, t. II : Le Québec depuis 1930, Montréal, Boréal, 1989, p. 422.

56. Pierre Poulin, op. cit., t. III, p. 226.

57. Jean-Louis Martel avec la collaboration de Delmas Lévesque. Évolution du mouvement coopératif québécois des origines à nos jours : rappel historique témoignages et éléments d'interprétation d'acteurs. Centre de gestion des coopératives, École des hautes études commerciales, p. 3-85 (texte inédit).

58. Poulin, op. cit., t. III, p. 171.

59. Cité dans Poulin, op. cit., t. III, p. 170.

60. Poulin, op. cit., t. II : La percée des caisses populaires, 1920-1944, 1994, p. 239.

61. Yvan Rousseau, François Bisson et Jean Roy, La Caisse Desjardins des Trois-Rivières, 1909-2009 : entre quartier des affaires, ville et région, Trois-Rivières, Caisse Desjardins des Trois-Rivières, 2010, p. 53.

62. Guy Bélanger avec la collaboration de Claude Genest, La Caisse populaire de Lévis, 1900-2000 : là où tout a commencé, Québec et Lévis, Éditions

Multimondes et Éditions Dorimène, 2000, p. 221-222.

63. Archives FCDQ. PV du CA de la Fédération de Québec des unions régionales de caisses populaires Desjardins (FQURCPD), 7 novembre 1961.

64. 연구자 앙리 굴레Henri Goulet가 이 회고록의 사본으로 보이는 문서를 전국 노동조합총연맹 자료실에서 확인했다. 작성된 날짜는 1962년이지만, 그 내용은 이 가설을 타당하게 한다. Archives CSN, Fonds André-Laurin. André Laurin, Étude sur la situation financière du foyer canadien et sur sa solution : le budget familial, 1962, 12 p.

65. Poulin, op. cit., t. III, p. 164.

66. Centre de gestion des coopératives, Entretien avec André Laurin, série ≪ Coopérateurs pionniers ≫, cahier de recherche n° 92-3, Montréal, École des hautes études commerciales, mai 1992, p. 4.

67. Archives FCDQ. André Laurin, Étude sur le crédit, Confédération des syndicats nationaux, Québec, avril 1962, p. 4.

68. Poulin, op. cit., t. III, p. 311.

69. Ibid., p. 312.

70. Archives FCDQ. Laurin, Étude sur le crédit, p.26. 이 비판은 시대의 흐름에 부응하는 것으로 보인다. 몇 달 후, 〈국민행동Action nationale〉이라는 잡지에서 협동조합운동 전반에 대해 같은 논조의 기사를 실었다. "진정한 협동운동가들은 어디에 있는가?", L'Action nationale, vol. LII, n° 4, décembre 1962, p. 312.

71. Archives FCDQ. Laurin, Étude sur le crédit, p. 26.

72. ≪ Les Caisses populaires : M. André Laurin traite de la nécessité de restaurer l'esprit donné par le fondateur ≫, La Tribune de Sherbrooke, 16 décembre 1963.

73. Archives FCDQ. PV du CA de la FQURCPD, 7 mai 1963.

74. Henri Goulet, Origines et développement du mouvement ACEF au Québec, 1960-1970, mémoire de maîtrise en histoire, Université de Montréal, 1993, p. 59.

75. Centre de gestion des coopératives, Entretien avec André Laurin, 1992, p. 2.

76. Claude Ouellet, Une expérience coopérative québécoise : la Caisse d'économie des travailleurs réunis de Québec, Essai de maîtrise en sciences de la gestion, École des hautes études commerciales, 1982, p. 105.

77. Goulet, op. cit., p. 85.

78. Ibid., p. 71-72.

79. Archives FCDQ. Entrevue accordée à Pierre-Richard Clément par M. André

Laurin de la CSN, [sans date, probablement vers l'été 1972], p. 29.

80. Poulin, op. cit., t. II, p. 302.

81. Ibid., t. III, p. 87.

82. Arthur H. Ham et Leonard G. Robinson, A Credit Union Primer, New York, Russel Sage Foundation, 1914, p. 14.

83. Poulin, op. cit., t. II, p. 302 ; Poulin, op. cit., t. III, p. 87.

84. Cyrille Vaillancourt, ≪ Pourquoi nous opérons ainsi ≫, La Revue Desjardins, vol. 22, n° 8-9, 1956, p. 125.

85. Poulin, op. cit., t. III, p.89.

86. Centre de gestion des coopératives, Entretien avec Robert Soupras, série ≪ Coopérateurs pionniers ≫, cahier de recherche n° 92-15, Montréal, École des hautes études commerciales, avril 1992, p. 6.

87. Paul Brochu, ≪ De la mission coopérative au partenariat associatif : le développement de la Fédération des caisses d'économie du Québec (1962-1996) ≫, Économie et Solidarités, vol. 33, n° 2, 2002, p. 61.

88. Archives FCDQ. Rapport annuel (RA) de la Fédération des caisses d'économie du Québec (FCEQ), 1967.

89. Archives FCDQ. Entrevue accordée à Clément par Laurin, p. 29 ; Gazette officielle du Québec, vol. 97, n° 45, 6 novembre 1965, p. 5818.

90. Archives FCDQ. Denis Decelles, Les caisses d'économie de la Fédération, leur affiliation syndicale (8 juin 1971), document annexé au PV du comité exécutif (CE) de la FCEQ, 17 juin 1971.

91. Bibliothèque et Archives nationales du Québec (BAnQ), Fonds Pierre-Valcourt (PN150). Transcription d'entrevue de Robert Soupras pas Pierre Valcourt, [s.d.], p. [12].

92. Alphonse Desjardins, La Caisse populaire, op. cit., 1944, p. 38.

93. Loc. cit.

94. Brochu, op. cit., p. 57.

95. Linteau, Durocher, Robert et Ricard, op. cit., p. 653.

96. BAnQ, Fonds Pierre-Valcourt (PN150). Transcription d'entrevue de Robert Soupras par Pierre Valcourt, [s.d.], p. [9].

97. Archives SHAD. Transcription d'entrevue avec Pierre-Julien Chevalier par Pierre Poulin, 30 janvier 2002, p. 6.

98. Marcel Pepin, Le deuxième front : pour une société bâtie pour l'homme, Montréal, Confédération des syndicats nationaux, 1970, p. 159.

99. Archives CECOSOL. [André Laurin], Allocution prononcée à l'occasion de l'ouverture officielle de la Caisse d'économie des travailleurs réunis de Québec le 14 avril 1972, p. [1].

100. Cité dans Claude Ouellet, op. cit., p. 45.

101. Yvon Leclerc, ≪ Entretien avec Léopold Beaulieu : la démocratisation des lieux de travail. "Canaliser les épargnes vers un autre développement" ≫, Réseaux, vol. 1, n° 9, janvier 2005, p. 41. Voir aussi : Archives SHAD. Résumé d'entretien avec Léopold Beaulieu par Pierre-Olivier Maheux, 6 février 2014, p. 2.

102. 일부 2월 28일을 가리키는 이들도 있으나, 창립선언문이나 의사록 등 서류에는 명확히 명시되어 있지 않다. Gazette officielle du Québec, vol. 103, n° 7, 13 février 1971, p. 1927-1728.

103. Archives FCDQ. Entrevue accordée à Clément par Laurin, p. 24.

104. Archives CECOSOL. [André Laurin], Allocution prononcée à l'occasions de l'ouverture officielle de la Caisse d'économie des travailleurs réunis de Québec le 14 avril 1972, p. 4.

105. Ibid., p. 6.

106. 1960년 대회 때, 캐나다 가톨릭노동자총연맹은 탈종교화하여 이름을 전국노동조합총연맹으로 바꾼다. 몬트리올시와 퀘벡시의 두 주민금고는 이 전환운동에 동참하지만 속도는 달랐다. 1961년 가을 몬트리올시 전국가톨릭노동조합 주민금고는 몬트리올시 전국노동조합 주민금고로 전환하지만, 퀘벡시 가톨릭노동조합 주민금고는 1966년 여름이 되어서야 퀘벡시 전국노동조합 주민금고가 된다.

107. Archives SHAD. Résumé d'entretien avec Beaulieu par Maheux, p. 3.

108. Ouellet, op. cit., p. 52.

109. Ouellet, op. cit., p. 132.

110. Archives CECOSO :. André Laurin, Projet d'orientation pour la Caisse d'économie des travailleurs de Québec, Québec, 17 décembre 1970, p. 2.

111. Ibid, p. 166.

112. Archives FCDQ. Entrevue accordée à Clément par Laurin, p. 25. Il semble que la centrale ait cessé de subventionner la Caisse à la fin de 1973. Archives CECOSOL, PV de l'autogestion de la CETRQ, 8 août 1973.

113. Archives CECOSOL. Congrès – CETRQ, 15-16 avril 1972, Québec, p. 19

114. Ouellet, op. cit., p. 127-131.

115. Poulin, op. cit., t. III, p. 328-329.

116. Archives FCDQ. Entrevue accordée à Clément par Laurin, p. 10.

117.Archives personnelles de Léopold Beaulieu. Léopold Beaulieu, extraits d'un document de réflexion pour les employés et les administrateurs de la CETRQ, 1973, p. 101.

118. Archives CECOSOL. CETRQ, Pour une modification dans l'application du 0% d'intérêt sur les épargnes, Québec, 25 octobre 1975, p. 2-3.

119.Archives CSN, Fonds du Service de la consommation et de la coopération. CETRQ, Orientation générale, Québec, avril 1972, p. 3.

120. Archives CSN. Procès-verbaux du 47e Congrès de la CSN, 27 juin au 3 juillet 1976, Québec, p. 136-137. 퀘벡시 노동자경제금고의 또 다른 혁신성을 보여주는 이 사회적 소유 개념은 협동기업들의 법적 구조 측면에서 일종의 도전을 제기한 것이다. À ce sujet, voir : Archives CECOSOL. Léopold Beaulieu, Pour la poursuite de nos objectifs, quelques réflexions… La propriété sociale, document en annexe du PV de l'assemblée générale annuelle (AGA) du 1er

121. Archives FCDQ. Entrevue accordée à Clément par Laurin, p. 16.

122. Archives personnelles de Léopold Beaulieu. Léopold Beaulieu, extraits d'un document de réflexion, p. 96.

123. Archives CSN, Fonds du Service de la consommation et de la coopération. CETRQ, Orientation générale, Québec, avril 1972, p. 3.

124. Ouellet, op. cit., p. 136-137.

125. 앙드레 로랭은 전국노동조합총연맹 경제금고 조합원들과 같이 자동차 보험을 실행했다. 이 경험은 퀘벡주 자동차보험제도를 낳게 했다. Centre de gestion des coopératives, Entretien avec André Laurin , ≪ Coopérateurs pionniers≫ ≫, no 92-3, Montréal, École des hautes études commerciales, mai 1992, p. 32-35.

126. Benoît Lévesque, ≪ Coopération et syndicalisme: le cas des relations du travail dans les caisses populaires Desjardins ≫ Relations industrielles / Industrial Relations, vol. 46, n° 1, 1991, p. 27.

127. Andrée Fortin, ≪ "Ce petit magasin sympathique et funky qui fait semblant d'être une coop" ≫, Coopératives et développement, vol. 16, n° 2, 1983-1984, p. 68.

128. À ce sujet, voir André Laurin, ≪ Notes de voyage sur la Yougoslavie ≫, La planification économique, l'autogestion en Yougoslavie, Montréal, Service d'éducation de la CSN, 1972, p. 74-94.

129. Archives SHAD. Résumé d'entretien avec Beaulieu par Maheux, p. 2.

130. Archives CECESOL, [André Laurin], Allocution prononcée le 14 avril 1972, p. 20.

131. Archives s CSN, Fonds du Service de la consommation et de la coopération. André Laurin, Le rôle du conseil d'administration en système autogestionnaire, Québec, novembre 1972, p. 7.

132. Archives CECOSOL. [André Laurin], Allocution prononcée le 14 avril 1972, p. 16.

133. Archives CECOSOL. Autogestion (gérance collective), document en annexe du PV de l'autogestion de la CETRQ.

134. Archives SHAD. Résumé d'entretien avec Beaulieu par Maheux, p. 4.

135. Archives FCDQ. Entrevue accordée à Clément par Laurin, p. 5.

136. 적어도 이는 〈금고〉 프로그램을 설명하는 가장 오래된 자료에서 주요 활동분야로 언급된 사안이다. Archives CECOSOL. André Laurin, Projet d'orientation, p. 8.

137. Ouellet, op. cit., p. 142-151. 주택부문에서 〈금고〉의 소비와 협동 서비스는 라발대학교 건축대학과의 협력으로 진행되는 방대한 연구의 일환으로, 〈금고〉의 주요 프로젝트로 진행된다. Ouellet, op. cit., p. 156-157. Archives CSN. Procès-verbaux du 47e Congrès de la CSN, 27 juin au 3 juillet 1976, Québec, p. 126-138. 자동차정비협동조합의 경우 이 기간에 퀘벡에서 몇 가지 계획을 시도했다. Archives FCDQ. Dossier Coopératives de services, garages coopératifs, 1977-1982.

138. Archives SHAD. Résumé d'entretien avec Clément Guimond par Pierre-Olivier Maheux, 13 mars 2014, p.1.

139. Archives CECOSOL. PV de l'autogestion de la CETRQ, 28 septembre 1972.

140. Linteau, Durocher, Robert et Ricard, op. cit., p. 523.

141. Yves Jarretie, ≪ Au Village-Vacances-Familles de Saint-Achilée: des loisirs pour tous, quelle que soit l'épaisseur du portefeuille ≫, Le Soleil, 24 juillet 1972, p. 19.

142. Archives CECOSOL. Rapport du secteur V.V.F., document en annexe du PV de l'AGA de la CETRQ 1973. 6.1, 2, p. 1 ; Renée Rowan, ≪ Village-Vacances-Familles: "Non, madame, pas 50$ par semaine; 5$ par semaine pour votre famille!" ≫, Le Devoir, 29 juillet 1972, p. 7.

143. Archives de la CSN, Fonds André-Laurin. Clément Guimond, La vie sur le Village-Vacances-Familles (opération 72), [s.d.], p. 2.

144. Rowan, loc. cit.

145. Jarretie, loc. cit.

146. Ouellet, op. cit., p. 148. 클로드 우엘레은 마지막 '가족휴양마을'이 1974년 여

름에 열렸을 것이라고 얘기했지만, 기록보관소에서 관련 자료는 찾을 수 없었다. 1972년과 1973년에 진행된 프로그램에 대해서만 일부 문서에서 발견되었다는 것은 2회 밖에 없었음을 암시한다.

147. Archives s CSN, Fonds du Service à la consommation et à la coopération. André Laurin, Rapport du directeur du Service à la consommation au bureau confédéral de la CSN, 126 octobre 1971.

148. 전국노동조합총연맹은 데자르댕운동 교육센터를 주로 사용한다. 일례로 1964년 최대 인원이 참석한 교육을 교육센터에서 진행했다. Gérard Rivard, L'Institut coopératif Desjardins, 1963-1973, Trois-Rivières, Fédération des caisses populaires Desjardins du centre du Québec, 1981, p. 31.

149. Caisse d'économie de Lanaudière, Cahier souvenir : 15e assemblée annuelle, 24 octobre [1985], p. [23].

150. Yves Rochon, ≪ La Caisse d'économie des travailleurs sera un levier de changement social ≫, L'Écho du Nord, 16 février 1972, p. 12.

151. Archives FCDQ. ≪ Dépôts d'épargne pour le développement coopératif ≫, Information caisse d'économie : bulletin d'information publié par la Fédération des caisses d'économie du Québec, vol. 2, n° 8, 24 novembre 1971.

152. Archives FCDQ. Lettre de Daniel Reid et Pierre Mercille à la FCEQ, datée du 23 février 1972, document en annexe du PV du CA de la FCEQ, 6 mars 1972.

153. Archives CECOSOL. PV de l'autogestion de la CETRQ, 29 mai 1972. Voir aussi: Jean Giroux, ≪13 gestionnaires et 3200 camarades sociétaires veulent faire mentir le système ≫, Le Soleil, 7 juillet 1973, p. 24.

154. Archives SHAD. Résumé d'entretien avec André Laurin par Pierre-Olivier Maheux, 8 janvier 2014, p. 5-6. À ce sujet, voir notamment: Pierre Vennat, ≪ La lutte qui opposera les syndiqués aux caisses populaires aidera-t-elle les caisses d'économie?≫, La Presse, 5 mai 1971, p. C12. Et la réaction de la FCEQ à cet article: Archives FCDQ. PV du CE de la FCEQ, 6 mai 1971.

155. . Archives CSN. PV du conseil confédéral de la CSN, Chicoutimi, 7-9 juin 1973, p. 211-212.

156. Archives FCDQ. PV du CA de la FCEQ, 26 mars 1971 et 30 avril 1971.

157. Ibid., 11 mai 1973 et 21 juin 1973.

158. Ibid., 25 janvier 1974.

159. Archives CSN, Fonds André-Laurin. CETRQ, La Caisse d'économie des travailleurs réunis de Québec : une institution du bord des travailleurs, Québec,

1974, 10, p. 9-10.

160. Archives CSN. PV du Conseil confédéral de la CSN, Montréal, 1974. 9. 18, 19, 20, 21, p. 29.

161. James D. Thwaites, ≪ Tensions à l'intérieur du mouvement ouvrier au Québec ≫, Thwaites (dir.), Travail et syndicalisme : naissance et évolution d'une action sociale, Québec, PUL, 1996, p. 326.

162. Rouillard, op. cit., p. 220 et 240.

163. Thwaites, op. cit., p. 324

164. Archives SHAD. Résumé d'entretien avec Beaulieu par Maheux, p. 5-6.

165. Archives CSN. PV du conseil confédéral de la CSN, Montréal, 3-5 décembre 1975, p. 191.

166. Ibid.

167. Archives CECOSOL. Pour une modification dans l'application du 0% d'intérêt sur les épargnes, p. 4.

168. Joël Lebossé, La Caisse d'économie des travailleuses et travailleurs (Québec) : histoire d'une utopie prise au sérieux ou l'expérience réussie d'une banque solidaire, Argos consultants, mai 1996, p. 14.

169. Ouellet, op. cit., p. 152.

170. Archives CECOSOL. Document en annexe au PV de l'autogestion de la CETRQ, 18 mai 1973.

171. Archives CECOSOL. Pour une modification dans l'application du 0% d'intérêt sur les épargnes, p. 3.

172. Archives CSN, Fonds André-Laurin. CETRQ, Cessons de financer notre exploitation : nos objectifs pour l'année '74, Québec, 1974. 6.1, p. 12.

173. Linteau, Durocher, Robert et Ricard, op. cit., p. 427.

174. Archives SHAD. Résumé d'entretien avec Beaulieu par Maheux, p. 6.

175. Archives CECOSOL. Pour une modification dans l'application du 0% d'intérêt sur les épargnes, p. 4.

176. Archives CECOSOL. Rapport du comité de fusion, [s.d.].

177. Gazette officielle du Québec, vol. 110, n° 7, 18 février 1978, p. 2074-2075.

178. Archives CECOSOL. CETRQ. CPSNQ. Description de la caisse fusionnée, [s.d.].

179. Ouellet, op. cit., p. 174-175.

180. Archives CECOSOL. Pour une modification dans l'application du 0% d'intérêt sur les épargnes, p. 7.

181. Archives CECOSOL. Le centre de recherche et de développement des travailleurs réunis de Québec, décembre 1977, document en annexe au PV du CE de la CETRQ, 1977. 12. 5. Voir le PV de l'autogestion de la CETRQ, 24 mai 1974.

182. Archives FCDQ. PV du CA de la FQURCPD, 27 août 1968.

183. Archives FCDQ. Lettre de Robert Soupras à Alfred Rouleau, 17 juin 1977, document en annexe au PV du CE de la FCEQ, 14 juillet 1977.

184. Centre de gestion des coopératives, Entretien avec Robert Soupras, série « Coopérateurs pionniers », cahier de recherche no° 92-15, Montréal, École des hautes études commerciales, avril 1992, p. 24.

185. Michel Rompré, « Affiliation de la Fédération des caisses d'économie du Québec à la FQCPD », La Revue Desjardins, vol. 45, no° 3, 1979, p. 2.

186. Ivan Guay, « La finance populaire atteint sa maturité », La Presse, 24 septembre 1979, p. A4.

187. Gaston Deschênes, « Le mouvement coopératif est-il cyclique? », La Revue Desjardins, vol. 44, no° 4, 1978, p. 17-22.

188. Marielle Désy, Marc Ferland, Benoît Lévesque et Yves Vaillancourt, La conjoncture au Québec au début des années 80: les enjeux pour le mouvement ouvrier et populaire, Rimouski, Librairie socialiste de l'Est du Québec, 1980, p. 25.

189. Pierre Poulin et Benoît Tremblay, Desjardins en mouvement: comment une grande coopérative de services financiers se restructure pour mieux servir ses membres, Lévis et Montréal, Éditions Dorimène et Presses HEC, 2005, p. 48.

190. Linteau, Durocher, Robert et Ricard, op. cit., p. 475.

191. Kristian Lamarre, 50ans d'avenir! L'histoire du Conseil de la coopération du Québec, [Lévis], Conseil de la coopération du Québec, 1991, p. 117.

192. Claude Genest et Martine Côté, Une tradition de rigueur et d'intégrité: l' inspection et la vérification dans le Mouvement des caisses Desjardins (1901-2005), Lévis, Éditions Dorimène, 2005, p. 133.

193. « Les prêts hypothécaires et la flambée des taux d'intérêt », La Revue Desjardins, vol. 47, no° 6, 1981, p. 2-12; Pierre-Olivier Maheux, «Histoire de la Caisse populaire Desjardins de Charlesbourg », Notre passé se conjugue au futur, 1911-2011, [Québec], Caisse populaire Desjardins de Charlesbourg, 2010, p. 35.

194. Rouillard, op. cit., p. 235.

195. Marcel Pepin et Michel Rioux, La CSN au cœur du Québec, 1921-1991, [Montréal], CSN, 1991, p. 59.

196. Chiasson et coll., op. cit., p. 299.

197. Louis Fournier, Solidarité inc.: un nouveau syndicalisme créateur d'emplois, Montréal, Québec Amérique, 1991, p. 18.

198. Archives CSN. Procès-verbaux du 7e Congrès spécial de la CSN, 28 au 31 mars 1985, Québec, p. 15.

199. Archives CECOSOL. PV du CA de la CPTQ, 10 mars 1979.

200. Archives CECOSOL. RA de la CPTQ, 1983, p. [4].

201. Archives CECOSOL. Fonds de solidarité (FDS) (prêts aux grévistes), 2 p., document en annexe du PV du CA de la CPTQ, 11 juin 1979. Voir aussi: Gazette officielle du Québec, vol. 115, no° 22, 4 juin 1983, p. 2577.

202. Archives SHAD. Résumé d'entretien avec Beaulieu par Maheux, p. 6. Voir également le rapport annuel 1982 de la Caisse qui fait mention de cette invitation.

203. Thwaites, op. cit., p. 331-333.

204. Archives CECOSOL. PV du CA de la CPTQ, 25 juin 1985; PV du CA de la CECOSOL, 13 novembre 2012.

205. Archives CECOSOL. RA de la CPTQ, 1982, p. 5.

206. Archives CECOSOL. Fusion des caisses, position du conseil d'administration de la Caisse populaire des syndicats nationaux de Montréal, p. 4, document en annexe du PV du CA de la CPTQ, 22 mai 1984.

207. Archives CECOSOL. Pour la mise sur pied d'une caisse nationale au service du mouvement syndical et populaire du Québec, 19 janvier 1987, p. 5-6, document en annexe du PV du CA de la CPSNM, 21 janvier 1987.

208. Ibid.

209. Ibid.

210. Ibid.

211. Ibid., p. 11.

212. Ibid., p. 6.

213. Archives CSN. Procès-verbaux du 52e Congrès de la CSN, 13 au 19 mai 1984, Montréal, p. 39.

214. Archives CECOSOL. RA de la CPTQ, 1984, p. 8.

215. Archives CECOSOL. Lettre de Pierre Martin à Léopold Beaulieu, 23 janvier 1986, document en annexe du PV du CA de la CPTQ, 28 janvier 1986.

216. Archives CECOSOL. RA de la CPTQ, 1986, p. 6 ; RA de la CPTQ, 1988, p. 7.

217. Archives CECOSOL. PV du CA de la CPSNM, 13 février 1989; PV du CA de la CETTQ, 22 juin 1989.

218. Archives CECOSOL. PV du CA de la CETRQ, 18 décembre 1973 ; PV du CA de la CPTQ, 21 juin 1983.

219. Archives CECOSOL. PV du CA de la CPSNQ, 30 mai 1977.

220. Archives CECOSOL. RA de la CPTQ, 1983, p. [3].

221. Archives FCDQ. RA de la CCPEDQ, 1986, p. 8.

222. Archives CSN. Procès-verbaux du 54e Congrès de la CSN, 6 au 12 juin 1988, Québec, p. 66.

223. Ibid., p. 167.

224. Archives CECOSOL. RA de la CPTQ, 1986, p. 6.

225. Archives CECOSOL. PV du CA de la CPTQ, 20 août 1984.

226. Archives CECOSOL. RA de la CPTQ, 1986, p. 6.

227. CSN 발전기금에 대한 계획서는 1988년 2월에 열린 퀘벡주 데자르댕 경제 금고연합회(FCEDQ)에 제출되었다. Archives FCDQ. Document n° 35 en annexe du PV du CA de la FCEDQ, 26 février 1988.

228. Jean-Paul Soulié, « Comment toucher les cotisations des membres malgré la loi 160 ? », La Presse, 17 octobre 1989, p. A5.

229. Archives CECOSOL. Rapport du conseil d'administration, du conseil de surveillance, de la commission de crédit et du coordonnateur de la CETTQ, 1989, p. 7.

230. Archives CECOSOL. RA de la CPTQ, 1984, p. 6.

231. Archives CECOSOL. RA de la CPTQ, 1986, p. 4.

232. Archives SHAD. Résumé d'entretien avec Guimond par Maheux, p. 3.

233. . Claude Turcotte, « Caisse d'économie des travailleuses et travailleurs du Québec : une caisse pas comme les autres », Le Devoir, 23 mars 1998, p. B2

234. Archives CSN. Procès-verbaux du 7e Congrès spécial de la CSN, 28 au 31 mars 1985, Québec, p. 15.

235. Jean Robitaille, « Le faux banker, le vrai gain: Clément Guimond, coordonnateur de la Caisse des travailleuses et travailleurs (Québec) », Vie ouvrière, n° 255, 1995, p. 12.

236. 두 조직의 관계 개선은 이미 시작되었다. Archives CECOSOL. Lettre de Jean-Marie Ouellet à Jacques Poitras, 11 septembre 1985, document en annexe du PV du CA de la CPTQ, 24 septembre 1985.

237. Archives CECOSOL. Cadre général, document en annexe du PV du CA de la CPTQ, 7 avril 1987.

238. Loc. cit.

239. Archives CECOSOL. Cadre général, document en annexe du PV du CA de la CPTQ, 7 avril 1987.

240. Archives CECOSOL. RA de la CETTQ, 1990, p. 6 et 9.

241. Archives CECOSOL. Résumé de la réunion conjointe des représentants des caisses populaires de Québec et de Montréal, tenue les 2, 3 mai 1985 à Lanoraie ainsi que les 13 et 14 juin 1985 à Montréal, p. 11, document en annexe du PV du CA de la CPTQ, 19 novembre 1985.

242. Archives SHAD. Résumé d'entretien avec Guimond par Maheux, p. 5.

243. Archives CECOSOL. PV du CA de la CPTQ, 28 janvier 1986.

244. Archives SHAD. Résumé d'entretien avec Guimond par Maheux, p. 4; voir aussi: Pour le maintien du réseau des caisses d'économie au sein de Desjardins, 29 septembre 1992, p. [2], document en annexe du PV du CA de la CETTQ, 29 septembre 1992.

245. Archives FCDQ. PV du CA de la FCPDQ, 13 mai 1988.

246. Gazette officielle du Québec, vol. 120, n° 39, 24 septembre 1988, p. 3645.

247. Archives CECOSOL. PV du CA de la CPSNM, 21 septembre 1989.

248. Gazette officielle du Québec, vol. 125, n° 47, 20 novembre 1993, p. 4838.

249. Archives CECOSOL. RA de la CETTQ, 1996, p. 16.

250. Ibid.

251. Bruno Montour, « Des nouveaux moyens de financer la petite entreprise », Revue Desjardins, vol. 61, no 5, 1995, p. 17 ; Clément Guimond, « Conditions pour que les valeurs de la coopération inspirent une autre économie », Benoî Léesque (dir.) et coll., Desjardins, une entreprise et un mouvement ?, Sainte-Foy, Presses de l'Université du Québec, 1997, p. 299-304.

252. Archives FCDQ. RA de la CCPEDQ, 1991, p. 5.

253. Richard Bardeau et Bertrand Gagnon, « Comptes économiques », Le Québec statistique, Québec, Institut de la statistique du Québec, 2002, p. 460.

254. Archives CSN. Procès-verbal du 57e congrès de la CSN, Montréal, 9 au 14 mai 1994, p. 41-42.

255. François Aubry et Jean Charest, « L'économie solidaire : un débat social engageant pour le mouvement syndical », Nouvelles pratiques sociales, vol. 9, no 1, 1996, p. 149.

256. Clément Trudel, « Journée de réflexion du monde syndical », Le Devoir, 30 mars 1996, p. A5.

257. Louis Favreau, Mouvement coopératif : une mise en perspective, Québec, Presses de l'Université du Québec, 2010, p. 71.

258. Archives CECOSOL. RA de la CETTQ, 1991, p. 6.

259. Archives CECOSOL. RA de la CETTQ, 1994, p. 3.

260. Claude Ouellet, Une expérience coopérative québécoise : la Caisse d'économie des travailleurs réunis de Québec, essai de maîtrise en sciences de la gestion, École des hautes études commerciales, Montréal, 1982, 208 p.

261. Lebossé, op. cit. Une version remaniée et plus courte de cette étude a été publiée deux ans plus tard : Lebossé, Banque solidaire et développement communautaire : l'expérience de la Caisse d'économie des travailleuses et travailleurs (Québec), Cahiers de la Chaire de recherche en développement communautaire, série « Pratiques économiques et sociales », no 7, octobre 1998, 16 p.

262. Archives CECOSOL. Michel Auger et Mamadou DickoBaldé, La passion des êtres ou faire de la banque « autrement », travail présenté à Mario Roy dans le cadre du cours DBA-830 Fondements organisationnels et humains de la gestion, Sherbrooke, Université de Sherbrooke, 21 décembre 2000, 105 p.

263. Martine Vézina et Céline Legrand, « Capacités dynamiques et gestion frontalière : le cas d'une institution financière québécoise », [en ligne], Actes de la XIe Conférence de l'Association internationale de Management Stratégique, 5-7 juin 2002, Paris, p. 1-14. [www.strategie-aims.com/events/conferences/12-xieme-conference-de-l-aims/communications_by_author?author=V %C3 %A9zina+Martine] (Consulté le 11 mars 2014).

264. Vézina et Legrand, op. cit., p. 4.

265. Ibid., p. 5.

266. Archives SHAD. Résumé d'entretien avec Guimond par Maheux, p. 6.

267. Archives CECOSOL. RA de la CETTQ, 1995, p. 3.

268. Vézina et Legrand, op. cit., p. 7.

269. Lebossé, op. cit., 1996, p. 41.

270. Alphonse Desjardins, « Les caisses populaires », Le Congrès de la Jeunesse à Québec en 1908 : rapport officiel du Congrès, Montréal, 1909, p. 265-266.

271. Lebossé, op. cit., 1996, p. 47.

272. Benoît Lévesque, Gilles L. Bourque, Clément Guimond et Claude Dorion, Pour une économie solidaire et responsable : d'outils collectifs de développement

économique initiés par une centrale syndicale à un Carrefour financier solidaire, [2014], p. 12-13 (texte inédit).

273. Vézina et Legrand, op. cit., p. 9.

274. Lebossé, op. cit., 1996, p. 50.

275. Archives CECOSOL. RA de la CECOSOL, 2007, p. 43.

276. Lebossé, op. cit., 1996, p. 50.

277. Vézina et Legrand, op. cit., p. 5-7.

278. Lebossé, op. cit., 1996, p. 26.

279. Archives SHAD. Résumé d'entretien avec Guimond par Maheux, p. 7.

280. Ibid., p. 7-8.

281. Archives CECOSOL. PV du CA de la CETTQ, 20 novembre 1990.

282. Archives CECOSOL. Lettre d'André Therrien à Jocelyn Proteau, 11 octobre 1991, document en annexe du PV du CA de la CETTQ, 11 octobre 1991.

283. CECOSOL, ≪ Hommage à André Therrien ≫, [en ligne], 22 mai 2006. [www.caissesolidaire.coop/qui-nous-sommes/publications-et-salle-de-presse/bulletins/2006/bulletin_0019.html] (Consulté le 16 septembre 2014).

284. Archives SHAD. Résumé d'entretien avec Guimond par Maheux, p. 8.

285. Archives SHAD. Résumé d'entretien avec Guimond par Maheux, p. 8.

286. Archives CECOSOL. PV du CA de la CECOSOL, 15 février 2007.

287. Archives CECOSOL. Pour le maintien du réseau des caisses d'économie au sein de Desjardins, 29 septembre 1992, p. [2], document en annexe du PV du CA de la CETTQ, 29 septembre 1992.

288. Archives CECOSOL. Pour le maintien du réseau des caisses d'économie au sein de Desjardins, 29 septembre 1992, p. [2], document en annexe du PV du CA de la CETTQ, 29 septembre 1992.

289. Loc. cit.

290. Pierre Poulin et Benoît Tremblay, Desjardins en mouvement, op. cit., p. 134.

291. Archives CECOSOL, RA de la CETTQ, 1998, p. 5.

292. Archives CECOSOL, RA de la CETTQ, 1992, p. 5.

293. Loc. cit.

294. Archives FCDQ. PV du CA de la FCEDQ, 22 février 1999.

295. Archives SHAD. Résumé d'entretien avec Beaulieu par Maheux, p. 8.

296. Laurier Cloutier, ≪ La mort dans l'âme, la Fédération d'économie reviendra chez Desjardins ≫, La Presse, 10 novembre 2000, p. D4.

297. 기관 재구성은 직원들에게 중요한 과제를 안겨준다. Benoît Lévesque, Paul

R. Bélanger et Lucie Mager, On prend notre place ! Colloque syndical ≪ Desjardins et la réingénierie ≫, Québec, 10, 11 et 12 mars 1997, Montréal, UQAM, 1997.

298. Poulin et Tremblay, op. cit., p. 119-121.

299. Archives CECOSOL. Michel Auger et Mamadou DickoBaldé, op. cit., p. 27-28.

300. Archives CECOSOL. RA de la CETTQ, 1995, p. 14.

301. Archives CECOSOL. PV du CA de la CETTQ, 22 janvier 1997 et 24 février 1998.

302. Hélène Baril, ≪ La caisse d'économie solidaire Desjardins est née ≫, Le Soleil, 1er avril 1999, p. B1.

303. Archives CECOSOL. PV du CA de la CESN, 25 mai 1998.

304. Archives CECOSOL. Protocole de fusion, document en annexe du PV du CA de la CETTQ, 15 décembre 1998.

305. Archives CECOSOL. PV du CA de la CETTQ, 31 janvier 1995.

306. Archives CECOSOL. Cap sur l'avenir, novembre 2001, p. 2, document en annexe du PV du CA de la CETTQ, 19 décembre 2001.

307. Hélène Baril, op. cit., p. B1.

308. Archives CECOSOL. RA de la CETTQ, 2003, p. 5.

309. Archives CECOSOL. RA de la CETTQ, 1997, p. 2.

310. Archives CECOSOL. RA de la CETTQ, 2001, p. 14.

311. Loc. cit.

312. Fernand Foisy, Michel Chartrand : la colère du juste (1968-2003), Montréal, Lanctôt Éditeur, 2003, p. 161.

313. Credit Unions, Caisses d'économie, Caisses de Groupe, Anjou, Vice-présidence et direction générale – caisses de groupes (Soutien au réseau des caisses, Mouvement Desjardins), 2011, p. 37.

314. Claude Turcotte, ≪ Une vitrine pour l'économie sociale ≫, Le Devoir, 24 novembre 2004, p. C1.

315. Jacques Benoit, ≪ Tous les outils financiers de la CSN dans un même immeuble ≫, La Presse, 25 novembre 2004, cahier Affaires, p. 2.

316. Turcotte, op. cit.

317. Archives CECOSOL. RA de la CECOSOL, 2010, p. 23.

318. Ibid.

319. Archives CECOSOL. RA de la CETTQ, 2001, p. 6. Voir aussi Pierre Pelchat,

≪ Fonds éthiques : la Caisse d'économie des travailleurs veut devenir LA
référence au Québec ≫, Le Soleil, 18 octobre 2004, p. C1-C2.

320. Loc. cit.

321. Archives CECOSOL, Notre projet coopératif, 2005, p. 6.

322. Archives CECOSOL. RA de la CECOSOL, 2007, p. 6.

323. Ibid., p. 4.

324. Archives SHAD. Résumé d'entretien avec Guimond par Maheux, p. 6.

325. Jean Boivin, ≪ La "Grande" Récession au Canada : perception et réalité ≫,
[en ligne], Banque du Canada, 28 mars 2011. [www.banqueducanada.
ca/2011/03/grande-recession-canada-perception-realite/] (Consultée le 16
septembre 2014).

326. Archives CECOSOL. RA de la CECOSOL, 2008, p. 12.

327. Archives CECOSOL. RA de la CECOSOL, 2010, p. 4.

328. Archives CECOSOL. RA de la CECOSOL, 2008, p. 14.

329. Loc. cit.

330. Archives CECOSOL. RA de la CECOSOL, 2008, p. 14.

331. Loc. cit.

332. Archives CECOSOL. RA de la CECOSOL, 2009, p. 2 ; RA de la CECOSOL,
2013, p. 6.

333. Archives CECOSOL. RA de la CECOSOL, 2011, p. 8.

334. "세계적으로 생각하면서도 지속가능한 미래를 위해 지역적으로 행동하려
는 결정이다. 지역사회와 세계를 향해 열려있고, 아무리 작은 성과와 행위일
지라도 자부심을 느낄 수 있는 결정이다!" http ://evb.lacsq.org/qui-sommes-
nous/.

335. Archives CECOSOL. CECOSOL, Notre projet coopératif, 2005, p. 6.

336. Archives CECOSOL. RA de la CETTQ, 1990, p. 8.

337. Archives CECOSOL. Caisse d'économie Desjardins des travailleuses et
travailleurs (Québec), La passion des êtres, mars 2000, p. 7.

338. Archives CECOSOL. RA de la CETTQ, 2000, p. 5.

339. Archives CSN. Procès-verbaux du 60e Congrès de la CSN, 26 au 31 mai
2002, Québec, p. 23.

340. Archives CECOSOL. RA de la CETTQ, 2002, p. 18-22.

341. Archives CECOSOL. RA de la CECOSOL, 2010, p. 23.

342. Archives CECOSOL. CECOSOL, Notre projet coopératif, 2005, p. 6.

343. Ne pas confondre le réseau ECOSOL (un réseau de coopératives d'épargne

et de crédit du Brésil) avec la Caisse parfois identifiée CECOSOL. Archives CECOSOL. RA de la CECOSOL, 2010, p. 21.

344. Jean Jaurès, L'organisation socialiste de la France : l'armée nouvelle, Paris, L'Humanité, 1915, p. 464.

345. Archives CECOSOL. CECOSOL, Notre projet coopératif, 2005, p. 6.

346. Archives CECOSOL. RA de la CETTQ, 1993, p. 6.

347. Archives CECOSOL. PV du CA de la CETTQ, 27 janvier 1998.

348. Archives CECOSOL. RA de la CECOSOL, 2007, p. 20.

349. François Desjardins, ≪ Les activités de Desjardins au Nunavik sont déficitaires ≫, Le Devoir, 6 août 2014, p. B1.

350. Desjardins, ≪ Les activités de Desjardins··· ≫, op. cit.

351. CECOSOL, ≪ Nouveau directeur général ≫, [en ligne], 28 mars 2013. [www.caissesolidaire.coop/qui-nous-sommes/publications-et-salle-de-presse/bulletins/2013/Nomination_de_Marc_Picard.html] (Consultée le 16 septembre 2014).

352. Archives CECOSOL. Cap sur l'avenir, novembre 2001, p. 2, document en annexe du PV du CA de la CETTQ, 19 décembre 2001.

데자르댕 연대경제금고의 역사, 존재의 열정

1판 1쇄 인쇄 2021년 11월 27일 **1판 1쇄 발행** 2021년 12월 7일

지은이 피에르-올리비에 마우

옮긴이 번역협동조합

인쇄제본 서울디지털인쇄협동조합

펴낸이 전광철 **펴낸곳** 협동조합 착한책가게

주소 서울시 마포구 독막로 28길 10, 109동 상가 b101-957호

등록 제2015-000038호(2015년 1월 30일)

전화 02) 322-3238 **팩스** 02) 6499-8485

이메일 bonaliber@gmail.com

홈페이지 sogoodbook.com

ISBN 979-11-90400-28-2 (03300)